재일 '위안부' 피해자 송신도의 투쟁

나의 마음은
지지 않았다

일러두기

1. 이 책은 2007년 일본에서 출간된 『オレの心は負けてない』(在日の慰安婦裁判を支える会 編, 樹花舎)를 번역했다.
2. 일본의 지명과 인명은 원음대로 표기했다. 단, 중국의 지명과 인명은 한자 음독으로 표기했다.
3. 본문의 주석은 원서의 각주를 번역한 것과 번역자의 내주가 혼용되어 있다.

차례

"그런 전쟁은 다시는 되풀이 해서는 안돼"_6
  도쿄 최고재판소 최종 의견 진술서 중

송신도 당사자신문 조서 _14

송신도 할머니와 '지원모임'의 10년 _138

좌담회
송신도 할머니와 함께 걸어온 8년을 회고하다 _178

편집후기 _232

한국어판 후기 _236
  동일본대지진과 송신도 할머니

자료
  PTSD는 무엇인가 _254
  '지원모임' 사무국 진술서와 변호인단 준비서면

  송신도 할머니의 약력 _320

"
그런 전쟁은 다시는 되풀이 해서는 안돼

도쿄 최고재판소 최종 의견 진술서 중

진 술 서

송신도

저는 올해 일흔여덟 살이 됐습니다. 속아서 위안소로 끌려갔을 때는 열여섯 살이었습니다. 아직 철도 없고 소꿉놀이를 하는 그런 어린아이였습니다. 아무것도 모른 채 성병 검사대에 올라갔을 때는 창피하고, 무섭고, 아프고…… 검사 기구는 들어가지 않고 내가 너무 날뛰니까 군의관이 엉덩이를 세게 때리면서 내려가게 했습니다.

울고불고, 이리 도망치고 저리 도망치고…… 숨어 있다가 잡혀서, 머리채를 잡힌 채 두들겨 맞고 발로 차이고, 캄캄한 방에 갇혀서 밥도 먹지 못했습니다. 그러다가 죽기 직전에 살려놓고서 "오늘부터 군인들이 하는 말 잘 들어!"라고 했습니다. 그런 말을 들어도 그 시간이 되면 역시 싫어서 같은 일을 반복했습니다. 눈물만 흘리면서……

도망을 가려고 해도 길을 알아야지요. 처음에는 울기만 했는데, 군인이 시키는 대로 하지 않으면 조바(위안소에서 여성들을 관리하는 일을 하는 사람)는 때리고 군인들은 칼로 협박해요. 목숨이 아까워서 죽기만은 싫었습니다. 그래서 군인들이 시키는 대로 할 수밖에 없었습니다. 일본말도 필사적으로 외우고, 맞지 않으려고 죽지 않으려고 온갖 노력을 다했어요.

내일은 죽는다는 각오로 전쟁터에 나가는 거친 군인들만 상대하니까, 내 성질도 완전히 거칠어졌습니다. 날마다 얻어맞아서 뺨에는 굳은살이 생겨서 지금은 아무리 맞아도 아프지 않아요. 고막이 터져서 귀도 한쪽밖에 안 들립니다. 위안소에서 새겨진 문신이 부끄러워 목욕탕에도 못 갑니다. 그래도 살아서 돌아왔으니 다행이라고 해야겠지요.

옆 위안소에는 소독약을 마시고 자살한 여자가 있었습니다. 몸이 아파서 군인을 거절했다가 살해된 여자도 있었습니다. 공습으로 죽은 여자도, 군인이랑 동반자살을 한 여자도 있었습니다. 같이 죽어도 군인의 뼈는 자기 나라로 돌아가지만, 조선 여자는 죽어도 자기 고향에 돌아가지 못합니다. 그냥 거기에 구멍을 파서 묻어버립니다. 지옥 같은 위안소에서 죽어도 그냥 구멍에 묻히면 그만입니다. 죽어서도 고향에 돌아가지 못하는 조선 여자들은 정말로 불쌍했습니다.

그래도 살아남은 것이 다행인지, 전쟁터에서 죽는 것이 나았는지…… 전쟁이 끝나고 일본으로 와서 바다에 뛰어들어 죽으려고 한 적이 한두 번이 아니었습니다. 기차에서 뛰어내린 적도 있습니다.

젊었을 때는 날마다 군인들이 꿈에 나왔습니다. 악몽에 시달리며 식은땀 범벅으로 신음하는 나를 하재은이 깨웠습니다. 위안소에서 겪었던 일은 몇 년이 지나도, 아무리 잊으려고 해도 잊혀지지 않습니다. 엉망진창으로 술을 퍼마시고 사납게 행패를 부린 적도 있습니다. 술 마시고 행패를 부려도 억울한 마음은 달래지지 않고 점점 더 화만 날뿐인데…… 지금은 바보 같은 짓을 했다고 생각합니다. 하지만 그때는 그럴 수밖에 없었습니다.

어째서 일본의 전쟁에 조선의 어린아이들이 끌려가서 그런 고생을 해야 했는지, 생각하고 또 생각해 봐도 도저히 이해할 수 없습니다. 그러니 억울한 마음이 드는 거지요.

나이를 먹고 '경로의 날'이 되면 이웃 노인들한테는 방석을 나눠주는데, 나한테는 안 줍니다. 몇 년이나 같은 동네에 살아도 이런 사소한 것까지 차별을 합니다. 동네에는 군인 은급恩給을 받는다고 큰소리치는 사람도 있습니다. 유족연금을 받는 사람도 있습니다. 전쟁터로 끌고 갈 때는 '나라를 위해서, 나라를 위해서'라고 해 놓고 이제 와서 왜 '조선인', '위안부'라며 차별을 하는 것인지 도저히 이해할 수 없습니다.

그래서 재판을 제기했습니다. 왜 그랬는지 그 이유를 알고 싶습니다. 왜 내가 '위안부'가 되어야 했는지, 어째서 차별을 받아야 하는지 그 의미를 분명히 하고 싶습니다. 그래서 동네 사람들이 더 이상 무시하지 못하게 하고 싶습니다.

재판을 시작하니까 "생활보호를 받으면서 남의 세금으로 먹고사는 주제에 무슨 불만이 있어서 재판을 하는 거냐?", "일본에서 살면서 일본인만 나쁘게 말하지 말아라", "불만이 있으면 한국으로 돌아가라"라는 소리를 들었습니다.

판결이 나온 뒤에는 죽고 싶을 만큼 실망해서 음식도 제대로 넘어가지 않았습니다. 위안소에 대해 인정한다면서, 어째서 나라가 저지른 과거의 잘못을 반성하고, 사과 한 마디 하지 않는 것입니까. 도저히 이해할 수 없습니다.

일본에 있는 '위안부' 중에서 재판을 하고 있는 사람은 저 혼자입니다. 나 말고도 '위안부'가 된 조선 여자들은 분명 더 있습니다. 하지만 누구 하나 나서지 않습니다. 나는 부끄러움을 참고, 용기를 내서, 바늘방석에 앉아 있는 심정으로 재판을 일으켰습니다. 납득하지 못하고는 마음 편히 죽을 수도 없으니까요. 한데 판결을 받고 오히려 더 창피해졌습니다.

세상 사람들 중에는 '위안부'는 민간업자가 데리고 다녔다고 험담하기도 합니다. 전쟁터가 어떤 곳인지 전쟁에 가보지 않은 사람은 모릅니다. 전쟁이 얼마나 잔혹한 것인지. 민간업자가 그런 짓을 할 수는 없습니다.

판결이 나온 후 동네 사람들에게 "당신, 역시 재판에서 졌지?"라며 욕을 듣고 있습니다. 부끄러워서 차 한잔 마시러 나갈 수가 없습니다.

'국민기금'을 받으면 된다고 말하는 동네 사람도 있지만, 영문도 모르는 돈을 받을 수는 없습니다. 죄송하다고 제대로 사죄하고, 납득할 수 있는 보상을 해 달라는 것입니다. 민간인들의 돈을 모아서 준다고 해도 또 무시당할 뿐입니다.

십몇 년 전에 하재은이 죽은 후로는 혼자 살고 있습니다. 일본에 혈육은 단 한 명도 없습니다. 감기에 걸려 누워 있으면 이대로 혼자 죽어버리는 것이 아닌지 무섭고 슬퍼집니다. 동네 사람들은 가족도 있고, 자식도 손자도 있는데, 저는 혼자입니다.

전쟁터에서 일본 군인의 아이를 둘 낳았지만, 위안소에서 키울 수 없어서 남에게 맡겼습니다. 하는 수 없이 한 일이기는 하지만 부모가 자식을 버린 죄를 지어 벌을 받은 것이라고 생각하면 눈물만 나옵니다. 중국에서 부모를 찾는 아이들이 일본에 오면 한 명, 한 명 얼굴을 확인해 보지만 알 수가 없습니다. 적어도 자식이라도 있었다면 이렇게까지 무시당하지는 않았을 거라고 생각하니 너무 억울합니다.

재판을 시작하기 전에는 창피해서 아무한테도 위안소 이야기를 하지 않았습니다. 하지만 재판을 시작한 후에는 정말로 많은 사람들 앞에서 제가 겪은 이야기를 했습니다. 사람들이 믿어줄지 걱정했지만, 모두들 진심으로 들어줬습니다. 그중에는 제가 위안소에 끌려갔던 때와 비슷한 나이의 아이들도 있었습니다. 이런 아이들이 이해할 수 있을지 너무 걱정되고 창피해서 이야기하고 싶지 않았습니다. 도망치고 싶었지만 그럴 수 없었습니다. 그래서 이야기를 했더니, 그런 아이들도 내 이야기를 잘 이해하고 눈물을 흘리며 들어줬습니다. 마음이 절반은 후련해졌습니다. 안심했습니다.

사람의 속마음은 알 수 없습니다. 위안소에서 7년, 일본에 온 지도 50년이 넘었지만 사람을 믿지 못한 채 살아왔습니다. 의심하기만 했습니다. 하지만 재판을 하고, 내가 겪은 일을 말하고 나니 조금은 인간다워졌다는 생각을 했습니다.

나는 열여섯 살 때부터 일본인들 속에서 살아왔습니다. 일본인과 사이좋게 지내기를 바랐고, 그러기 위해 노력해 왔습니다. 내가 앞으로 몇 년을 더 살 수 있을지 모릅니다. 그래도 일본에 사는 조선인의 아이들과 일본 아이들이 사이좋게 지내기 위해서라도 과거의 잘못은 제대로 반성하고 미안했다고 사죄를 받고 싶습니다.

그런 잔혹한 전쟁은 두 번 다시 반복해서는 안 됩니다. '위안소' 뿐만이 아니라 중국 사람도, 일본 군인도, 고통받는 처참한 모습을 나는 두 눈으로 똑똑히 봤습니다.

재판장님.

'위안부' 문제를 아이들 세대까지 가져가지 않도록 용기를 내어 제대로 해결할 수 있는 판결을 내려주십시오. 재판장님이 일본 정부에 똑 부러지게 말해주지 않으면 더 이상 기댈 곳이 없습니다. 나 한 사람을 위해서가 아니라 지금도 숨어 있을 다른 '위안부'들의 한을 풀어줄 인간적인 판결을 내려 주십시오. 잘 부탁합니다.

2000년 10월 19일

"돈은 필요없어 사죄하면 그걸로 됐어

송신도 당사자신문 조서

1996년 11월 1일 제12회 구두변론과 1997년 3월 7일 제13회 구두변론에서 진행된 송신도 할머니의 당사자신문 내용이다. 인명과 지명 등 일부는 가명을 사용하였고, 중복된 부분 등은 편집하였다.
_편집자

송신도 당사자신문 조서

● 원고측 대리인 변호사 오자와 히로코

오자와 당신은 1922년 11월 24일 생이시죠?
송신도 네.
오자와 출생지는 충청남도 논산군 두마면이 맞습니까?
송신도 네, 맞습니다.
오자와 본가는 어떤 일을 했습니까?
송신도 농가였으니까.
오자와 아버지는 농사 외에 어떤 일을 하셨습니까?
송신도 어려서 잘 모르지만, 상주교인가 뭔가를 하셨습니다.
오자와 종교인가요?
송신도 네, 종교입니다.
오자와 그런 종교 일을 하셨다는 거군요.
송신도 네.
오자와 지도자적인 지위였나요?
송신도 그렇습니다. 가장 높은 일을 하신다고 했습니다.
오자와 상주교라는 종교에서 가장 높은 지위에 계셨군요.
송신도 네.
오자와 아버지는 언제 돌아가셨나요?
송신도 글쎄요. 아버지가 언제 돌아가셨는지 잘 모릅니다. 어짼든 12살 정도에 돌아가신 것 같아요.

오자와 아버지가 돌아가신 후에는 당신과 어머니와 여동생 셋이서 살았나요?

송신도 네, 그렇습니다.

오자와 아버지가 돌아가신 후 일가 세 사람의 생활은 어떻게 변했나요?

송신도 가진 재산이 있어서 그 재산으로 먹고사는 동안에는 괜찮았지만, 그 재산도 누군가한테 속아서 점점 줄어드니까 어머니의 마음도 변해 갔어요.

오자와 어머니의 마음이 점점 변해서, 어떻게 되었습니까?

송신도 시집을 보낸다 어쩐다 하면서 뭔가 계획을 짰어요.

오자와 결혼이 정해진 것은 당신이 몇 살 때인가요?

송신도 열여섯 살 때.

오자와 당신은 그때 결혼을 하고 싶지 않았나요?

송신도 모르겠습니다. 그런 건 전혀 모르겠어요.

오자와 모르겠다는 건 무엇을 모르겠다는 건가요?

송신도 결혼 상대가 어떤 사람인지, 섹스가 어떤 건지도 모르는데...... 그냥 애처럼 놀기만 했으니까 전혀 모르는 거지. 그냥 부모로서는 걸리적거리니까 얼른 시집보내려고 한 거죠.

오자와 방금 한 질문인데, 당신을 결혼을 하겠다는 마음은 전혀 없었던 건가요?

송신도 아무것도 모르고, 없었어요. 아무튼 부모들이 정한 거지. 한 달 전인지 두 달 전인지 일 년 전인지 딱 준비해서. 그냥 내 몸을 시집보내서 치워버린 것에 불과해요. 지금 생각하면.

오자와 어떤 식으로 결혼을 했나요?
송신도 그러니까 그, 일본식으로 오미코시 같은 것.
오자와 조선말로 뭐라고 하나요?
송신도 가마. 오미코시처럼 짊어지고 가는 것이었어요.
오자와 당신의 말을 정리한 진술 녹취서에 따르면, 결혼식 날 모인 아이들이랑 당신이 같이 공기놀이를 하고 놀았다고 쓰여 있는데요.
송신도 그건 정말입니다.
오자와 평소에도 공기놀이를 하고 노는 나이였나요?
송신도 그렇습니다. 집에 있어도 했어요. 소꿉놀이를 하거나 싸우거나.
오자와 그러면 결혼을 한다고 해도 아직 아이 같은 놀이를 하던 때였네요.
송신도 네.
오자와 그래서 시집을 가기는 갔지만 시집간 날 도망쳐서 집으로 돌아간 건가요?
송신도 그렇습니다.
오자와 왜 도망갔습니까?
송신도 역시 아무것도 모르니까. 남자를 모르니까......
오자와 신랑 된 사람이 무엇을 하려고 했습니까?

송신도	맨몸으로 배 위로 올라오려고 해서, 이건 뭔가 하고 깜짝 놀라서 도망쳤지. 오줌 싸고 올 테니까 좀만 기다리라고 하고. 그 길로 도망쳤지. 아무것도 모르니까.
오자와	무섭고 어떤 상황인지 몰라 도망쳤다는 거군요.
송신도	네.
오자와	그러면 옷이 벗겨진 채 옷도 제대로 입지 않고, 어떤 모습으로 도망쳤습니까?
송신도	속옷만 입은 알몸으로 도망쳤지. 논 넘고 산 넘어서.
오자와	그렇게 도망쳐서 집으로 돌아갔나요?
송신도	네, 돌아갔어요.
오자와	집에 돌아갔더니 집은 그대로 있게 해 줬나요?
송신도	아뇨, 조선에서는 한번 시집을 보냈으면 3년 동안은 자기 집으로 돌아가지 못한다는 규칙이 있어요. 난 어쨌든 집으로 갔더니 어머니가 화를 내며 막대기를 가져와서, 시집을 간 년이 도망쳐 왔느냐며 두들겨 패고 발로 차고 그러는데 하는 수 없이, 거기에 있을 수 없으니 집을 나왔지.
오자와	그래서 송신도 씨는 어떻게 했습니까?
송신도	그래서 하는 수 없이...... 뭐, 이렇게 있어서는 너무 배도 고프고, 어떻게 할 수 없으니까 친구 집으로 가서 밥을 얻어먹었지. 애도 보고 빨래도 하면서 얻어먹고. 그것도 이틀, 사흘은 괜찮지만 계속 있을 수 없으니까. 그렇게 해서 살았지.

오자와 아이를 봐 주면서 살 곳도 없는 상태로 여기저기 다닌 건가요?

송신도 그렇습니다.

오자와 그러는 사이에 전쟁터에 가지 않겠냐는 권유를 받았나요?

송신도 전쟁터에 가지 않겠냐는 말을 듣긴 했지만, 그 전쟁터라는 곳을 잘 모르니까.

오자와 그렇게 권한 사람은 어떤 사람이었습니까?

송신도 역시 조선인으로 나이는 마흔두세 살 정도 되는 아주머니였는데, 거기 가면 나라를 위해서 일하기도 좋다면서 이런저런 좋은 말을 하니까 그 말에 속아서 그 아주머니랑 같이 간 거죠.

오자와 당신이 아이 보는 일을 하고 있었을 때 그 아주머니를 만나서 권유를 받았던 거군요.

송신도 네.

오자와 그 일은 어느 마을에서 살고 있을 때였나요?

송신도 대전이라고 하는 곳.

오자와 다시 한번 묻겠는데요, 조선인 아주머니는 어떤 식으로 권했니요?

송신도 그러니까 방금 말한 대로 나라를 위해서 가면, 뭐 아무튼 결혼 따위는 안 해도 되니까 걱정할 것 없다고. 그러니까 그런 곳에 간다고 하는데, 난 잘 모르니까.

오자와 그 아주머니에게 자신은 결혼하기 싫어서 이런 생활

	을 하고 있다고 말했나요?
송신도	네.
오자와	전쟁터에 가면 결혼 따위는 하지 않아도 먹고살 수 있다고?
송신도	네, 네.
오자와	그래서 그런 이야기를 듣고 송신도 씨는 어떤 심정으로 전쟁터에 가서 일을 해야겠다고 생각했나요?
송신도	그건, 가 보지 않으면 모르니까. 아직 어린애였고, 어떻게 해야 하는지 몰랐으니까 그냥 하라는 대로 그 아주머니를 믿고 북한 평양인지 어딘지 따라간 거지.
오자와	그 여자는 송신도 씨의, 예를 들어 어머니와 아는 사이라거나 하는 그런 이야기는 없었나요?
송신도	그런 말을 했어요. 어머니랑 그 여자가 친구인지는 잘 모르지만 내가 전혀 본 적이 없는 여자라서 걱정은 했어요.
오자와	송신도 씨는 그 아주머니를 만난 적이 없는데, 그 아주머니는 송신도 씨의 어머니를 알고 있다고 했나요?
송신도	아주머니가 어머니를 알고 있다고 말했어요.
오자와	어떻게 아는 사이라고 했나요?
송신도	출신지가 같은 북한이라면서, 이러쿵저러쿵.
오자와	권유를 받았을 때 송신도 씨는 위안소라는 전쟁터에서 여자가 군인을 상대하는, 섹스의 상대를 하는 그런 일을 하는 곳이 있다는 것을 알고 있었습니까?

송신도   몰랐습니다.

오자와   전혀 몰랐나요?

송신도   네.

오자와   조선인 아주머니의 권유를 받고 전쟁터에 가기로 결심한 후에는 어떻게 지냈습니까?

송신도   북한에 평양이라는 곳이 있어요. 거기에 인간 브로커처럼 간판을 걸어 놓고 하는 곳이 있었어요.

오자와   그곳 말인데요, 평양이라는 곳과 진술서 녹취록에는……

송신도   신의주.

오자와   신의주로 괜찮나요?

송신도   괜찮아요.

오자와   간판에 대해 여쭤보겠는데요. 간판에는 뭐라고 쓰여 있었나요?

송신도   브로커라고, 조선말로 '소개소'라고 쓰여 있었어요. 일본어로 뭐라고 하는지 모르겠지만.

오자와   '소개소'는 일본어로 하면 쇼카이죠紹介所라는 의미죠.

송신도   응, 쇼카이죠.

오자와   송신도 씨를 신의주에서 어디로 데리고 갔나요?

송신도   맨 처음에 천진天津이라는 곳으로 데려갔어요.

오자와   천진으로 간 다음에 어디로 데려갔나요?

송신도   한구漢口.

오자와   한구에서 어디로?

송신도 무창武昌.

오자와 신의주에서 천진까지, 최종적으로 무창까지 갔는데, 거기까지 누구와 함께 갔나요?

송신도 아무튼 무창이나 한구라는 곳은 고 씨라는 조선인 남자가 데리고 갔어.

오자와 신의주에서 천진으로 가서 최종적으로 무창으로 가는 길은, 무엇을 타고 갔나요?

송신도 역시 커다란 배를 탄 것 같아. 사람들이 타고 있는 깨끗한 배였거든. 거기엔 미국 여자도 타고 있었고.

오자와 배 이외에 기차를 탔는지는 기억하시나요?

송신도 아무튼 무창이랑 한구까지는 배로 갔지만, 신의주에서 천진까지 갈 때는 기차를 탔어.

오자와 먼저 기차를 탔고, 그리고 배를 탄 거군요.

송신도 네.

오자와 기차는 며칠 정도 탔는지 기억하시나요?

송신도 몰라.

오자와 배는 며칠 정도 탔는지 기억하시나요?

송신도 이틀인가 사흘 정도 걸렸던 것 같은데.

오자와 지금의 신의주에서 천진을 거쳐 무창으로 갈 때까지 고 씨와 함께였다고 하셨는데, 여자는 당신 밖에 없었나요?

송신도 일곱, 여덟 명 있었어요.

오자와 그러면, 처음 대전에서 당신에게 전쟁터에 가지 않겠냐고 권유했던 그 여자는 젊은 여자들을 모아서 위안부로 삼으려고 위안소 업자에게 파는 일을 했던 사람이었군요.

송신도 네.

오자와 그래서 방금 인간 브로커라는 말이 나온거고요.

송신도 네.

오자와 무창에 도착한 것은 몇 년이었나요?

송신도 13년.

오자와 쇼와 13년(1938년) 말인가요?

송신도 네.

오자와 무창에 도착했을 때의 일인데요. 몇 월 정도였는지 기억하시나요?

송신도 정확히는 모르지만 추울 때였어요.

오자와 무창에는 배를 타고 갔다고 하셨죠?

송신도 응, 글쎄 거기는 배로밖에 못 가. 기차는 천진까지만 가니까.

오자와 배로 강을 건너 무창까지 간 거군요.

송신도 네.

오자와 무칭으로 가는 도중에 죽은 사람을 본 적이 있습니까?

송신도 있습니다. 남자인지 여자인지 모르지만, 낡은 팬티 한 장만 입은 채 온몸에 못이 박혀서 죽어 있었어. 남자는 죽으면 반드시 뒤로 향해 있으니까.

오자와 그런 시체를 어디에서 본 건가요?

송신도 천진을 지나던 중에 우연히.

오자와 배를 타고 가던 중에 봤나요?

송신도 네.

오자와 무창에서는 어떤 건물로 데려갔나요?

송신도 그쪽 중국에서는 건물이 콘크리트라서 이 층 건물이었던 것 같은데.

오자와 보통 집보다 큰 건물인가요?

송신도 상당히 컸던 것 같아.

오자와 무창에서 데려간 그 건물에서도 시체를 보았습니까?

송신도 네, 그때 변소에 가고 싶었는데, 변소에 가려고 해도 어디에 있는지 몰라서. 그래서 문밖으로 나가 뒷문으로 갔는데, 여잔지 남잔지 잘 기억나지 않지만, 화장실 옆이었지. 그 옆에는 밤나무인지 무슨 나무였는지 모르겠는데 작은 나무가 있었던 것은 기억이 나. 바로 그 옆에 시체가 있었으니까, 이거 큰일이 났다고 생각했는데, 여잔지 남잔지는 잘 모르겠어. 전쟁하다 죽은 사람인지 자살한 사람인지 모르지만 그런 시체가 있었지.

오자와 그 시체는 어떤 상태였나요? 벌레가 붙어 있거나 했나요?

송신도 구더기가 끓고 있었어.

오자와 구더기가 끓고 있었나요?

송신도 응. 구더기도 있었고, 어쨌든 더러웠어.

오자와 그래서 그 시체는 그대로 내버려두었나요?

송신도 내버려져 있었으니까. 먼저 있었던 여자들도 다들 치우려고 하지 않으니까, 내가 가장 어렸으니까, 그래서 어쩔 수 없이, 더럽고 할 수 없으니까 결국 내 손으로 괭이를 빌려서, 여기저기 찾아다니면서 괭이를 빌려서, 그래서 구멍을 길게 파서 내 손으로 그 옆에 묻었어.

오자와 그 시체 외에 건물에 피가 묻어 있기도 했나요?

송신도 그건 들어가는 곳에. 현관문 입구. 가령 여기가 입구라고 하면, 반대쪽에 피가 묻어 있었어.

오자와 건물 안이 아니라 현관 바깥쪽 말인가요?

송신도 맞아. 그러면 위생적으로도 좋지 않고, 아무도 하지 않으니까 내가 물을 끓여서 뜨거운 물을 부어서 비누로. 좀처럼 지워지지 않았는데 내가 열심히 닦아서 깨끗하게 했지.

오자와 그건 묻은 지 얼마 안 된 피가 아니라 말라있는 피였나요?

송신도 응, 잘 안 지워졌어.

오자와 무창의 위안소에 대한 질문인데요. 끌려간 위안소에는 이름이 붙어 있었나요?

송신도 네, 붙어 있었습니다.

오자와 어떤 이름이었습니까?

송신도 세계관.

오자와 　세계관에 끌려온 사람 중에는 신의주에서 끌려온 여자가 몇 명인가 있었죠?

송신도 　그렇습니다.

오자와 　신의주에서 천진을 지나 무창까지 함께 온 여자는 몇 명 정도 있었는지 기억하나요?

송신도 　거기에 남아서 먼저 일하고 있는 여자가 다섯 명이랑 조선에서 끌려온 것은 일곱, 여덟 명. 대략 열 명 정도 있었던 것 같아. 그러니까 열다섯 명 정도.

오자와 　송신도 씨에게 배정된 방은 어떤 방이었나요?

송신도 　방이랄 것도 없어. 들어갔을 때는 중국인 방은 다다미가 아니라서 침대 같은 것을 깔아 놓고 거기를 방이라고 하는데.

오자와 　한 방에 들어가라고 한 거죠?

송신도 　맞아요. 방은 여자들이 열다섯 명이면 열다섯 개 방을 만들어야 하는데, 내가 갔을 때는 방이 없는 거야.

오자와 　방은 처음부터 끌려온 여자들 수만큼 있었습니까? 아니면 방에 새로 칸막이를 쳐서 방으로 나눈 건가요?

송신도 　갔을 때는 넓은 건물이었으니까, 한 명 한 명 나눠야 했던 거지. 그러니까 여자 한 명이 들어갈 정도의 방은 만들었다고 생각한 것 같아.

오자와 　원래는 큰 방을.

송신도 　그래그래. 나눠서.

오자와 　송신도 씨와 일행이 왔을 때는 나눠져 있었나요? 아니면 한참 만들고 있었나요?

송신도 일본 군인이 와서, 목수였던 군인도 있었으니까. 군인 목수들이 와서 방을 만들고, '볏짚 이불'이라고 하면 알려나?

오자와 볏짚 이불은 뭔가요?

송신도 먹는 쌀을 만들지? 그것을 주머니처럼 꿰매서 거기에 볏짚을 채워 넣는 거야. 짚은 몸에 아주 좋지. 군인들은 그렇게 짚을 깔고 자니까, 우리들도 그 볏짚 이불을 깔아 놓은 것 위에다 이불을 한 장 더 깔고, 그리고 뭐라고 하더라, 온돌인가 하는 것처럼 거기에 이불 한 장 까는 정도였던 거지.

오자와 덮는 이불 같은 것은 있었나요?

송신도 덮는 이불은 솜이불 한 장 덮으라고 줬어.

오자와 그런 식으로 잠을 잔 거군요.

송신도 네.

오자와 방금 '온돌처럼'이라고 말씀하셨는데요.

송신도 그건 모양이 온돌이랑 비슷했어. 다다미를 깔지 않은 거니 온돌이랑 비슷한 것 아닌가?

오사와 바닥에 다다미가 아니라 판자를 깐 건가요?

송신도 그래요.

오자와 한 명 한 명이 들어간 방은 어느 정도 크기의 방이었나요?

송신도 아무튼 군인이 들어와서 옷을 벗어 둘 정도였으니까,

다른 물건은 넣을 수 없었어. 신발을 벗고 옷을 벗어 둘 수 있는 정도였으니까, 남은 물건은 넣을 수 없었어. 작게 만들었으니까.

오자와   위안소에 끌려간 뒤로 어떤 검사를 받거나 한 적은 있었습니까?

송신도   역시 갔을 때, 아직 허가가 없는 동안에 넘쳐나는 군인들이 들어왔지만, 허가를 받지 않았을 때니까.

오자와   먼저, 그 허가에 대해 묻겠습니다. 허가라는 것은 어떤 허가인가요?

송신도   몰라, 그 허가는.

오자와   잘 모르지만, 허가 전이라는 말은 들었다는 건가요?

송신도   네, 들었습니다.

오자와   그 말은 누구에게 들었나요?

송신도   조바랑 고 씨랑 얘기를 하니까.

오자와   고 씨라고 하는 당신을 데리고 온 사람과 그리고 위안소의 조바 역할을 하는 사람이 있는 거군요.

송신도   네.

오자와   그 조바의 이름은 무엇이었는지 기억하시나요?

송신도   '사이'라고 했던 것 같은데……

오자와   도착했을 때는 아직 허가 전이라는 말을 들었는데, 그 당시에 어떤 검사를 받은 적이 있습니까?

송신도   갔을 때, 처음에는, 그러니까 이 검사 통과 못하면 일을 할 수 있다 없다하면서. 군인을 상대할 수 있다 없

	다 이런저런 여러 가지 말을 들을 듣기는 했어.
오자와	그 검사라는 것은 어떤 검사라고 들었나요?
송신도	몰라.
오자와	그러면, 구체적으로 어떤 검사인지 모른다고 하더라도, 그 검사에 관해서 조바 등이 무슨 검사인지 말해줬나요?
송신도	네. 그래서 아랫도리 검사라고 하니까.
오자와	그 아랫도리 검사라는 것은 위안소에 도착하고 얼마나 지나서 받았나요?
송신도	이 주일 정도인가, 일주일 반 정도였던 것 같은데...... 잘 기억 안 나.
오자와	그 검사를 통과하지 않으면 군인을 상대할 수 없다고.
송신도	응, 그런 말을 들었어.
오자와	아랫도리 검사라는 것은 누가 했나요?
송신도	역시 군대의 군의관이. 장교 소위라는 하시모토 소위라는 사람이.
오자와	검사를 하는 장소는 어디였나요?
송신도	역시 세계관의 이 층에 가면 비어있는 방이 있었는데. 그 비어있는 방에서. 세계관에 비어있는 방이 있어서, 거기서 한 거야. 그래. 그래서 올라가는 받침대 같은 것이 있는데 거기에 올라가서 검사를 한다고 알려줬어.
오자와	올라가는 받침대라는 것은 어떤 것인가요? 송신도 씨처럼 검사받는 사람이 올라가는 받침대가 있다는 거

죠?

송신도 그렇습니다.

오자와 위를 보고 눕는 상태로 올라가는 것인가요?

송신도 네, 맞습니다.

오자와 누워서 어떤 자세를 취하게 하나요?

송신도 결국 그 위로 올라가서 양쪽 받침대에 다리를 올리고.

오자와 양쪽 다리를 어떻게 하나요?

송신도 왼쪽 다리와 오른쪽 다리를 따로따로 올리고 위로 올라가는 거죠.

오자와 오른쪽 다리와 왼쪽 다리를 따로 위로 올리고, 그리고 다리가 몸보다 살짝 높아지는 거군요.

송신도 맞아요. 그리고 커튼으로 가리고.

오자와 그래서 다리와 얼굴 사이에 경계의 커튼을 친 건가요?

송신도 얼굴은 더 이상 안 보이지. 얼굴은 안 보고 다리만, 거기만 볼 뿐이야.

오자와 검사라는 것은 성기 검사를 하는 것이군요.

송신도 네.

오자와 그 검사라는 것은 받침대에 올라가서 어떤 식으로 하는 건가요?

송신도 역시 처음에는 뭘 하는지 모르니까, 그저 울기만 했어. 군의관이 너, 이 검사 안 하면 이러쿵저러쿵하면서 맞았으니까. 맞는 것은 안 아팠지만, 그 검사를 받는 것이 어떻게 하는 건지 너무 아파서 펑펑 우니까, 됐다며 엉덩이를 때리면서 내려오라고 했어. 그래서 검사도 안 하고 내려왔지.

오자와 송신도 씨로서는 받침대 위에서 다리를 벌린 채 검사를 받는 것이 처음이었던 거군요.

송신도 처음이지.

오자와 그런 상황이 싫은 것과 아파서 거부한 것이고요?

송신도 네.

오자와 그 검사라는 것은 성병 검사가 아닐까 생각하는데요, 그것에 대해서는 알고 있었습니까?

송신도 성병인지 뭔지는 모르지만, 병을 가지고 있는 사람은 군인을 상대할 수 없으니까 그래서 검사를 한다는 말은 들었습니다.

오자와 그것은 나중에 알게 된 것인가요?

송신도 네.

오자와 그 검사, 성병 검사 같아 보이는데, 아랫도리의 검사라는 것을 그 뒤로 위안소에 있는 동안에도 받았습니까?

송신도 일주일에 한 번 정도. 반드시 검사했어.

오자와 검사할 때마다 매번 군의관이 했나요?

송신도 아니, 가끔 군의관이 바빠서 못 올때는 하사관이 와서 또 하는거야.

오자와 보통은 군의관이 하지만 군의관이 바쁠 때는 하사관이 했다는 건가요?

송신도 네. 몸이 안 좋아서 못 오거나 바빠서 못 올 때는 하사

		관, 상사가 와서 했어.
오자와		하시모토 군의관이라고 하셨는데요. 그 아래를 검사한 사람이.
송신도		네.
오자와		하시모토 군의관은 검사가 끝난 뒤에 송신도 씨에게 뭔가 하려고 했습니까?
송신도		아무것도 안 했어요. 아무것도 안 했지만, 검사가 끝난 그날 밤에 왔어.
오자와		검사가 끝난 날 밤에 송신도 씨의 방으로 왔다는 건가요?
송신도		놀러 온 거지. 그래서, 아무튼 이쪽으로 들어가라 저쪽으로 들어가라 하면서 잡아당기는데 얼굴을 보니까 역시 검사할 때 봤던 얼굴이야. 아니 이 남자 대체 무슨 짓을 하려는 거야 하면서, 엄청 무서웠어.
오자와		그 검사를 받았던 날 밤에 하시모토 군의관이 송신도 씨의 방으로 왔다는 건가요?
송신도		네.
오자와		하시모토 군의는 무엇을 했나요?
송신도		그저 우뚝 서있으니까, 지금 같으면 앉으라고 하면 앉겠지만, 그저 서있기만 하니까, 군의관도 여기로 오라면서 잡아당긴 것이 아닌가 해. 그러니까 나는 싫다면서 말을 듣지 않았어.
오자와		송신도 씨가 서 있으니까, 군의관이 이쪽으로 오라며

　　　　　잡아당겼다는 말씀인가요?

송신도　네. 이쪽으로 오라고. 그렇게 잡아당겨도 안된다며 엉엉 울었어.

오자와　어떤 심정에서 그렇게 울고 싶었나요?

송신도　나도 몰라. 죽일 작정인 건지, 무슨 생각이었던 건지. 절반은 무섭고, 절반은 슬프고, 말도 모르겠고, 정말 힘들었어.

오자와　그래서 하시모토 군의관은 송신도 씨가 우는 것을 보고 어떻게 했나요?

송신도　그러고는 이러면 시끄러워진다면서 그대로 돌아갔어. 소란을 피우는 것보다 그냥 돌아가는 게 낫다고 생각해서 간 게 아닌가 싶어, 내가 생각하기에는.

오자와　아마도 하시모토 군의관은 송신도 씨와 자려고 온 것 같은데, 당신이 하시모토 군의관을 상대하지 않았다는 것이군요. 울기만 했을 뿐인데, 그 일로 위안소 사람에게 혼난 적이 있습니까?

송신도　네, 있습니다.

오자와　어떻게 혼났나요?

송신도　말을 안 듣는다거나, 그러니까 조선으로 못 돌아간다거나, 여러 말을 들었어요.

오자와　누구한테 들었나요?

송신도　역시 조바랑 우리를 부리는 고 씨가 그런 말을 했지.

오자와　방금 한 말은, 조바인 사이 씨나 고 씨가 당신이 하시모토 군의를 상대하지 않은 일로 화를 냈다는 거죠?

송신도   응.

오자와   어떻게 혼났나요?

송신도   머리채를 잡은 채 때리고, 발로 차고, 코피가 날 정도로 두들겨 맞았어.

오자와   그때 하시모토 군의관을 상대하지 않았다고 맞은 건가요?

송신도   네, 그래요.

오자와   폭력만이 아니라 무슨 말을 듣기도 했나요?

송신도   역시, 너는 빚을 지고 왔으니까 빚 갚고 가라고 했어. 돈을 빌리지도 않았는데 빚을 졌다고 하니까.

오자와   송신도 씨는 고 씨에게도 물론 사이 씨에게도, 그리고 북한까지 데려 간 아주머니에게도 돈을 받지 않았죠?

송신도   네.

오자와   그런데 빚을 졌다는 것은 무슨 의미인가요?

송신도   모르죠. 그거, 응, 자기들이 끌고 오면서 든 경비들 말이야. 기차비라거나 이것저것을 싸잡아 빚을 지게 해서, 그래서 나쁜 짓을 하려고 한 건지는 몰라도 그냥 빚을 졌다, 빚을 졌다 하면서. 나한테만 그런 게 아니라 다른 사람들도 강요당하고 괴롭힘당하면서 일하고 있는 사람도 있었으니까.

오자와   다시 그 빚에 대해 여쭙겠는데요. 돈을 받지도 않았는데 무엇이 빚이 되었는가 하면, 지금 말씀하신 조선에서 중국까지 데려올 때 들었던 기차 비용 등 그런 것들이 빚이 되었다는 건가요?

송신도 그리고 기모노도 사 왔다고 했어.

오자와 기모노를 사 왔다?

송신도 일본의 기모노를 사 왔다는데, 그런 것에 돈을 썼다는 말이 아닌가 싶어. 현금은 한 푼도 안 썼는데. 빌리지도 않았고.

오자와 기모노를 산 비용이랑 그리고 조선에서 중국으로 올 때까지 든 비용 그런 것들이 빚이 된다는 말을 들었나요?

송신도 와서는 일도 안 하고, 말도 안 들으니까, 너, 그렇게 싫으면 빚 갚고 가라는 말을 들었어요.

오자와 반복되는 것 같지만, 방금 일본의 기모노를 산 돈이 빚이 됐다고 말씀하셨는데, 일본 기모노는 어디서 어떻게 산 것인가요?

송신도 그걸 우리랑 의논해서 산 게 아니라, 주인 고 씨가 어디서 샀는지 사가지고 와서, 자기들이 마음대로 사 와서, 그래서, 이거 입고 한다거나, 저거 입고 하니까 사라고 하는데 기모노를 입는 법도 모르지, 어떻게 할 수 없으니까 필요 없다고 하면, '그러면 너는 원피스라도 입어'라고 해서 원피스 하나를 받았던 것 같아요.

오자와 고 씨가 어디서 사 왔는지 모르지만, 일본의 기모노랑 원피스 같은 여러 가지 옷을 가지고 와서는 마음에 드는 것을 고르라고 한 건가요?

송신도 네.

오자와 그래서 송신도 씨는 원피스를 받았군요.

송신도 (기모노는) 입는 법을 모르니까 원피스가 나을 것 같아서. 그래서 원피스 한 장을 받았지.

오자와 원피스를 받았을 때, 그 비용이 빚이 된다는 말은 들었나요?

송신도 아니, 그런 이야기는 처음에는 없었는데. 그냥 말을 안 들으면, 빚 갚고 가라고 하는 거지. 그 빚이 뭔가 하면, 기모노를 샀다는 둥 너를 끌고 올 때 이렇게 해서 먹고, 기차랑 배랑 타고 왔다면서, 그런 말을 막 하는 거야.

오자와 기차를 탈 때는 그 비용이 빚이 된다고 말하지 않았고, 원피스의 경우에도 그것이 빚이 된다는 말도 없이 나중에 무창에 데려온 후에 그런 말을 했다는 거네요.

송신도 그렇습니다.

오자와 방금 무창의 위안소에 끌려왔을 때는 허가가 없었다는 이야기가 있었는데요. 허가를 받은 것은 언제쯤인지 기억하시나요?

송신도 몰라.

오자와 방금 검사를 한 것은 허가를 받기 전에 검사를 했는지 나중에 했는지 그런 것도 기억이 나지 않나요?

송신도 몰라요. 그 검사를 통과하면, 군인을 상대할 수 있네 없네하는 말은 했지만, 검사 통과가 안된 상태에서는 그런 건 없었으니까.

오자와 그러면 송신도 씨는 검사를 통과한 것으로 되었나요?

송신도 뭐가 뭔지 몰라. 그것도 전혀 몰라.

오자와 그러면, 송신도 씨의 방으로 군인이 계속해서 들어오기 시작한 것은 검사를 받은 후 어느 정도 지나서였나요?

송신도 그날 끝나고 나서, 이틀 정도 지나서였던 것 같아.

오자와 검사받은 뒤 이틀 정도 지나서.

송신도 검사에서 불합격 받은 사람은 손님을 받을 수 없으니까. 불합격된 사람은 전부 쉬게 하고, 합격한 사람만 군인을 상대한다고 했지.

오자와 송신도 씨에게는 군인을 상대하게 했지요?

송신도 그렇습니다.

오자와 그렇다면, 검사에서 합격했다는 것이 되네요?

송신도 네. 하지만 군의관, 기구도 아무것도 안 넣었는데. 넣지도 않았는데 합격을 했으니까, 결국, 군인을 상대하게 된 것이 아닌가 싶어.

오자와 검사할 때는 성기 안에, 그러니까 질 안에 기구를 넣고 검사를 하는데, 송신도 씨는 싫어하고 소란을 피우니까 기구를 넣어 검사를 하지도 않았는데, 그래도 합격이 됐다는 것인가요?

송신도 그렇지. 합격한 것이 된 거지.

오자와 검사 후 며칠이 지나고 군인을 상대하라고 해서, 송신도 씨 방으로 군인이 속속 들어오게 된 거네요.

송신도 네. 쉴 새 없이.

오자와 가장 처음에 군인을 상대하라고 했을 때. 송신도 씨의 방에 군인이 들어와서, 상대하라고 했을 때를 기억합니까?

송신도 뭐, 그건 어떤 군인도 다 군인이니까 어쩔 수 없었지만, 어쨌든 방금 말한 하시모토 군의관이랑 같은 식으로 자기가 하는 말을 들으라고 하니까, 또 괴롭히는 것은 아닌지 정신이 절반은 나가버렸어.

오자와 괴롭힘을 당하지 않을까 무서웠다.

송신도 응. 어쨌든 말이 안 통하니까, 정말로 힘들었어. 아무튼 싫으면 싫다고 지금 같으면 말할 수 있지만, 나는 배우지도 못했잖아. 학교도 안 나왔으니까 글도 못 읽고, 말도 안 통하지, 엄청 고생했지. 그러니까 인정이 있는 군인은 그런 짓을 안 했지만, 험악한 군인은 칼을 빼들고 난동을 부리면서 죽여버린다고 하고, 여러 군인이 있었어요.

오자와 송신도 씨는 군인이 방으로 들어오면 무슨 일을 당할지 몰라 무섭고 싫어서 울었던 거군요.

송신도 네, 그렇죠. 울고 있는 시간이 많았지.

오자와 계속 울기만 했나요?

송신도 지금도 울기만 하는데, 아이고 견딜 수가 없어. 지금은 눈물도 안 나와. 하도 울어서.

오자와 우는 것을 보고 그중에는 돌아가는 사람도 있었지만,

칼을 휘두르며 억지로 상대하게 하는 군인도 있었나요?

송신도 네, 있었어요. 옷을 벗으라고도 하고, 자지를 빨라고도 하는 별의별 군인이 있었습니다. 그런 놈들이 많이 있었어요.

오자와 그런 무리한 요구를 하고 시키는 대로 하지 않으면 역시 폭력을 휘둘렀나요?

송신도 그럼요, 두들겨 맞았죠. 그래서 지금도 나는 얼굴에 굳은살이 박여서 아무리 때려도 아프지 않아요.

오자와 얼굴을 너무 맞아서 익숙해져 버렸다는 말인가요?

송신도 맞아. 북이랑 똑같아. 하도 맞아서, 아무리 때려도 아프지 않아, 지금은.

오자와 도망 다녀도 강제로 상대하게 한 것이죠?

송신도 그렇습니다.

오자와 계속 끊임없이 군인들이 들어왔나요?

송신도 그렇습니다. 쉴 새 없이 들어왔어. 문 앞을 발로 차거나, 빨리 하라며 소리치기도 하고, 밖에서 딸딸이를 치는 놈도 있고, 별의별 인간들이 있었어요.

오자와 군인이 끊임없이 몰려와 문 앞에서 문을 두드리고……

송신도 네. 그리고 자기 바지를 내리고 자지를 지 손으로 딸딸이를 치면서 서 있는 바보 같은 놈도 있고 별의별 인간이 다 있었어요.

오자와 문밖에서 기다리다 못해 자위를 하는 사람이 있었다는 건가요? 그런 상황에서 도망가지도 못하고 계속 상대해야 했던 건가요?

송신도 네.

오자와 방 안에서 도망 다니거나 아니면 복도로 도망치거나 한 적이 있나요?

송신도 '너를 다른 일 시키러 데려온 것이 아냐'라면서 때렸어. 관리한테 얻어맞아, 군인들한테 얻어맞아. 정말로 실컷 얻어맞았어. 그러니까 마음도 거칠어진 거지. 지금은 어쩔 수도 없어.

오자와 아무리 도망쳐 봐도 다시 잡히고. 그래서 잡힐 때마다 얻어맞은 건가요?

송신도 그렇지. 발로 걷어 차고 말이야. 솥뚜껑같이 엄청 큰 손으로 한 번 맞아 보라고. 그래서 지금도 귀가 멀어서 한 쪽이 안 들려. 정말 힘들었지.

오자와 밥도 주지 않았다는 이야기도 있었지요?

송신도 말 안 들으면 밥이 문제가 아냐. 뭐를 사서 먹고 싶어도 어디서 뭘 파는지도 모르고. 문밖으로 더는 못 나가지 말도 안 통하지, 미아가 돼서 어디로 가는지도 모르지.

오자와 나가고 싶어도 나갈 방법이 없었군요.

송신도 그렇지. 결국 당해도 이 안에 있을 수밖에 없겠구나 싶었지. 울 일뿐이고. 죽는 것보다는 낫겠다 싶어서 참았지. 하지만 지금이라면 죽고 싶은 마음도 있어요. 그치

	만 죽어버리면 담뱃재랑 마찬가지니까, 죽으려야 죽을 수도 없고. 이렇게 힘내서 살고 있는 거죠.
오자와	그때는 죽는 것보다는 낫겠다 싶은 생각에 어떻게든 참으면서 군인을 상대했던 거군요.
송신도	네, 그렇게 점점 생리가 와서, 여자는 자꾸 생리를 하잖아. 그게 시작하니까, 아이고 이렇게 남자관계를 하는구나 하고 알았어요. 그렇지 않으면 잘 몰라.
오자와	송신도 씨는 위안소에 끌려가서 가장 처음 군인을 상대했을 때는 월경, 초경이 시작하지 않았나요?
송신도	없었어. 열아홉 살에 시작했어.
오자와	그때까지 월경도 없었는데 강제로 남자를 계속해서 상대해야 했나요?
송신도	네.
오자와	군인을 상대해야 했을 때는 하루 종일, 아침부터 밤까지 상대해야 했나요?
송신도	아침 7시부터 저녁 5시까지 군인들의 시간이었으니까. 그리고 5시부터 8시까지가 하사관, 사관들. 그리고 8시부터 12시까지 장교들의 시간. 시간이 정해져 있어. 그런데 뻔뻔한 군인들은 아침까지 자고 간다고 하는 인간도 있었고.
오자와	원래 규칙에는 아침 7시부터 저녁까지는 일반 군인이 오고, 그 후에는 하사관이 오고, 그다음은 장교가 오는데, 그런데도 아침까지 계속 있으려는 사람도 있었군

요.

송신도 아침까지 있었던 뻔뻔한 인간들도 있었지.

오자와 그런데 규칙대로라고 해도 아침 일찍부터 밤늦게까지 계속 군인을 상대해야 하는 거네요?

송신도 그렇지. 밥 먹을 시간이 없었다니깐. 젊었으니까 괜찮았지, 보통 사람이었다면 이미 죽었어. 그런 바보 같은 전쟁을 하니까 전쟁에 지는 거지.

오자와 이야기를 좀 바꿔서, 당신이 있었던 위안소에는 군인만 왔나요? 아니면 민간인도 왔나요?

송신도 아니요. 민간인은 안 왔어요.

오자와 군인만 왔군요.

송신도 네.

오자와 방금 하루 종일 군인을 상대하고, 많을 때는 밥 먹을 시간도 없는 날도 있었다고 하셨는데, 하루에 몇 명 정도 상대했나요?

송신도 70명 정도 상대해야 했던 적도 있었어요.

오자와 70명 정도를 상대해야 했던 적도 있었습니까?

송신도 네. 밤부터 계산하면.

오자와 항상 70명이라는 것이 아니고?

송신도 맨날 70명 상대하면 이미 죽었지. 그렇게는 안 해. 바쁠 때.

오자와 어떨 때 바빠지나요?

송신도 역시 통과 부대가. 통과 부대라고 알아? 전쟁터에 나가는 거야. 무창에서 주둔하는 게 아니라 무창을 지나서 다른 곳으로 가는 부대 말이야. 그래 가령 여기가 도쿄라고 하면, 내일 센다이 등지로 출장 나가는 부대가 있는 거지. 그 군인들이 쉴 새 없이 오니까 넘쳐 나는 거야. 그 사람들이 없어지면 남은 군인들은 경비대로 남아 있지만, 그렇게 바쁘진 않아.

오자와 경비대로 남아있는 부대가 있긴 하지만 그 외에 통과부대가 올 때가 있는데, 그러면 위안소에도 군인들이 가득 몰려온다는 거군요.

송신도 응. 군인들로 가득해. 그 군인들을 전부 상대하라는 거야. 결국은 말이야. 안 하면 또 두들겨 맞아.

오자와 몰려오는 군인을 전부 상대하라는 건가요?

송신도 응. 그치만 상대를 하든 안 하든 어쨌든 한없이 넘쳐 나. 술 먹고 못살게 구는 놈도 있고.

오자와 술을 마시고, 행패를 부리기도 하고.

송신도 응, 칼 빼들고서.

오자와 그런 짓을 한 사람도 있었군요.

송신도 있는 정도가 아니야.

오자와 많이 있었나요?

송신도 응, 많이 있었지.

오자와 그런 상황에서 하루에 70명 정도를 상대해야 한 적도 있었습니까?

송신도 응, 70명 정도. 이쪽은 더 이상 몸이 안 좋아서 쉬려고 해도 쉴 수가 있어야지. 잔말 말고 받으라고 하니까.

오자와 통과 부대가 없을 때는 어느 정도인가요?

송신도 다섯 명이나 여섯 명 정도야.

오자와 통과 부대든 거기에 있는 부대든 상관없이 무창의 위안소에 있었을 때, 상대해야 했던 군인이 어느 사단에 소속된 군인인지 기억하시나요?

송신도 아무튼 무창이라는 곳은 40사단, 6사단, 3사단, 그런 부대가 있었어. 4사단.

오자와 그런 부대의 군인이 왔다는 것은 군인에게 들었나요?

송신도 응, 군인 옷에 딱 써 있거든. 몇 사단인지 써 있어.

오자와 군복에 쓰여 있나요?

송신도 네. 그러니까 알 수 있었던 거지.

오자와 지금부터 하는 질문은 모르면 모른다고 하셔도 됩니다. 예를 들어, 방금 나온 40사단은 일본 어느 지역 출신 사람들이 모여있는 사단인지 아시나요?

송신도 6사단은 전쟁에서 제일 강했으니까.

오자와 6사단은 강했나요?

송신도 네.

오자와 방금 여쭤본 40사단은 어디 출신 사람들인지 기억나지 않으시나요?

송신도 시코쿠 사람들.

오자와 그렇게 들으셨나요?

송신도 그렇게 들었어.

오자와 그리고 예를 들어 3사단은요?

송신도 3사단은 나고야.

오자와 통과 부대가 있을 때, 하루에 70명이라고 하면 정말로 쉴 새가 없었겠네요.

송신도 네.

오자와 앞에 말씀에서, 방 앞에 군인이 기다리면서 빨리 끝내라고 문을 두드리는 일까지 있었다고 하셨는데, 그렇게 쉴 새 없이 하루 종일 몇 명이나 상대를 하게 되면 몸도 상당히 힘들었을 것 같은데요.

송신도 너무나 힘들었지, 정말로. 적응하기도 했지만, 그때는 아직 초보였고, 아무것도 몰랐으니까. 말을 듣지 않으면 두들겨 맞고, 어떻게 할 수도 없었어.

오자와 송신도 씨가 말씀하시는 초보라는 것은 성 경험이 없는, 남자와 섹스를 한 적이 없다는 의미로 하신 말씀이시죠?

송신도 맞아요. 그런 의미에서 한 말이야.

오자와 그리고 아무리 젊어도 몸이 안 좋거나 생리를 할 때가 있을 텐데요. 그럴 때는 쉴 수 있었나요?

송신도 생리를 하든, 폐병이 걸리든, 말라리아에 걸리든 군인을 상대하게 했어.

오자와 몸 상태가 안 좋아도 쉴 수 없었나요?

송신도 쉬면 뺨을 맞거나 죽거나 하니까, 엄두도 못 내. 군인은 내일 토벌에 나가서 뒈질지도 모르는 몸으로 오는 거니까, 그러니까 우리는 우리 사정대로 하는 거지만, 본인은 이유가 있는 거라 싫다고 해도 사정을 안 봐줘. 어쨌든 군인들을 놀게 하고 빨리 돌아가게 하면 된다고 생각하니까.

오자와 군인들은 토벌을 나가면 내일 당장 죽을지도 모르니까, 잔말 말고 오늘 상대하라는 것이군요.

송신도 네. 하고 나면 금방 돌아가니까. 그러니까 각반을 풀 새도 없이 그냥 감은 채로 고추만 내놓고, 그러고 하고 돌아가니까.

오자와 오늘 안에 끝내라고 하니 군인은 각반을 풀지도 않고, 그냥 바지만 내린 상태로 연달아……

송신도 그렇습니다.

오자와 위안부들의 몸 상태나 그런 것은 전혀 개의치 않았다는 거네요?

송신도 그런 거 신경도 안 써. 아무튼 남자들은 남자의 욕망이니까 하고 간다는 생각밖에 없지. 사람 몸 같은 거는 전혀 생각하지도 않아. 웬만큼 친한 사이가 되지 않고서는 봐주지 않으니까. 억지로 전쟁터에 끌려가서 죽어서 못 돌아올지 모르니까. 그냥 하고 싶은 마음. 무리하는 것도 당연한 거지.

오자와 그러면 예를 들어, 생리를 할 때는 어떻게 군인을 상대했나요?

송신도 생리 때는 처음 2, 3일째는 심하니까, 그러면 깨끗이 씻는 거야. 자네 깨끗이 씻고 있어?

오자와 그건 됐고요. 출혈이 있을 때는 씻어내고 그리고 어떻게 하나요?

송신도 그리고, 아무리 씻어도 군인을 상대하다 보면 확 쏟아져. 그러면 탈지면을 둥글게 말아서 그것을 자궁안으로 넣는 거야. 그것을 넣고 하면 탈지면이 자궁안으로 들어가 버려. 그러면 내가 기구를 갖고 있다고 했잖아. 그 기구를 넣어서 자궁안에 들어있는 탈지면을 꺼내고, 넣고 다시 군인을 상대하는 거지.

오자와 출혈이 많을 때는 탈지면을 둥글게 말아서 그것을 질 안에 넣어서……

송신도 그렇게 하고 있으면 넣어 놓은 탈지면이 자궁 속으로 들어가서 안쪽까지 들어가 버리면 큰일이지. 아프고. 그러면 기구를 넣어서 스스로 부인과처럼 보는 거야. 그 탈지면을 꺼내고, 다시 씻고 다시 군인을 상대해야 하는 거지. 두들겨 맞는 것보다 낫겠다 싶어 그렇게 한 거야.

오자와 질 안으로 기구를 넣어서 빼내는 건가요?

송신도 네.

오자와 그런 것까지 할 수밖에 없었고, 그래도 맞는 것보다 낫겠다 싶어서 상대를 했다는 건가요?

송신도 그렇습니다.

오자와 이야기가 조금 달라지는데요. 위안소에 있었을 때 먹을 것, 식재료는 어떻게 구했나요?

송신도 그건, 내가 부대로 가서 쌀을 배급받는 것도 아니고, 뒤로 사는 건지, 그런 건 몰라.

오자와 아는 것만 말씀해 주셔도 되는데요. 쌀은 어디에서 위안소로 왔나요?

송신도 그건 군대에서 내준다는 이야기는 들었습니다. 군에서 쌀을 줬다고 들었습니다.

오자와 그 말을 들은 것은 위안소의.

송신도 주인들한테서.

오자와 주인들에게 들었다는 건가요?

송신도 네.

오자와 군대에서 쌀이 온 거군요.

송신도 그건 군대에 딸려서 위안부를 만들었으니까 쌀이든 뭐든 죄다 내야 하는 거지. 된장부터 간장까지 전부.

오자와 쌀이 군에서 온다는 말은 위안소 사람들에게 들었다는 거군요.

송신도 네.

오자와 방금 위안소에 온 군인들에게 폭행을 당한 적이 몇 번이나 있었다고 하셨는데, 폭행당한 상처가 지금도 남아 있습니까?

송신도 있습니다.

(갑제32호증의 1을 제시)

오자와 이것은 송신도 씨의 오른쪽 옆구리에 있는 흉터를 찍

	은 사진입니다. 길이가 10센티 정도되는 흉터군요.
송신도	그렇습니다. 군인들은 칼을 뽑는 게 아니라 비수를 가지고 있었어. 그런 것을 갖고 있는 사람도 있어서 그걸로 당했어.
오자와	이 상처는 비수에 찔린 건가요?
송신도	네.
오자와	무엇 때문에 군인이 찔렀나요?
송신도	그러니까, 옷을 벗으라고 하거나 자지를 빨라거나 이것저것 시키는데, 말을 안 들으면, 칼을 들고 '이년아, 내가 뭘 했는지 알아?'라고 하는데, 뭘 했다고 해도 난 잘 모르니까. 아마도 군인들 중에도 거친 군인이 아니었나 싶은 거지.
오자와	군인이 옷을 벗으라고 하거나 성기를 빨라고 하거나 여러 가지 요구를 하고, 순순히 따르지 않으면 화내고.
송신도	그래서 죽이네 살리네 하면서, 한잔하고 온 군인들이니까.
오자와	한잔하고 왔다는 것은, 술을 마시고 왔다는 건가요?
송신도	맞아요.
오자와	취해서 위안소에 와서.
송신도	그래서 하는 말 안 들으니까, 귀찮으니까, 객기를 부린 거라고 생각해, 나는. 술 안 마시면 그런 배짱도 없지, 역시.
오자와	멀쩡할 때는 그런 짓을 하지 않겠지만, 그때는 술을 마

　　　　　　신 사람이 와서.
송신도　아아, 술 마신 놈도 오고, 가지각색이야.
오자와　술 마시고 온 군인한테 찔린 건가요?
송신도　맞아.

(갑제32호증의 2를 제시)

오자와　이것은 송신도 씨의 왼쪽 팔이죠?
송신도　이것은 처음 무창에 갔을 때 결국 조선 이름은 못 쓰니까 일본 이름으로 하라고 하는데, 일본 이름으로 하라고 해도 어떤 이름인지도 잘 모르고. 그래서 어느 군인이 '네 이름은 가네코金子'라고 붙인다고 해서 가네코라는 이름을 새긴 거지. 이런 이름을 새기는 게 부르기 쉽고, 괜찮지 않냐며 군인이 새긴 거야.
오자와　일본 군인이 송신도 씨를 일본 이름으로 부른다며 가네코라고 붙였다는 건가요?
송신도　네.
오자와　그런데 문신까지 새긴 것은 왜죠?
송신도　결국 그 군인이 다시 놀러 와서는 '가네코 있나?'라며 부르기 쉬우려고 새긴 게 아닌가 싶어. 그냥 이봐 저봐 하고 부르니까 이름을 새겨 놓으면 기억하기 쉽겠다 싶어서 이 이름을 새긴 거겠지.
오자와　실제로 어떤 생각으로 한 것인지는 모르지만, 위안소에서 불렸던 이름을 새겼다는 것인가요?
송신도　네.

오자와 이 사진을 촬영한 것은 헤이세이 5년(1993년)인데요. 이 문신은 지금도 물론 지워지지 않은 채 남아 있는 거죠?

송신도 네, 있습니다.

오자와 지금도 문신이 남아 있어서 안 좋은 경험을 한 적이 있습니까?

송신도 벌써 50년이나 지났으니까. 50년도 지났으니 절반은 포기했지만, 그래도 역시 죽어서 재가 되지 않는 한 잊을 수가 없지. 아무리 생각해도 기가 차.

오자와 이 문신이 남아 있어서 사람들 앞에 팔을 내보일 때, 부끄럽다는 생각을 하시나요?

송신도 역시 보기 흉하지. 목욕탕에 가면, 지금은 (집에) 욕조가 있으니까 괜찮지만, 욕조가 없을 땐, 여자 중에서 이런 문신 새긴 사람은 거의 없지.

오자와 지금은 욕조가 있으니까 괜찮지만, 지금까지 목욕탕에 갈 때 팔을 보이는 것이 부끄러웠다는 말씀인가요?

송신도 응, 힐끗힐끗 쳐다보니까.

오자와 여자들 중에는 문신한 사람은 거의 없다면서 쳐다보는군요.

송신도 불량한 사람이 아니면 없지, 그런 거.

오자와 사람들이 쳐다보는 것이 싫어서 그래서 어떻게 했나요?

송신도 그래서 내가 직접 지우려고 바늘로 찔러도 봤지만, 어지간해선 지워지지 않더라고. 여기 잘 보면 지워진 데도 있고, 그대로 남아 있는 곳도 있어.

오자와 문신을 지우려고 직접 바늘로 찔렀다는 건가요?

송신도 응, 여기 살짝 걷어 올려보면.

오자와 보여주고 싶나요?

송신도 네.

오자와 사진을 제출했으니까 괜찮아요. 그러면, 어디를 찔러서 지우려고 했는지만 볼까요? 이 위쪽 산 부분, 여기가 살짝 지워져 있는데 여기를 바늘로 지우려고 한 건가요?

송신도 네. 지워진 곳은 지워졌는데, 여기는 안 지워지고 흉터로 남아 있다고.

오자와 그러니까 가네코라고 새겨진 위쪽 부분을 지우려고 했는데, 조금만 지워지고 아직 남아 있는 거죠?

송신도 응, 남아 있어.

오자와 그래서 목욕탕에 갈 때는 어떻게 했나요?

송신도 반창고를 붙이고 갔지.

오자와 반창고 붙여서 보이지 않도록 한 건가요?

송신도 큰 반창고를 붙이면 안 보이거든. 다쳐서 붙인 거라고 사람들은 생각하는 거지. 그렇게 문신을 가리고 가니까 괜찮았어. 그래서 다 하고 나오면 떼서 버리고 다시 속옷을 입고, 그렇게 숨기면서 목욕탕을 다녔지.

오자와 문신을 꽤 의식해서 숨기려고 했군요.

송신도 그렇지. 너무 보기 흉하니까.

오자와 송신도 씨는 귀가 잘 안 들리시죠?

송신도 네.

오자와 위안소 생활로 인해 귀가 멀어진 건가요?

송신도 위안소 생활을 해서라기 보다, 위안소에서 일하고 있을 때 군인한테 맞고, 조바한테 맞고, 늘상 얻어맞으니까 결국 귀가 먼 거지. 고막도 터지고.

오자와 군인 상대하라면서 맞고……

송신도 싫다고 하면 맞아.

오자와 조바에게 군인을 상대하라며 맞고, 싫다고 하면 또 맞고.

송신도 그러면 빚 갚고 가라고 한다니까.

오자와 그러는 와중에 고막이 터진 적도 있었다는 거죠?

송신도 네, 그렇습니다.

오자와 정신을 차리고 보니 귀가 멀어져 있었다고.

송신도 귀도 멀고, 계속 울기만 하니까 귀안에서 고름도 나오더라고. 눈물이 들어가고 그러니까, 세균이 들어가서.

오자와 귀가 세균에 감염돼서 고름이 나왔다는 건가요?

송신도 네, 그래요. 그래서 직접 관리를 하고 있어, 지금.

오자와 귀가 잘 안 들리게 된 것은 무창에 있었을 때부터인가요?

송신도 아니, 무창에 있었을 때 하도 맞아서 못 느꼈는데 일본에 와서 보니 완전히 멀어진 거지.

오자와 무창에 있었을 때 맞은 것과 고막이 터진 것 때문인가요?
송신도 네, 그렇습니다.
오자와 송신도 씨는 비수에 찔려서 상처가 나고 고막이 터진 일도 있다고 하셨는데, 다른 위안부들도 살해되거나 다친 위안부가 있었습니까?
송신도 위안소 이름이 '고토부키야'라는 곳과 '야마토관'이라는 곳이 내가 있었던 세계관 바로 옆에 있었으니까.
오자와 세계관 가까이에 야마토관과 그리고 고토부키야라는 곳이 있었군요.
송신도 네. 거기 위안부 여자들이 크레졸, 여자들이 아래 씻는 것.
오자와 소독약 말이죠?
송신도 그거 마시고 죽은 사람도 있었어.
오자와 순서대로 물을게요. 크레졸을 마시고 죽은 사람은 어떤 이유로 그걸 마셨나요?
송신도 빚을 지고 일하고 있으니까, 빚으로 괴롭힘을 당하기도 하고, 역시 위안부 하는 것이 괴로우니까. 괴롭힘당하니까. 죽은 사람이 어째서 죽었는지 그 속 사정은 모르지만, 그렇게 죽은 조선 여자도 있었어.
오자와 정확한 것은 모르지만, 군인을 상대하는 것이 괴로워서 죽은 것이 아닌가 생각한다는 건가요?
송신도 그래, 그렇지. 빚도 있으니까 그런 게 아닌가 싶어.
오자와 그리고 또 어떤 사람이 있었나요?

송신도 도시코라는 여자도 세계관에 있었던 여잔데.
오자와 같은 위안소에 있었던 여자군요.
송신도 응. 도시코라고 했어.
오자와 도시코라는 사람도 조선인인데, 거기에서 붙여진 이름이 도시코라는 건가요?
송신도 그렇지. 일본 이름으로 붙인 것이 도시코야. 그 사람도 군인이 난폭하게 칼을 뽑아 난동을 부리니까, 난동을 피우다 분에 못 이겨서 돌을 던진 거야. 커다란 돌을. 창문으로 던지고. 그런데 창문가에 있던 그 여자가 맞아서 복막인가에 물이 차서 그래서 죽었어.
오자와 도시코라는 사람은 군인 상대하는 것을 싫어했나요?
송신도 싫어했지. 몸이 안 좋으니까 안된다고, 할 수 없다고. (군인은) 거부 당했다고 생각해서 돌을 던지고 난동을 부린 거지.
오자와 본인은 몸이 안 좋아서 상대할 수 없다고 했는데, 그것에 화가 난 군인이 돌을 던진 건가요?
송신도 맞아. 돌을 던지고, 그 돌에 창가에 있던 여자가 맞은 거지.
오자와 배를 맞아 복막염에 걸려서.
송신도 복막염에 걸려서 죽었어.
오자와 복막염이라면, 바로 죽은 것이 아니라 계속 상태가 안 좋았겠네요.
송신도 한참을 누워 있었어.

오자와 그럴 때는 군의관이 진찰을 하거나, 병원에 데려가나요?

송신도 그런 거 안해. 죽으면 그만이야. 내다 던지고 아무것도 안 해. 죽으면 아무 산에다가 구멍 파서 묻어버리면 그만이지. 태우거나 장례 지내고 그런 거 전혀 없어.

오자와 그러면, 몸이 안 좋아도 의사 진찰도 못 받고, 죽은 후에도 구멍을 파서 제대로 매장하는 것이 아니라 그냥 태워 버린다는 건가요?

송신도 태우지도 않아. 그냥 그대로 묻어버린다니까.

오자와 그냥 묻는군요.

송신도 네, 맞아요.

오자와 화장해서 묻는 것이 아니라, 그냥 쓸모없다는 이유로 땅에 묻는다는 건가요?

송신도 네, 맞아요.

오자와 그리고 또 어떤 사람이 있었는지 기억하시나요?

송신도 그리고 군인은, 이치카와라는 조선 여잔데, 이 여자는 북한이 아니라 대구라는 곳에서 온 여자였어. 대구 여자였는데, 일본 군인이랑 같이 좋아해서 둘이 동반 자살을 한 사람도 있었어.

오자와 일본 군인이랑 동반 자살을 했나요?

송신도 네, 맞아요.

오자와 그 사람도 함께 죽고 싶다고 해서 죽은 건가요?

송신도 아니, 둘이서 같이 죽었으니까, 같이 죽었다고 해서,

같이 태워서, 같이 자기 나라에 보내주는 것이 아니라. 군인은 군인으로 죽으면 자기 나라로 돌아갈 수 있지만, 이 조선 여자는 죽었든 뭘 했든 자기 나라로 돌아갈 수가 없어. 그냥 거기에 구멍 파서 묻을 뿐이야. 난 그걸 보고 정말 놀랬어.

오자와 같이 자살을 했는데, 일본군은 화장해서 유골을 일본으로 보내는 거죠?

송신도 돌려보내긴 하는데, 같이 죽은 조선 여자는 돌려보내지 않고, 조선 어디에 있는지도 모르니까 그렇게 할 수밖에 없지. 동반 자살한 본인은 좋아서 죽었겠지만, 죽으면 그만이야. 일본 군인이랑 같이 죽었으니까 어떻게든 화장해서 같이 일본으로 보내 줘야지. 그런데 그런 것도 없어. 군인만 나라로 돌려보내. 그러니까 자기 나라 인간은 죽어서 돌아가면 적의 총에 맞아서 죽었을 거라고 생각하겠지. 그러니까 불쌍한 것은 조선인뿐이야.

오자와 일본 군인은 죽어서 유골이 되어 자신의 나라로 돌아갈 수 있지만, 위안부는 그냥 매장됐다는 거네요.

송신도 네, 맞아요. 뭐든지 차별하고, 죽어서도 차별하고, 살아서도 차별하고, 정말 억울해. 지금 생각하면.

오자와 지금도 화가 나고, 괴로우시군요.

송신도 화가 나지.

오자와 그런데 송신도 씨는 무창에 있었을 때 임신을 한 적이 있습니까?

송신도 네.

오자와 임신했을 때는 군인을 상대하지 않아도 됐나요?

송신도 아니, 배가 불렀어도 임신을 하든 어쩌든, 곧 애가 나올 것 같은 몸으로도 군인을 상대 안 하면 두들겨 맞았어.

오자와 배가 크게 불러서 곧 애가 나올 것 같아도 그래도 군인을 상대하지 않으면 때렸나요?

송신도 네.

오자와 그런데 배가 불렀을 때 상대를 하면 몸에 나쁘지 않나요?

송신도 몸만 나쁜 것이 아니라 배 속에 있는 애한테도 안 좋지.

오자와 그 아이는 어떻게 됐나요?

송신도 맨 처음에는 살아있는 아이를 낳았지만, 두 번째 아이는 7개월째까지 손님을 받았으니까 배 속에서 죽은 애가 태어났어.

오자와 죽은 아이를 낳았을 때는 7개월째 배 속에서 죽었나요?

송신도 응. 배 속에서 죽어 버렸어. 그것도 내가 직접 빼 내고, 직접 처리했어.

오자와 배 속에서 죽은 아이가, 태아가 있다고 해서 의사가 진찰해 주지 않았나요?

송신도 없어, 안 와. 그래서 군대에서 삿쿠(콘돔)를 나눠 주는 거니까.

오자와 피임 도구가 있어도……

송신도 네. 그 삿쿠는 임신이 아니라 매독을 옮기는 경우도 있으니까, 그걸 막으려고 삿쿠를 나눠주지. 군인들은 삿쿠를 안 하려고 해. 슬쩍 빼버리지. 그러니까 삿쿠를 끼고 하면 7분 걸리는 것이 빼고 하면 5분밖에 안 걸리니까 빠른 거지. 그래서 삿쿠를 안 쓰는 거야.

오자와 성행위가 끝나는 시간이 빨라지는 거군요.

송신도 네.

오자와 삿쿠라는 것이 있었지만, 사용하기 싫어하는 군인이 많아서 송신도 씨도 원치 않는 임신을 하게 되었고요.

송신도 그래서 임신을 한 거지. 임신이 되려고 하면 삿쿠를 끼고 해도 삿쿠가 찢어져서 임신을 하는 경우도 있으니까, 그러니 군에서 엄하게 삿쿠를 나눠주는 거야. 그걸 하긴 하지만, 군인들은 안 해.

오자와 방금 무창에 있었을 때 임신했다고 하셨는데, 7개월째 사산했다고요?

송신도 네.

오자와 그 뒤로 한 번 더 임신을 한 건가요?

송신도 네, 그렇습니다.

오자와 그 임신을 알았을 때는 이번에는 어떻게 됐나요?

송신도 그때는 어떤 분한테 물어봤더니, 이건 좀……

오자와 지금 중절했던 이야기를 하려고 하신 것 같은데, 아기

　　　　　를 낳은 적도 있으시죠?
송신도　네.
오자와　살아있는 아이를 낳았을 때의 이야기인데요. 임신 사실을 알았을 때 위안소를 옮기지 않으셨나요?
송신도　네.
오자와　무창 위안소에서 어디로 옮겼나요?
송신도　한구.
오자와　한구로 옮기는 것은 누가 정했나요?
송신도　그건 고 씨가.
오자와　위안소 사람이군요.
송신도　네.
오자와　한구로 이동했군요. 한구도 위안소였나요?
송신도　맞아요. 해군 위안소였어요.
오자와　그런데 해군 위안소에서는 군인을 상대하지는 않았나요?
송신도　전혀 안 했어. 배가 많이 나왔는데 어떻게 해.
오자와　배가 많이 나와서 이번만은 상대하지 않게 해 달라고 부탁을 했나요?
송신도　그런 게 아니라, 고 씨 입장에서는 아이를 낳고 나면 다른 사람한테 줄 건지 말 건지, 그리고 몸을 풀고 난 다음에는 위안부를 시킬 생각으로 끌고 가긴 했지만, 내가 줬으니까 그 애를 낳고.
오자와　그렇다면 아기가 큰 상태로 무리해서 몸을 망가뜨리는 것보다 어쨌든 낳아 버리면 그 뒤에는 일을 시킬 수 있으니까 낳게 했다는 건가요?

송신도 그런 것 같아.

오자와 그런 것 같다는 추측이군요. 그렇게 생각하는 것일 뿐, 정확히는 모르시는군요.

송신도 모르지. 속으로는 애를 낳아서 내가 키우고 싶은 마음도 있었지. 그치만 키우고 싶다고 어떻게 키우겠어. 아무튼 낳으면 다른 사람한테 줘야 하는 처지였지.

오자와 한구의 해군 위안소에서 아이를 낳고, 직접 키우고 싶은 마음도 있었지만 키울 수가 없어서 다른 사람에게 줬다는 건가요?

송신도 네, 그렇습니다.

오자와 아이가 태어났을 때는 어떤 마음이 들었나요?

송신도 이렇다 저렇다 해도, 애를 낳았다고 해도, 부모 생각도 조금 나긴 했지. 이렇게 우리 어머니도 나를 낳았겠구나 하는 생각도 들고……

오자와 부모의 마음을 알았다?

송신도 네, 알았습니다. 그때는 이렇게 결혼도 하는구나 싶은 생각도 들었지만, 아무튼 어찌해야 좋을지 몰랐어. 그러는 사이에 애를 원해서 데리러 온 사람이 있었어.

오자와 그 사람에게 줬군요.

송신도 줬어. 내가 키워서 어른이 됐다면 지금쯤은 좀 편하지 않았을까 하는 마음도 들고.

오자와　자식이랑 손주가 있는 사람을 보면 부러우신가요?
송신도　부럽고 말고. 좋겠다고 생각할 때가 많이 있지.
오자와　일본으로 온 후에 중국에 두고 온 아이를 걱정한 적이 있나요?
송신도　있지요.
오자와　언제 그런가요?
송신도　역시 내가 몸이 안 좋거나, 지금도 살아 있는지. 혈육 찾으러 자주 오잖아.
오자와　중국잔류 일본인 말인가요?
송신도　아아 그런 게 오면, 어쩌면 내가 낳은 애가 온 게 아닐까 하지만 갓난아기였으니까 얼굴도 잊어버렸지.
오자와　아주 아기였을 때……
송신도　태어난 지 20일 정도 됐을 때 줬으니까. 알 리가 없지.
오자와　중국 잔류 일본인이 가족을 찾으러 일본에 왔을 때, 그 안에 자신의 아이가 섞여 있지는 않을까 하는 마음이 들지만, 지금은 얼굴도 모르신 거네요.
송신도　네. 얼굴을 모르니까 찾을 방법도 없지.
오자와　그 뒤로 임신을 한 적이 있습니까?
송신도　그 뒤에 다시 임신했어요.
오자와　그래서 중절한 적이 있었던 거군요.
송신도　네.
오자와　어떻게 해서 중절을 했나요?
송신도　애를 또 낳는다고 해서 내가 키울 수 있는 것도 아니고, 어차피 낳아서 다른 사람한테 줄 수밖에 없으니까. 그 심정을, 어떻게 하면 좋을지 친구에게 물었더니 '먹는 부추가 있지? 부추 뿌리를 깨끗이 씻어서 절구에 넣고 빻아서 그 즙을 세 컵 마시면, 한 달, 두 달이 된 아이라면 떨어져'라고 알려줬어. 그래서 해 봤는데, 정말로 떨어졌지. 유산이랑 똑같은 거야. 별로 무섭지도 않고 괜찮았어. 그렇게 세 명을 낳았지.

오자와 임신 한, 두 달 사이에.
송신도 서너 달이 지나면 안 돼.
오자와 부추를 달여서 마시면 중절할 수 있다고.
송신도 네. 그런 말을 듣고 정말일까 하면서 해 봤는데 정말로 떨어졌어. 밥도 안 먹고.
오자와 밥도 먹지 않고요?
송신도 응, 사흘 동안 밥도 안 먹고 부추 뿌리 달인 것을 마시면 아이가 떨어진다나 뭐라나. 어쨌든 애를 낳는다고 해도 키울 수도 없는 것을...... 그렇게 할 수밖에 없었지.
오자와 낳아도 키울 수 없다는 심정으로 중절을 했군요.
송신도 그렇죠.
오사와 무창의 위안소에 있었던 것은 몇 년 전쯤이었나요?
송신도 쇼와 13년(1938년)쯤이었던 것으로 기억해요.
오자와 간 것은 쇼와 13년이라고 하셨는데, 몇 년 동안 있었나요?
송신도 3년.

오자와 그러면 방금 무창에 끌려온 것이 쇼와 13년이니까, 무창에서 한구에 있는 해군 위안소로 옮긴 것은 쇼와 16년(1941년) 혹은 17년(1942년) 정도인 건가요?

송신도 네.

오자와 한구의 해군 위안소에서는 얼마나 계셨나요?

송신도 아이를 낳고 얼마 안 돼서, 한두 달 정도 지나니까 다른 곳으로 가게 됐어.

오자와 아이를 낳고 한두 달 정도?

송신도 네. 몸조리를 해야 하니까 두 달 정도 있다가 다른 곳으로 가게 된 거지.

오자와 다 합쳐도 한구의 해군 위안소에 있었던 것은?

송신도 전부, 전부 다해서. 애를 낳고 한두 달이 지났고, 낳기까지 어느 정도 있었는지는 잘 모르겠지만, 아무튼 낳고 나서 한두 달 정도 됐던 것 같아.

오자와 낳을 때까지와 낳은 후 한두 달 정도.

송신도 응, 그 동안만.

오자와 그리 오랫동안이 아니고 몇 달만이었군요.

송신도 네. 딱 8, 9개월 사이에 들어갔으니까. 얼마 안 돼서 낳고 그랬으니까.

오자와 임신 8개월, 9개월 정도에 배가 많이 불러서 해군 위안소에 간 거죠?

송신도 네.

오자와 한구의 해군 위안소에서 아이를 낳았고, 그 후에는 어디로 갔나요?
송신도 악주岳州.
오자와 한구의 해군 위안소에서 바로 악주에 있는 위안소로 갔나요?
송신도 맞아요. 위안소로 끌려갔어.
오자와 악주에 있는 군 위안소로 끌려 갔군요.
송신도 네.

● **원고대리인 변호사 와타나베 도모코의 신문**

와타나베 지금까지 한구까지의 이야기를 들었는데, 이번에는 악주부터 여쭤보겠습니다. 한구의 위안소에서 출산을 위해 잠시 군인을 상대하지 않았을 때, 이대로 더는 군인을 상대하지 않고 고향으로 돌아가고 싶다거나 위안부를 그만두고 싶다는 생각을 할 수 있었나요? 아니면 더는 그런 것도 생각할 수 없었나요?

송신도 여유도 없고, 생각할 수도 없었어. 어딘지도 모르고, 어떻게 도망치거나 돌아간다는 것도. 누군가 같이 가자고 하는 사람이라도 있었다면, 고향이든 어디든 갔겠지. 그런 사람도 없었는데 어떻게 해. 그런 여유는 없었어.

와타나베 중국 전쟁터에서 그곳이 어딘지도 모르고, 그런 것은 생각할 수도 없었군요.

송신도 네.

와타나베 그러면 다음으로 악주로 가게 된 것은 송신도 씨가 직접 결정했습니까? 아니면, 다른 누군가가 결정했습니까?

송신도 그건 군인들이, 도착해서 여기가 악주라고 말했으니까.

와타나베 송신도 씨가 정한 것이 아니었네요?

송신도 네.

와타나베 나도 모르는 사이에 이미 다음에 갈 곳이 정해졌던 건가요?

송신도 네.

와타나베 그러면, 이전의 위안소 주인과 새로운 위안소 주인이 결정한 건가요?

송신도 그렇습니다.

와타나베 그렇게 생각하고 계신 거죠?

송신도 네.

와타나베 그러면, 지금 생각하기에 송신도 씨는 다른 위안소로 팔려간 것이 되는 건가요?

송신도 뭐, 그럴지도 모르지.

와타나베 악주로 가기 전에는 악주가 어떤 곳인지 알고 있었나요?

송신도 그때는 전혀 몰랐습니다.

와타나베 본인은 왜 악주로 끌려간다고 생각했습니까?

송신도 어떤 심정이었는지...... 어쨌든 '여기 저기로, 여기가 악주다'라면서 끌고 가는데, 절반은 또 그런 곳이 아닐까 걱정은 했지.

와타나베 그런 곳이라는 것은 무창과 비슷한 곳이 아닐까 생각했다는 것인가요?

송신도 네.

와타나베 그것은 어느 정도 알고 있었어도 갈 수밖에 없다고 생각한 것인가요?

송신도 네, 그렇습니다.

와타나베 왜 갈 수밖에 없다고 생각했나요?

송신도 역시 그건 위안부가 돼 버렸고, 많은 군인들을 상대해야 했고, 아이를 낳는다고 내가 키울 수도 없고, 어떻게든 떠나야 하는 처지가 된 거지.

와타나베 악주는 중국 지도에서 보면 무창의 동서남북.

송신도 그렇게 말해도 몰라.

와타나베 조금 전에 선서를 하실 때 알았지만, 송신도 씨는 한자를 읽을 수 없으신가요?

송신도 한자도 가나도 아무것도 몰라. 학교를 니오지도 않았는데 알 리가 없잖아?

(갑제30호증을 제시)

와타나베 이 지도 한가운데에서 조금 아래쪽에 무창이라는 곳이 있는데, 그 남서쪽에 악주라는 곳이 있습니다. 그

	런 위치 관계는 잘 모르신다는 거죠?
송신도	몰라요.
와타나베	한구에서는 어떤 교통수단, 무엇을 타고 악주로 갔습니까?
송신도	아마 차로 간 것 같아. 군인들 트럭이었던 것 같은데.
와타나베	누가 운전했나요?
송신도	역시 군인이.
와타나베	도착해서 보니 악주라는 곳은 무창과 비교해서 큰 마을이었나요?
송신도	크지 않아. 그렇게 큰 마을도 아니고 그냥 시골.
와타나베	악주에는 위안소가 무창에 비해서 많았는지 적었는지 아시나요?
송신도	내가 있었던 곳 악주 위안소는 집 한 채밖에 없었으니까. 걸어가면 어딘가에 있었겠지만, 걸을 수 없었으니까 거기 집 한 채밖에 없었던 것 같아.
와타나베	알고 있는 범위 내에서, 송신도 씨가 있었던 위안소뿐이었다는 것인가요?
송신도	네, 그렇습니다.
와타나베	악주 위안소의 경영자는 누구였나요?
송신도	나카무라 씨라는 일본인이었어.
와타나베	일본인?
송신도	응, 그런데 병장을 제대하고 위안부 주인이 된 거지.
와타나베	일본 군인 출신으로 현지에서 병장으로 제대를 하고

위안소를 경영했다는 건가요?

송신도 그래요.

와타나베 나카무라 씨는 나이가 어느 정도였나요?

송신도 얼굴로 봐서는 마흔네댓 살 정도였던 것 같아.

와타나베 위안소에는 여자가 몇 명 정도 있었나요?

송신도 중국 여자가 다섯, 조선 여자가 다섯, 열 명 정도 있었어.

와타나베 중국인 위안부도 있었나요?

송신도 네, 있었어요.

와타나베 악주 위안소에서도 의복, 입고 있었던 옷은 기모노였나요?

송신도 아니 아니, 중국인은 역시 중국옷. 조선인은 기모노를 입었어.

와타나베 거기서는 삿쿠는 일회용이었나요? 씻어서 다시 사용했나요?

송신도 네, 씻었어요. 삿쿠가 부족해서 마음대로 못 쓰면 찢어질 때까지 삿쿠를 몇 번이나 씻고 소독해서 다시 그 삿쿠를 썼지.

와타나베 씻고 소독하는 것은 누구의 일이었나요?

송신도 내가 했지.

와타나베 위안부들의 일이었나요?

송신도 그건 잘 모르지만, 우리가 안 쓰면 안 되니까. 누구랄 것도 없이 써야 되니까.

와타나베　삿쿠는 어디서 나눠줬나요?

송신도　그건 위안소 주인들이 사 오는지 받아 오는지 몰라도, 군인들은 자기들이 각자 가져오는 사람도 있었어. 군대에서 나눠주니까.

와타나베　군대에서 나눠 준 것을 직접 갖고 있는 군인도 있었나요?

송신도　있었어, 있었지. 그런 군인이 많았어.

와타나베　조바가 군인에게 준 적도 있었나요?

송신도　그래, 군인한테 줄 뿐만 아니라 우리들이 가지고 오는 경우도 있었어.

와타나베　악주에 있었을 때 온 군대는 어느 부대였는지 기억하시나요?

송신도　알아요. 미네峯부대.

와타나베　다른 부대도 있었습니까?

송신도　다른 부대도 역시 일장기가 붙어 있는 군인들이라, 미네부대라고 알 수 있지만, 이름은 잘 모르겠습니다.

(갑제29호증을 제시)

와타나베　이것은 독립혼성 제17여단이라는 곳의 부대지部隊誌입니다. 표지의 살짝 대각선 쪽에 일장기 같은 마크가 있지요?

송신도　네.

와타나베　이것이 미네부대의 표시인가요?

송신도   아무튼 이렇게 일장기가 붙어있는 곳은 미네부대라고 했어.
와타나베   악주의 위안소는 민간인은 오지 않고, 군인만 상대하는 군대 전용 위안소였나요?
송신도   그래요. 군인만 상대할 수 있어.
와타나베   미네부대의 군인 중에서 이름을 기억하는 군인이 있나요?
송신도   있습니다.
와타나베   이름이 뭔가요?
송신도   오다小田(가명)라고 했어.
와타나베   미네부대는 여기에 쓰여 있는 독립혼성 제17여단이라는 곳인데요. 이것은 기억하시나요?
송신도   모르겠습니다.
와타나베   그런 것은 잘 모르시는군요.
송신도   그치만, 그건 잘 모르지만, 1중대라거나 2중대라는 것은 알고 있었습니다.
와타나베   악주의 위안소에서도 도망치고 싶다거나 더는 군인을 상대하기 싫다는 생각을 한 적이 있나요?
송신도   있습니다. 도망치고 싶어도, 마음은 있지만 어니로 도망가야 할지도 모르고.
와타나베   마음은 있었지만 도망갈 곳이 없었다는 말인가요?
송신도   네.
와타나베   때리거나 발로 차거나 하는 군인도 있었습니까?

송신도 거기에 있어도 똑같이 군인들한테 두들겨 맞아. 그래도 주인 나카무라 씨는 별로 때리지 않아서 좋았어.

와타나베 칼로 위협하는 군인도.

송신도 종종 있었어요, 거기에도.

와타나베 종종 있었나요?

송신도 네.

와타나베 몸이 안 좋을 때도 나라를 위한 거라며 성행위를 강요한 군인도 있었습니까?

송신도 있었습니다. 언제 죽을지 모르니까 아무튼 빨리 끝낸다면서, 그러니까 말을 잘 들으라며 억지로 하고 가는 사람이 많았으니까. 아무튼 악주는 전선에 가까운 곳이라 난폭한 군인도 여럿 다녔어. 많이 있었다니까.

와타나베 괴로워서 혼자 운 적도 있었나요?

송신도 있었죠. 매일같이 울었지.

와타나베 악주의 위안소에서 성병 검사는 군의관이 했나요?

송신도 역시 군의관이 했던 것 같아.

와타나베 일주일에 한 번, 그런 식으로 정해져 있었나요?

송신도 정해져 있었어요. 정확했어요.

와타나베 어떤 식으로 정해져 있었나요?

송신도 일주일에 한 번, 토요일 정도에 성병 검사를 했어. 그건 군인이 와서 했으니까.

와타나베 군의관이 검사를 할 때는 누군가 도와주는 사람도 있었나요?

송신도　　도와주지. 거기에 붙어서 기구를 넣으면 기구를 건네는 사람이 병사든 하사관이든 붙어 있지 않으면 혼자서는 할 수 없어. 그러니까 딱 붙어 있었어.

와타나베　기구를 건네며 보좌하는 군인이 있었군요?

송신도　　네.

와타나베　위안소에 검사대가 있었습니까?

송신도　　거기엔 없었어. 없어서 그냥 안 쓰는 방 하나, 비어있는 방을 빌려서 거기에 눕혀 놓고, 거기에서 가랑이만 벌리게 해서 기구를 넣고 보는 거야.

와타나베　위안소로 군의관이 와서 검사를 했나요?

송신도　　그렇습니다.

와타나베　검사에서 성병이 확인되면 위안부는 약을 주사 맞거나 했나요?

송신도　　그럴 때는 예를 들어 경관 건선은, 이건 자궁에 오돌토돌 뭐가 나는 거야. 그리고 임질, 매독은 또 달라. 그때는 살바르산, 66주사를 놓는데, 그건 냄새가 독해.

와타나베　그런 주사를 맞나요?

송신도　　네.

와타나베　송신도 씨는 질을 검사할 때 사용하는 기구를 가지고 있었죠?

송신도　　그렇습니다. 하루코라는 여자한테 샀어요.

와타나베　그건 언제쯤 샀습니까?

송신도   무창에 있었을 때.

와타나베   성병은 무서웠나요?

송신도   아니, 무슨 병인지 몰라도 아랫도리에 병이 걸리면 큰일이니까 내가 자주 들여다보거나 다른 여자들도 봐 주기도 했지.

와타나베   군인들도 성병 검사를 받았나요?

송신도   군인은 일주일에 한 번.

와타나베   있었습니까?

송신도   있었지. 군대에서도 반드시 고추 검사를 하니까.

와타나베   그건 군인한테 들은 이야기인가요?

송신도   응, 군인한테 들었지.

와타나베   악주에 간 다음에 다른 위안소로도 끌려간 적이 있나요?

송신도   있습니다.

와타나베   간 곳 중에서 기억하는 곳은 어디인가요?

송신도   장안長安, 함녕咸寧, 응산応山, 포기蒲圻. 거기까지.

와타나베   직접 간 곳들인가요?

송신도   갔어요.

와타나베   가 본 적은 없지만 이름을 듣거나 한 곳이 있나요?

송신도   없어요.

와타나베   그게 아니라, 장안, 함녕, 응산, 포기 여기는 가 본 적이 있는 곳이죠?

송신도   가 본 적이 있지. 출장으로 군인들이 불러서 일주일이든 이 주일이든 돈 벌러 가는 식이지.

와타나베 예를 들어, 의창宜昌이라는 곳은 이름은 들어본 적이 있나요?

송신도 들어 본 적은 있지만 간 적은 없어요.

와타나베 그 밖에도 들어본 적은 있지만, 가보지 않은 곳은 있습니까?

송신도 의창이랑 사시沙市랑 안륙安陸, 거기는 가 본 적 없어. 다른 사람들은 갔지.

와타나베 장사長沙라는 곳은요?

송신도 장사라는 곳은 안 갔어.

와타나베 들어본 적은 있습니까?

송신도 들어본 적은 있습니다.

(갑제30호증을 제시)

와타나베 지금 말씀하신 가 본 적이 있는 장안, 함녕, 응산, 포기가 이 지도에서 어딘지 아실까요?

송신도 몰라요.

와타나베 일단 지도에서 봐 두고 싶은데요. 송신도 씨는 잘 모르시겠지만, 장안은 악주에서 약간 동쪽에 있습니다. 그리고 함녕이라는 곳은 조금 더 동쪽에 있습니다. 그리고 응산이라는 곳은 북쪽에 있습니다. 그리고 포기라는 곳은 함녕과 장안 사이에 있습니다. 남쪽이죠. 여기에 있네요.

송신도 네.

와타나베	넓은 중국 내에서 당시 중지中支라고 불렸던 호북성 근처에 모두 집중되어 있습니다.
송신도	그렇습니다.
와타나베	전쟁이 끝났을 때 계셨던 곳은 어디인가요?
송신도	함녕.
와타나베	그러면 맨 처음에 끌려간 곳이 무창의 세계관이죠?
송신도	그렇습니다.
와타나베	그 뒤로 한구에 있는 위안소로 갔고요.
송신도	네.
와타나베	그리고 가장 마지막이 함녕이군요.
송신도	그렇습니다. 거기에서 전쟁이 끝났으니까.
와타나베	그리고 그 사이에는 장안과 응산과 포기라는 곳이 있지요?
송신도	네.
와타나베	어떤 순서로 갔는지 모르시나요?
송신도	몰라요. 그냥 간 것만 기억하지, 잘 몰라요.
와타나베	간 것은 맞지만, 지금은 어떤 순서로 갔는지는 정확히 기억나지 않는다는 건가요?
송신도	네.
와타나베	장안에 대해 여쭤보겠습니다. 장안에 있는 위안소에 가기로 결정한 것은 본인인가요? 다른 사람인가요?
송신도	군인들이 출장 가니까 거기에 가서 일을 해. 위안부 주인들이 사러 와서, 아무튼 뭐가 뭔지 모르니까, 그

	냥 출장 간다면서 트럭에 태워서 끌고갔어.
와타나베	장안에 갈 때는 무엇을 타고 갔나요?
송신도	차랑 트럭.
와타나베	누가 운전했나요?
송신도	군인이.
와타나베	군의 트럭이라는 거죠?
송신도	그렇습니다.
와타나베	장안에 갈 때나 거기서 다른 곳으로 갈 때, 반드시 군인이 운전하는 트럭을 타고 갔나요?
송신도	그래요, 꼭 군인이 운전할 수밖에 없었어. 주인들은 조선인이지만, 차를 운전하는 것은 다 군인들이야.
와타나베	혼자서 이동하거나 위안부들만 이동하거나 그런 적은 있었나요?
송신도	없어, 없어. 위안부들끼리만 이동 못 해.
와타나베	못한다는 것은 거기가 전쟁터라서 그런가요?
송신도	전쟁터라서가 아니라 어디가 어딘지 모르거든. 군인들은 거기서 싸우니까 어딘지 알 수 있지만, 위안부들은 몰라. 끌려가면, 아 여기가 여기구나 하는 것밖에 몰라.
와타나베	이동할 때는 반드시 군의 트럭으로 군인이 운전해서 갔군요.
송신도	응. 위안소 주인은 전부 조선인이야. 나카무라 씨는 일본인이지만 그 외에는 전부 조선인이 운영했지.

와타나베 장안의 위안소에는 민간인은 왔었나요? 아니면 역시 군인 전용이었나요?

송신도 군인 상대.

와타나베 갑제30호증에서 지명만 다시 한번 보고 싶은데요. 가지는 않았지만 들어본 적이 있는 지명 중에 의창이라는 곳은 서쪽에 있습니다.

송신도 거기는 간 적 없어.

와타나베 그리고 소시라는 곳은 사시라고 생각합니다.

송신도 사시가 아니라 소시.

와타나베 송신도 씨는 '소시'라고 말씀하시는 곳은 '사시沙市'라고 쓰는 곳입니다. 그리고 '안니쿠'라는 곳은 '안륙安隆'이라고 해서 호북성의 '북'자 옆에 있는 곳입니다. 그리고 장사라는 곳은 이 지도에서는 가장 남쪽에 있는 곳입니다. 전선으로 가야 했던 적도 있습니까?

송신도 거기가 전선이랑 같은 곳이 아닌가?

와타나베 이렇게 병참이 된 곳이 아니라 전선으로 더 가까이에 간 적도 있었나요?

송신도 전선에 갔다고 해도 포기나 장안 같은 곳밖에 몰라.

와타나베 단기간, 일주일이나 열흘 정도 부대와 함께 행동하고, 군 트럭으로 이동한 적은 있었습니까?

송신도 그런 일이 있었다고 해도 위안소는 내팽개치고, 군인들은 그대로 가버려. 앞으로 어떻게 되는지도 알 수 없어.

와타나베 그런 일도 있었나요?

송신도 있었어요.

와타나베 군인을 상대할 때 총알이 날아온 적은 있었습니까?

송신도 그런 적도 있었어요. 장안에 있었을 때.

와타나베 그때는 도망쳤나요?

송신도 도망 못 가. 이미 군인이 위에 올라와 있어서 볼일이 끝나지 않고는 안 일어나. 그게 끝나지 않으면 군인이 멈추지도 않아. 이대로 죽으면 소원이 없겠다는 말을 해 대면서 절대로 그만두지도 않고, 도망친다고 해도 다시 잡히고, 정말로 그때가 제일로 고통스러웠어요. 총알에 맞아 죽으면 어떡하나 하고.

와타나베 군인은 자포자기해서 그대로 죽어도 소원이 없다면서 떨어지지 않았나요?

송신도 안 떨어져.

와타나베 당신은 너무 무서워서 도망치고 싶었던 거죠? 도망치려고 하면 어떻게 했나요?

송신도 잡아당기고 두들겨 패면서 아직 안 끝났으니 못 간다면서 때리고.

와타나베 맞기도 했나요?

송신도 네.

와타나베 지금 하신 말씀은 장안에서 있었던 일인가요?

송신도 장안이든 어디든, 어쨌든 그런 일은 자주 있었으니까.

와타나베 그런 일이 그 밖에 어디에서 있었는지 지명을 기억하시나요?

송신도 기억 안 나요.

와타나베 장안은 기억하시는 건가요?

송신도 장안만 기억나.

와타나베 송신도 씨는 위안소 생활이 언제 끝날지 알 수 없는 것이 가장 괴로우셨다고요.

송신도 네. 빨리 그만둘 수 있다면, 어떻게 해서든 고향에라도 돌아갈 수 있었을 텐데.

와타나베 조금 전에, 본인도 모르는 사이에 빚이 생겨 있었다고 하셨죠?

송신도 네.

와타나베 그 빚은 계산 상 없어지기도 했나요?

송신도 3년 동안 있다가 없어졌어.

와타나베 없어졌다는 말씀이신가요?

송신도 네, 그렇습니다.

와타나베 없어진 후에는 위안소 주인한테 돈을 받은 적은 있었나요?

송신도 없습니다. 한 푼도 안 줬어.

와타나베 빚은 더는 없다고 한 거죠?

송신도 빚은 없지만, 아무튼 돈이라는 것은 한 푼도 못 받았어요.

와타나베 그러면 어째서 돈을 주지 않는 건가요?

송신도 대체로 인간이라는 것은 말이야, 군인들도 월급을 받고 있지. 나는 군인 월급도 알고 있었으니까. 그래서 돈 안주냐고 물으면, 결국 국방헌금이네, 전쟁을 하고 있으니까 일본으로 보내서 총알이네 뭐네 만든다면서, 그러니까 나라로 보내고 있다면서. 그 돈을 지금 모으고 있다. 그러고 남은 돈은 너네가 고향으로 돌아갈 때 정확히 줄 테니까 걱정하지 말라고 해서 믿었던 거지.

와타나베 국방헌금을 하니까 줄 수 없다는 식으로 말했군요.

송신도 네, 그렇습니다.

와타나베 국방헌금하지 말고 직접 달라는 말은 할 수 없었나요?

송신도 어림도 없지. 뭐 할 거냐면서, 너가 가지고 있으면 잃어버린다 어쩐다 하면서.

와타나베 정말 국방헌금을 했는지는 모르는 거죠?

송신도 몰라. 그런 것은 알 수가 없어.

와타나베 당신이 마지막으로 끌려간 위안소가 있었던 곳은 함녕인가요?

송신도 네, 함녕입니다.

와타나베 함녕에는 어느 정도 있었나요?

송신도 글쎄요. 함녕에서는 두 달 정도 있었던 것 같아요.

와타나베 함녕의 위안소에 위안부 여성은 몇 명 정도 있었나요?

송신도 일곱, 여덟 명 있었습니다.

와타나베 모두 조선인이었습니까?

송신도 그렇습니다.

와타나베 전쟁이 끝난 것은 어떻게 알았습니까?

송신도 그건 오다가 와서 전쟁이 끝났다고 말해서 알았습니다.

와타나베 오다는 무슨 말을 하러 왔나요?

송신도 전쟁이 끝났으니까 이런 곳에서 일하지 말고 고향으로 돌아가자고 하면서 나를 꼬셨어.

와타나베 고향은 일본을 말하는 건가요?

송신도 그렇습니다.

와타나베 오다는 당신에게 결혼해서 함께 일본으로 가려고 온 것인가요?

송신도 그렇습니다.

와타나베 일본의 군대에서 전쟁이 끝났다거나 일본이 전쟁에서 졌다는 등의 공지는 전혀 없이, 오다가 결혼을 하자며 당신이 있는 곳으로 와서 전쟁이 끝났다는 것을 알았다는 건가요?

송신도 네, 그것밖에 모릅니다.

와타나베 오다라는 사람은 어느 부대 소속 군인이었습니까?

송신도 미네부대입니다. 3중대였나 1중대였나.

와타나베 전쟁이 끝나서 더는 위안부 생활을 하지 않아도 된다는 것을 알았을 때는 기뻤나요? 아니면 그런 감정도

느낄 수 없는 상태였나요?

송신도 아니, 나는 전쟁이 지든 이기든, 기쁘거나 그런 것은 전혀 못 느끼고, 이제 위안부는 손을 씻겠다고 생각했습니다.

와타나베 특별히 기쁘다거나 하는 감정은 안 들었군요.

송신도 그런 것도 못 느꼈어요.

와타나베 전쟁이 끝났다는 말을 듣고, 고향에 돌아가고 싶다고 생각했습니까?

송신도 고향에 돌아간다고 해도, 거지 같은 꼴로 돌아갈 수는 없었어.

와타나베 고향에는 돌아갈 수 없다고 생각했나요?

송신도 돌아가고 싶지도 않고, 돌아갈 수도 없었지. 어떻게 혼자서 돌아간답니까.

와타나베 돌아가고 싶지 않은 것은 왜 인가요?

송신도 그건 결국, 어디 기댈 데도 없고, 아는 사람도 아무도 없고. 돌아간다고 해서 열여섯에 나온 사람이 이제 와서 고향이라고 돌아가 본들 반겨줄 사람은 아무도 없고...... 하는 수없이 다른 위안부들하고 같이 어떻게든 되겠지 하면서 서기에 그냥 남았던 거지. 그러다 오다한테 꼬여서 이 꼴이 된 거지.

와타나베 위안부였던 과거를 가지고 고향에 돌아가는 것이 두려웠던 건가요?

송신도 그렇습니다.

와타나베 고향은 아니라도 조선 어딘가로 돌아가고 싶다는 생각을 하진 않았나요?

송신도 아뇨, 그런 마음은 없었습니다. 전혀 생각하지 않았어요.

와타나베 그래서 당신은 오다를 따라가기로 한 거군요?

송신도 그렇습니다.

와타나베 오다를 따라가는 것 외에 다른 방법은 없었군요.

송신도 네, 기댈 곳이 없었으니까.

와타나베 그래서 오다와 함께 함녕에서 한구로 갔나요?

송신도 그렇습니다. 일본 조계租界라는 곳으로.

와타나베 일본 조계라는 곳으로 간 건가요?

송신도 해군 위안소를 운영했던 곳이 시나가와品川라는 곳으로 됐는데, 일본인이 가서 일본 조계라고 이름을 붙인 거니까.

와타나베 일본의 조계지인 시나가와라는 곳으로 간 것인가요?

송신도 그렇습니다.

와타나베 일본의 조계지에서 당신은 오다처럼 현지 만기제대한 군인들과 함께 있었나요?

송신도 그렇습니다.

와타나베 그곳에는 현지 제대를 한 군인은 몇 명 정도 있었나요?

송신도 일곱, 여덟 명 있었습니다.

와타나베 거기에 당신 말고 조선인 여성은 있었습니까?

송신도 역시 군인들이랑 같이 온 여자가 일곱, 여덟 명 정도. 그게 전부 결혼하겠다는 여자들이었어.

와타나베 현지 만기제대한 군인들과 조선인 여자들이 같이 있었다는 건가요?

송신도 그렇습니다.

와타나베 거기에서의 생활, 주거는 어떤 식이었나요?

송신도 암페라 천막집, 대나무 같은 걸로 지은 집이었어.

와타나베 판자집이었군요.

송신도 그렇습니다.

와타나베 음식은 어떻게 구했나요?

송신도 그 시나가와 부락에서 나카무라라는 분이 거기 책임자로 반장이 됐는데, 그 사람들이 현지 만기제대해서 귀환하는 사람들한테 배급했어. 쌀로 배급하는 것이 아니고, 돈으로 배급하는 것도 아니고, 밥을 지어서 아침이면 아침, 그런 식으로 식기를 가져가서 받아오거나 거기서 먹거나 하는 거였지.

와타나베 현지 만기제대를 한 군인들이 모여서, 식당 같은 곳이 있는데 거기에 식기를 가지고 가서 거기서 먹을 것을 해결했다는 건가요?

송신도 네, 그렇습니다.

와타나베 당신 외에도 일본 군인과 함께 일본으로 가기로 한 조선인 여성은 있었나요?

송신도 조선 여자 일곱, 여덟 명이 다 일본 군인이랑 함께 가

	는가 싶었는데, 그 사람들은 나처럼 안 왔으니까. 다들 거기에 남았으니까 잘 몰라.
와타나베	나중에라도 일본으로 건너오게 된 조선인 여성은 있었나요?
송신도	있었어.
와타나베	이름은 기억하시나요?
송신도	북한 여자였는데, 이름은 다카코. 나가노현 사람하고 함께였어.
와타나베	그 사람도 역시 현지 제대한 군인과 함께 일본으로 귀환했나요?
송신도	그렇습니다. 그 사람들도 다들 일본인 호적에 들어갔고 그래서 일곱, 여덟 명 모두 오기로 돼 있었지. 그런데 귀환한 사람은 나밖에 없어.
와타나베	그 군인의 이름은 기억하시나요?
송신도	집은 모르지만, 이치카와라고 이름은 기억해.
와타나베	이치카와라는 군인과 다카코라는 북한 여성이 함께 나가노로 귀환했다는 거죠?
송신도	네.
와타나베	그 밖에도 그런 여성을 알고 있나요?
송신도	있어요. 일곱, 여덟 명 정도 있었으니까. 규슈, 홋카이도 여기저기 많이 있었어. 전부 현지 만기제대였어.
와타나베	송신도 씨는 일본에 가 본 적이 없으셨죠?
송신도	없었습니다.

와타나베 그렇다면 일본이라는 낯선 곳으로 가는 것이 불안하지는 않았나요?

송신도 나뿐만 아니라 위안부로 일했던 곳의 여주인도 아무것도 모르는 일본에 가서 오다한테 버림받는 것 아닌지 걱정했고, 말도 잘 모르니까 걱정하긴 했지만 설마 하는 마음에 따라온 거죠.

와타나베 한구에 있었을 때 오다를 따라서 일본으로 가는 것을 주저하기도 했나요?

송신도 그렇습니다. 그만 헤어질까도 생각하고. 오다랑 이러고 있어봤자 좋을 리도 없을 테고, 이대로 죽을 수도 없으니, 조선 여자들이랑 이야기하면서 우리 앞으로 포기하고 그만둘까라고 한 적도 있었는데. 왜냐면, 이 군인들은 조선 여자들하고 같이 가고 싶을 뿐이고. 그래서 현지 만기제대해서 그대로 조선 여자들을 꼬셔서 부인이든 뭐든 삼아서 같이 귀환하려고 한 거지. 그런데 도저히 말을 안 들으니까. 그래서 시나가와라는 사무소에 가서 임시 혼인 증명서를 발급받은 거야.

와타나베 임시 혼인 증명서에 관해서는 나중에 다시 묻겠습니다만, 오다라는 사람은 일본 조계지에 있는 동안 당신을 때리거나 한 적이 있었나요?

송신도 엄청 때렸어요.

와타나베 어떤 식으로 때렸나요?

송신도   그만 헤어지자고 해도 자기는 헤어지지 않는다며. 결국 귀환해서 돌아가려고 해도 먹을 것도 없지, 그저 식당 밥으로는 부족하니까. 일을 하려 해도 일할 수 있는 곳도 아니고. 그래서 하는 수 없이 부락에 있는 집을 돌아다니면서 빨래를 모아서 세탁을 해서, 한 장에 얼마를 받아서 쌀이랑 사서 먹고살았지.

와타나베   오다한테 맞는 일은 자주 있었나요?

송신도   자주 정도가 아냐.

와타나베   일본 여자는 이렇게 교육한다면서 때리고, 발로 차고 그랬나요?

송신도   네. 그랬습니다.

와타나베   그런 오다를 따라간다면 일본에 가서도 또 맞지는 않을까 하는 생각은 하지 않았나요?

송신도   생각하기는 했지만 거기서 절대로 헤어져 주지 않는 거야.

와타나베   오다를 따라가는 것 외에는 방법이 없다고 생각한 것인가요?

송신도   네.

와타나베   그래서 귀환선을 타고 일본으로 왔군요.

송신도   네.

와타나베   일본 어디에 내렸나요?

송신도   하카타입니다.

와타나베   언제쯤이었는지 기억하시나요?

송신도 그게 아마, 전쟁이 20년(1945년)에 끝났죠? 아무튼 11월쯤이었던 것 같은데, 언제였는지 잘 모르겠네요.

와타나베 당시 기억나는 풍경은 있나요?

송신도 기억 안 나요.

와타나베 보리가 파랬다고.

송신도 응. 8월 근처였던 것 같은데.

와타나베 그렇다면 몇 월인지 잘 기억나지 않지만.

송신도 아무튼 더웠어.

와타나베 덥고 보리가 파랬다는 것만 기억나나요?

송신도 네, 그렇습니다.

(갑제33호증을 제시)

와타나베 이것은 오다가 일본에 돌아온 뒤에 저지른 범죄에 대한 판결문인데, 여기에 적힌 오다의 경력에 '쇼와 16년(1941년) 20세 때 현역병을 지원해서 육군 중지나 부대에 입대해 실전에도 여러 번 참가하고, 보병 군조로 승진했지만, 종전으로 쇼와 20년(1945년) 8월 현역으로 귀환해 같은 해 9월 중순부터 쇼와 21년(1946년) 4월 초까지 한구에서 조선 여자를 고용해 식당을 경영했고, 같은 해 5월 내지로 놀아와 생가로 돌아갔다.'라고 되어 있습니다. 그 뒤에 우치무라 고사쿠라는 사람의 진술에서, '내가 도착하기 전에 우리가 속한 부대인 미네의 한 부대인 1중대가 격전 끝에 전멸한 적이 있었고, 피고인은 그중에 간신히 생존한 여섯 명 중 한 명이라고 들었다'라고 쓰여 있습니다. 이에 따르면, 쇼와 20년 9월부터 21년 4월까지 약 반년 정도 한구에 있었다는 것이 되는데요, 당신의 기억은 어떠신가요?

송신도 흠, 그렇게 자세히 기억은 안 나지만, 아무튼 내일 간다, 모레 출발한다면서 배가 전혀 출발을 안 했으니까 꽤 오래 걸렸던 것 같아요.

와타나베 여기에 식당을 경영했다, 조선 여자를 고용했다고 되어 있는데, 조선 여자라는 것은 아마도 송신도 씨를 말하는 것 같습니다. 식당을 경영한 것이 사실인가요?

송신도 그건 새빨간 거짓말입니다.

와타나베 일본에 귀환한 것은 이 판결문에 따르면, 21년 5월이라고 되어 있는데 그 시기는 정확히 기억이 안 나신다는 거죠?

송신도 네.

와타나베 한구에서 귀환하기 위해 귀환 증명서라는 서류와 임시 혼인 증명서라는 것을 발급받았나요?

송신도 네. 임시 혼인 증명서는 부인이 된다는 계약서 같은 것이었고, 귀환 증명서는 귀환하기 위한 것이고. 그래서 현지 만기제대해서 나라로 귀환하면 일본에 와서 아무것도 하지 않아도 먹고살 수 있다는 의미로 가지고 있으면 좋다고 해서 그걸 한 게 아닌가 싶어.

	임시 혼인 증명서는 하카타에 도착하니까 그것을 찢어서 버려버렸어, 그놈이.

와타나베   당신은 임시 혼인 증명서라는 것이 결혼을 증명하는 서류라고 생각했나요?

송신도   네.

와타나베   그러면, 일본으로 가기 위해서는 당신에게 중요한 서류였겠네요?

송신도   그렇죠. 그래서 다카코라는 여자가, 혹시 오다가 일본에 돌아가면, 아마도 저놈은 변태 같은 놈이니까 버림받을지도 모르니 이 임시 혼인 증명서만은 오다 한테 절대로 주지 말고 꼭 갖고 있으라고 해서 배에다 숨겨 놨는데, 그걸 뺏어서 임시 혼인 증명서를 찢어서 버려버린 거야. 찢어버린 것은 역시 일본에 와서 나를 버리려고 찢어서 버린 게 아닐까 하고 분명히 생각했습니다.

와타나베   함께 있었던 조선인 다카코 씨가 송신도 씨에게 '이 것은 중요하니까 소중히 갖고 있으라'고 알려 준 건가요?

송신도   네.

와타나베   그럼에도 불구하고, 오다는 임시 혼인 증명서를 하카타에 도착했을 때 찢어서 버린거군요.

(송, 끄덕이다.)

와타나베   오다는 왜 중요한 임시 혼인 증명서를 버렸나요?

송신도   결국 보통 사람이 봐도 조선인이고 함께 있어봐도 위안부로 일한 인간이라, 부인으로 삼을 수 없다는 마음에서 그런 것이 아닌가 싶어. 보통이라면 전쟁터에서 돌아와서 같이 살자고 해 놓고 임시 혼인 증명서까지 써 놓고, 일본에 와서 버린다는 건 웬만한 악마가 아니라면 할 수 없지. 인간이 돼서 말이야.

와타나베   그러면, 오다는 하카타에 도착하자마자 당신을 버리려고 했나요?

송신도   네, 그렇습니다.

와타나베   하카타에 도착하자마자요?

송신도   아아, 얼마 안 돼서. 그 종이 이 종이 내놓으라고 할 때, 글자를 읽을 수도 쓸 수도 없으니까 실컷 무시해도 된다 싶어서 한 말이 아닌가 해, 그놈. 그래서 그래, 좋다. 아무리 네놈이 일본에 왔던 어디를 왔던 나쁜 짓을 하면 반드시 걸릴 테니까. 그래서 그놈 말을 들었지. 대체 무슨 짓을 하려나 싶어서.

와타나베   그러면 오다는 빨리 귀환하려고 당신을 이용해 부부로 가장해서 귀환했는데, 도착하고 보니 당신이 필요 없어졌다고 생각한 것 같은데, 당신도 그때 그렇게 생각했나요?

송신도   역시, 일본에 와서 그런 일을 당하니까 그렇게 생각할 수밖에 없지.

와타나베   이용당했다는 생각이 들었다?

송신도	아니, 간단하게 말하면 이용 이상이지. 그놈은 악마랑 똑같아.
와타나베	그 후에 오다의 본가로 찾아갔습니까?
송신도	네, 갔습니다.
와타나베	오다의 집은 어디에 있었습니까?
송신도	사이타마의 후카야라는 곳에 있었어. 거기 ××라는 곳이지.
와타나베	오다는 당신을 본가에 데려가고 싶어하지 않았죠?
송신도	응, 처음엔 데려가기 싫어했는데, 내가 말했지. 당신, 여기까지 나를 끌고 와서 집에도 안 데리고 가느냐! 그냥 돌아가라고 하는 건 무책임한 것 아니냐고. 좋다, 어디 네가 죽는지 내가 죽는지 한 번 해 보자고. 그러니까 닥치라고 하는 거야. 그래서 내가 말했지. 어떻게 먹고살라는 거냐고 물었더니, 넌 여기에 미군도 있으니까 원래 위안부 했던 것처럼 일하면 먹고살 수 있으니까 그렇게 하면 되지 않느냐고. 그리고 이 귀환 증명서가 있으면 관공서든 어디든 가면 돈을 받을 수 있으니 편하게 살 수 있다면서 임시 혼인 증명서는 찢어서 버려버렸지만 귀환 증명서는 갖고 있었던 거지.
와타나베	부부가 되자며 일본으로 데려와놓고 도착해서는 미군을 상대하라는 소리를 들었던 거네요.
송신도	그런 소리를 들었습니다.

와타나베 결국 뿌리친 오다를 쫓아서 그의 본가를 찾아간 것이 되나요?

송신도 그렇네요.

와타나베 일단 오다의 본가에 가기는 했지만, 결국 오다는 당신을 버리려고 오사카로 데려간 건가요?

송신도 아니, 오사카에 데려간 것 같기는 한데, 어딘가 다른 곳에 데려가서 아무튼 거기에서 나를 버렸어요. 그대로 버려진 거야 분명히. 좋아, 이 새끼 이런 짓을 한다면 누가 먼저 죽는지 하는 데까지 해보자는 마음으로 다시 한번 오다의 집으로 가서 오다한테 또 말했지. 당신, 이런 나쁜 짓을 하면서 나를 버리려고 한다면 전쟁터에 있었을 때, 함녕에 있었을 때 나를 놔 줬으면 어떻게든 됐을 것 아니냐고. 그러자 이번에는 오다가 나를 우에노로 데리고 간거야. 그런데 보니까 위쪽에 조선인연맹이라는 간판이 걸려 있는 거지. 바보라서 그것을 보고 깜짝 놀라서. 이대로 버려지면 난 죽었다고. 그래서 다시 서류를 들고 집으로 찾아간 거야.

와타나베 당신은 오다가 위안부였던 자신과 부부가 되겠다며 함께 일본으로 가자고 해서 본인을 구해주려 한 것이라고 생각해서 왔는데, 하카타에 도착하자마자 버림받고 어찌할 바를 모르는 심정과 분노, 여러 감정이 섞여서 스스로도 정리가 되지 않는 그런 상태가 되었

	던 거군요.
송신도	그렇습니다.
와타나베	한번 버림받고, 한동안 오사카의 모모다니桃谷라는 곳에서 일을 했나요?
송신도	세 달 정도 일한 것 같아요. 장화를 만드는 곳에서. 일해서 돈이 3천엔 정도 있었던가. 얼만가 있어서 그 돈으로 오다가 있는 곳으로 두 번이나 찾아갔으니까 집을 기억하고 있는 거야. 그래서 갔더니, 뭐야 너네 나라로 돌아가면 될 것을 안 가고 아직 일본에 있었냐며 돌을 던지더라고. 그런데도 그놈은 변태라서 보통은 자기가 버린 여자랑 육체관계 할리가 없잖아. 그런데 보리 다발을 겹겹이 쌓아서 높게 만들고는 거기에 한 장 깔고 하는 거야. 나는 천치라서 육체관계라도 말을 들으면 결혼이라도 하지 않을까 싶어서…… 절반은 속아서. 하는 일마다.
와타나베	위안부였을 때처럼 억지로 육체관계를 했는데, 그것은 부부가 되자거나 그런 것이 아니라 그저 성욕을 채우기 위해서 덮친 건가요?
송신도	그랬던 것 같아.
와타나베	오사카의 모모다니에 있는 장화 공장에서 일을 해서 다시 한번 오다를 찾아갔지만, 결국 다시 버림받고 우에노까지 오게 된 거군요.
송신도	네.

와타나베 우에노로 왔을 때는 앞으로 어떻게 할 생각이었나요?

송신도 그때 기차에서 뛰어내려서 뒈져버리려고, 죽어버리려고 했는데 쉽게 죽지도 않고.

와타나베 기차에서 뛰어내려 죽으려고.

송신도 그러려고 했는데, 쉽게 죽지도 않는 거야.

와타나베 우에노에서 모르는 사람한테 짐을 도둑맞았나요?

송신도 그렇습니다.

와타나베 그래서 귀환 증명서도 도둑맞은 거고요?

송신도 응, 몽땅 도둑맞았어.

와타나베 화장실 간 사이에 잠깐 짐을 봐달라고 한 사람한테 도둑맞은 건가요?

송신도 응, 그치만 걸인 같진 않아서 절반은 신뢰했는데……

와타나베 귀환 증명서도 잃어버리고.

송신도 임시 혼인 증명서도 없고……

와타나베 일본에선 기댈 사람도 없고, 그래서 죽으려고 기차를 탄 건가요?

송신도 네, 그렇습니다.

와타나베 정말로 뛰어내렸나요?

송신도 기차가 달릴 때 뒈져버리려고 했는데, 가슴을 다쳐서 지금도 숨을 쉬면 가슴이 아파. 이건 역시 안 나을 것 같아.

와타나베 그때는 정말로 죽으려고 했나요?

송신도 기댈 수 있는 사람도 아무도 없고, 몸도 성치 않으니 같이 살 사람이 있는 것도 아니고, 거지밖에 더 되겠어? 그럴 바엔 차라리 죽는 게 낫겠다 싶었지. 그래서 뛰어내려서 자살하려고 했는데 쉽게 죽지도 않으니까.

와타나베 송신도 씨의 이야기를 듣고 있으면, 살고 싶다는 의지가 무척 강한 사람이라는 느낌을 받는데 그때는 정말로 정신적으로 지쳐서 죽겠다는 생각까지 한거군요.

(송, 눈물을 흘린다)

와타나베 뛰어내렸을 때는 거기가 어딘지 몰랐지만, 나중에라도 어디서 뛰어내렸는지 알았나요?

송신도 어디였더라…… 이시고에石超라는 곳이 있지? 거기서 뛰어내렸어.

와타나베 그러면 도호쿠혼센東北本線을 타고 뛰어내렸다는 것이 되는군요.

송신도 응.

와타나베 방금 아프다고 말씀하셨는데, 어디를 다치셨나요?

송신도 엑스레이를 찍었는데 시기멓게 돼 있있어. 그래서 숨을 쉬면 고통스럽고 정말 힘들었어.

와타나베 역무원에게 구조되어 근처 농가의 헛간에서 며칠을 쉬고.

송신도 거기서 밥도 얻어먹었지.

와타나베   그 농가에 암거래 쌀을 대주던.

송신도   응, 다시로라는 분에게 맡겨져서, ××라는 곳으로 간 거죠.

와타나베   다시로라는 분.

송신도   응, 그 사람도 죽어서 지금은 없어.

와타나베   다시로 씨는 당신을 보고 뭐라고 했습니까?

송신도   어째서 조선 여자가 이런 꼴이 됐냐고 물어보긴 했는데, 창피해서 아무 대답도 못했습니다.

와타나베   다시로 씨는 당신에게 어디로 가면 된다고 했습니까?

송신도   다시로 씨는 미야기현으로 가면 가와모토 고이치라는 사람이 공사장에서 식당을 하고 있으니까 거기로 가서 설거지라도 하고 빨래라도 하면 어떠냐고 물어보는데, 빨래를 할 수 있는 상태가 아니었어. 몸이 성치 않았으니까. 이는 드글드글 하지, 이런 몸을 가지고 어디 가서 뭘 해 먹고 살 수 있었겠냐고.

와타나베   다치기도 했고, 이 투성이라서.

송신도   머리든 어디든 이가 들끓고, 알이 드글드글 했고. 정말 몸이 형편없었어.

와타나베   가와모토 고이치 씨의 본명은 무엇인가요?

송신도   하재은이라고 했어.

와타나베   다시로 씨의 말에 또 속는다는 생각은 하지 않았나요?

송신도   조금은 그런 마음도 들었습니다.

와타나베   하지만 누군가가 도움의 손길을 내민다면 그 손을 잡을 수밖에 없다고 생각했나요?

송신도   그렇습니다.

와타나베   그래서 하재은 씨의 식당으로 간 건가요?

송신도   네.

와타나베   다시로 씨는 어떤 사람인가요?

송신도   북한 사람.

와타나베   하재은 씨도 역시 조선인인가요?

송신도   그 사람들은 다 조선인.

와타나베   하재은 씨는 당신에게 뭐라고 했나요?

송신도   어째서 이렇게 몸이 상했는지, 왜 이렇게 됐냐고 물었지만, 위안부가 돼서 이렇게 된 것도 오다한테 버림받은 것도 말 못 하고 그저 울기만 하니까, 왜 그러느냐 왜 그러느냐 하며 물었지. 불쌍하다며 입고 있는 스웨터를 고타츠 같은 난롯불 지피는 데서 둘이 불을 쬐니까 이가 뚝뚝 떨어지는 거야, 불속으로. 그것이 하도 재밌어서…… 그러니까 바보 같다며 이러쿵저러쿵 가와모토가 뭐라고 했어.

와타나베   이 투성이인 당신의 모습을 보고는 바보 같다면서 이를 떼준 건가요?

(송, 끄덕이다.)

와타나베   이 때문에 피부병에 걸리기도 했나요?

송신도   아이고, 피부병만이 아니라 백선에도 걸려서 목욕도 못했다니까, 여러모로. 몸은 정말로 성한 곳이 없었어. 그런 인간이 어디서 어떻게 살아갈 수 있겠냐고.

와타나베 하재은 씨는 그런 당신을 어떻게 대해 줬나요?

송신도 나를 불쌍히 여겨서 온천에 데려가서 온천욕을 하게 해 주고. 가와모토 고이치라는 사람은 조선 여자가 있었어. 부인이 있었으니까. 아이도 있다는 말을 듣기는 했지만.

와타나베 온천에는 어느 정도 다녀왔나요?

송신도 한 달 정도 있었습니다.

와타나베 하재은 씨는 왜 당신에게 잘 해 줬다고 생각하시나요?

송신도 같은 조선인이고 불쌍해서 그런 건지 나는 잘 모르겠어. 그러니까 거둬줬다고 생각하는 거지. 그치만 메이지 38년(1905년) 생이라서 나이도 훨씬 많아. 지금 살아 있으면 아흔 살이지.

와타나베 당신은 위안부 생활에서 간신히 벗어난 다음에 오다를 믿고 일본으로 왔는데, 결국 속아서 버림받고 죽으려고 기차에서 뛰어내렸다가 가까스로 하재은 씨처럼 착한 마음을 가진 분을 만날 수 있었던 거군요.

송신도 맞아요.

와타나베 위안소에서의 생활은 생각하는 것만으로도 괴로우실 텐데, 그중에서도 가장 괴로웠던 일은 어떤 것일까요?

송신도 가장 괴로웠던 것은 총알이 날아오는 거였지. 뭐랄까 장안이랑 의창, 사시에는 적이 많이 쳐들어오니까. 그럴 때 군인이랑 관계를 하는 중에 총알이 날아오는 거야. 관계가 끝나지 않으면 몇 시간이고 올라탄 채로 비키지 않는 거야. 나는 총알에 맞아 죽으면 큰일이니까 비키라고 해도 비키지를 않는 거지. 하는 수 없으니까 끝낼 때까지...... 그게 가장 괴로웠어요.

와타나베 그것이 왜 괴로웠나요? 무서웠나요?

송신도 무섭기도 하고 총알에 맞아 죽는 게 아닌가 하는 마음도 있었고......

와타나베 비참하다는 마음도 들었나요?

송신도 비참하기도 했고......

와타나베 사람 취급을 못 받는다는 마음도 있었나요?

송신도 네.

와타나베 하재은 씨와의 이야기로 돌아가 보겠습니다. 당신은 하재은 씨와 만난 후로 그분이 돌아가실 때까지 쭉 함께 살아오셨죠?

송신도 그렇습니다.

와타나베 하재은 씨와의 생활에 대해서는 뒤에서 다시 여쭙겠습니다만, 가난한 생활이 계속 이어졌죠?

송신도 그렇습니다. 그 사람은 처음에는 현에서 일을 받아서 했었는데, 그 일이 없어지자 직업안정소에서 수당을 받기 시작했어. 안정소에서 남자는 250엔밖에 못 받

아. 여자는 170엔이고. 나는 가만히 있을 수는 없으니까 산에 가서 마른 나무를 떼와서 한 묶음에 25엔 주고 팔기도 하고, 애 보는 일도 하고, 그렇게 같이 일하지 않으면 미안하니까. 아직 나이가 젊었으니까. 그렇게 살아왔습니다.

와타나베 그렇게 해서 가난 속에서도 헤어지지 않고 계속 함께 살아왔나요?

송신도 그렇습니다.

와타나베 서로 도우며 살아온 거군요.

송신도 네.

와타나베 사람들은 당신과 하재은 씨가 부부라고 알고 있었지요?

송신도 한국인 등록에도 가와모토 도시코로 되어 있을 뿐, 육체관계를 한 적도 없고. 하재은 씨를 좋아하는 것도 아니고, 그냥 아버지 같은 사람이었으니까. 그냥 '아빠, 아빠'라고만 불렀어. 다만, 내가 가와모토랑 붙어 있었던 것은 오다랑 함께 됐다가 버림받았던 마음을 잊을 수 없었으니까. 나를 거둬 줘서, 그래서 가와모토 고이치도 의지할 데 없는 인간이니까 이 사람이 죽을 때까지 돌봐줘야겠다고 생각한 거지. 그래서 지금까지 가와모토 고이치와 지냈던 겁니다.

와타나베 겉으로는 부부였지만, 성적 관계를 가진 적은 없었다는 거군요.

송신도　　네.

와타나베　한 번도 없었나요?

송신도　　없습니다.

와타나베　하재은 씨는 매우 좋은 사람이군요.

송신도　　네. 좋은 사람이에요. 소중히 대해 줬어요.

와타나베　좋은 남자인데, 그런 하재은 씨와 성관계를 해도 좋겠다고 생각한 적은 없었나요?

송신도　　없어, 없어. 전혀 없어.

와타나베　당신에게 하재은이라는 분은 오히려 성관계를 해서는 안 되는 사람이었나요?

송신도　　나는 위안부로 일하고 온 사람인데다, 몸도 성치 않아서 그런 마음은 전혀 없었어. 하재은이든 누구든 육체관계는 도산한 거나 마찬가지야. 남자를 보면, '저놈은 뭐야'라는 생각이 들 정도니까. 그 사람만이 아냐. 남자 얼굴을 보면 진절머리가 난다고. 위안부로 살아온 인간이라서.

와타나베　성관계라고 하면 위안부였던 것과 연결이 돼서 싫었던 건가요?

송신도　　싫었어, 너무 싫어.

와타나베　특히 하재은 씨와는 성관계를 하고 싶지 않다는 마음이 있었나요?

송신도　　없어, 없어. 젊기도 하고. 그런 남자랑 하지 않아도 마음만 있으면 얼마든지 했지. 농담 아냐. 싫은 걸 하란다고 하겠냐고.

와타나베 그렇게 강한 척할 때도 있으시군요.

송신도 그럼요. 그런 거 할 힘이 있으면 아무 걱정도 없지.

와타나베 조선인 동포 남자라서 더 어려운 점도 있었나요?

송신도 조선인이라서가 아니라 위안부였다는 것도 머리에 남아있고, 아무튼 몸도 성치 않으니까 그런 건 전혀 없어. 근데 그 영감이 57년(1982년) 2월 12일에 돌아가시기 전에, '이봐 한 번 하자, 딱 한 번만 하자'라는 소리를 하면서 나를 잡아당긴 적이 있었어. '난 곧 죽어' 그러면서. 그래도 나는 말을 안 들어. 어디 입원해 있는 바보가, 그런 짓 하는 바보가 있어.

와타나베 하재은 씨는 그런 마음이 없었던 게 아니었네요.

송신도 있었던 것 아닌가?

와타나베 하지만 당신은 거절했고요.

송신도 싫어, 싫어.

와타나베 하재은 씨에게 위안부였다는 것을 말한 적이 있습니까?

송신도 말 안 했어.

와타나베 당신이 먼저 말 한 적은 없었습니까?

송신도 없었어요.

와타나베 중국 전쟁터에 있었다는 말씀은 하신 거죠?

송신도 그건 어쩌다 이렇게 됐는지 오다 이야기가 나와서, 오다한테 가서, 군인이랑 함께 있다가, 오다한테 버림받아서 이렇게 됐다고 그런 말은 했습니다.
와타나베 지금 생각해 봤을 때, 하재은 씨는 당신이 위안소에 있었던 것을 알았다고 생각하시나요? 몰랐다고 생각하시나요?
송신도 모르지 않을까요? 전혀 몰라요. 그런 말을 한 적도 없고.
와타나베 당신은 모른 채로 돌아가셨다고 생각하시는 건가요?
송신도 맞아요. 틀림없어.
와타나베 그러면 하재은 씨는 당신이 위안부였다는 사실과 그와 관련된 것들을 말한 적이 없었다는 것이군요.
송신도 네.
와타나베 당신은 하재은 씨에게 위안소에 있었다는 사실을 모르게 하고 싶었던 거죠?
송신도 그건 꼴사납기도 하고, 그 사람한테 말이야, 설명했다가는 괴롭힘당하거나 이 남자한테도 또 버림받으면 큰일이니까, 그런 일은 절대로...... 육체적인 것뿐만 아니라 정신적으로도 이 남자한테 버림받으면 살 길이 없다는 생각밖에 없었으니까 그냥 참은 거지.
와타나베 일본으로 와서 하재은 씨와 함께 살게 된 후로도 위안소에서 있었던 일이 생각나거나 꿈을 꾼 적이 있었습니까?
송신도 있었습니다.
와타나베 자주 있었나요?

송신도　　자주 정도가 아냐. 밤마다 꿔.

와타나베　매일 밤 꿈에 나타났나요?

송신도　　네.

와타나베　꿈에는 군인이 나오나요?

송신도　　군인도 나오고, 오다도 나오고, 여러 가지가 나와.

와타나베　군인이 나오는 꿈은 어떤 꿈인가요?

송신도　　역시 칼을 뽑아 들고 난동을 부리거나 이런저런 짓을 하는 거야. 그러다 눈을 떠 보면 꿈인 거지. 그건 일본으로 귀환한지 얼마 안 됐을 때인데. 지금은 안 꾸지만.

와타나베　지금은 안 꾸나요?

송신도　　안 꿔.

와타나베　귀환했을 때는 꿨나요?

송신도　　꿨지.

와타나베　한참 지난 후에도 그런 꿈을 꾼 적도 있나요?

송신도　　있습니다.

와타나베　많은 시간이 지나도?

송신도　　네.

와타나베　전쟁 중에 겪었던 일이 나타나는 꿈에 시달렸나요?

송신도　　악몽에 시달리면 영감이 흔들어 깨워. 무슨 일이냐면서, 영감이 그러면 '조선 여자가 일본인이랑 같이 사는 것은 본 적이 없고, 일본 여자가 조선 남자랑 사는 것은 본 적이 있는데, 대체 너는 뭐냐'라며, 그런 거

	는 물어봤어요.
와타나베	다시 여쭤보겠는데요. 악몽에 시달리면, 하재은 씨가 깨워서 꿈에서 깬 적이 있었다는 건가요?
송신도	응. 식은땀을 흘리면서 신음하고 있으면, 영감은 무슨 일인지 엄청 걱정하면서 깨우는 거지. 그러면 '이런 이상한 꿈을 꿨어요. 이상해요.' 오다가 꿈에 나와서 힘들다고.
와타나베	오다가 꿈에 나와도 시달렸던 건가요?
송신도	시달렸어요.

● **원고대리인 변호사 김경득의 신문**

(갑제36호증을 제시)

김경득   이것이 무엇인지 기억하십니까? 감사장이라고 쓰여 있는데요.

송신도   이것은 영감이 받은 것 같습니다.

김경득   ××면장이 가와모토 고이치 씨에게 준 감사장이네요.

송신도   네.

(갑제34호증을 제시)

김경득   제목은 '귀국 시 휴대물 인증 허가 신청서'라고 되어 있는데, 누구의 글씨인지 아시겠습니까?

송신도   그분의 글씨, 가와모토 고이치의 글씨야.

김경득   여기에 '가와모토 고이치(하재은)'이라고 되어 있는데, 이분의 글씨죠?

송신도   네.

김경득   하재은 씨는 가와모토 고이치라는 일본 이름을 썼나요?

송신도   그렇습니다.

김경득   이 갑제34호증과 마찬가지로 '가와모토 도시코(송신도)'라고 되어 있는데, 가와모토 도시코는 본인을 가리키는 건가요?

송신도   저 맞습니다.

김경득   하재은 씨는 가와모토라는 일본 이름을 창씨개명한

	후로 쭉 써 왔나요?
송신도	그렇습니다.
김경득	가와모토 씨와 부부로 살면서 송신도 씨도 가와모토라는 이름을 쓰기 시작했다는 것이군요?
송신도	네.
김경득	왜 도시코라는 이름을 쓰게 된 건가요?
송신도	그건 부르기 쉬우니까 마음대로 붙여서 부른 이름이니까. 송신도는 본명이고. 그래도 도시코는 그냥 부르기 쉬우니까 도시코라고 불렀고, 도시코, 도시코라고 해도 나는 별 상관없어.
김경득	누가 붙였나요?
송신도	내가 붙였어.
김경득	지난번 증언에서 위안소에 있었을 때 가네코라는 문신이 새겨진 사진을 증거로 제출하셨죠?
송신도	네, 그렇습니다.
김경득	그런데 일본에 온 뒤에는 도시코라는 이름을 썼나요?
송신도	네. 가네코라는 이름은 왜 문신을 새겼냐 하면, 군인들이 놀러 왔을 때 일본 이름을 모르면 알 수 없으니까. 그래서 너는 가네코라는 이름을 쓰라고 해서, 그래서 가네코라는 이름을 새긴 거지.
김경득	가네코는 강제로 붙여진 이름이군요.
송신도	그렇습니다.
김경득	도시코는 본인이 직접 골랐고.

송신도 내가 부르기 쉽게 일본에 와서 붙인 거지.

김경득 갑제36호증을 보면, 발행 연월일이 쇼와 46년(1971년) 9월 30일로 되어 있는데요. 이것이 어떤 감사장인가 하면, '실업대책 사업에 종사하여 각 방면의 기반 정비 등에 노력한 공로가 매우 크다'라는 내용의 가와모토 씨가 받은 감사장인데, 가와모토 씨는 실업대책 사업 등과 관계된 일을 하셨나요?

송신도 그렇습니다.

김경득 구체적으로는 어떤 일인가요?

송신도 감독 비슷한, 일 못하는 인부들한테 이거 해라, 저거 해라하면서 가르치거나 가끔은 곡괭이로 산을 파거나 하는 그런 일.

김경득 가와모토 씨는 갑제34호증을 보면, 상당히 훌륭한 일본어를 쓰는 분이시군요.

송신도 글씨는 잘 쓰죠. 조선인 중에서도 상당히 잘 쓴다고 생각했었죠.

김경득 글도 꽤 정확한 일본어를 쓰시고요.

송신도 네.

김경득 하재은 씨는 어디서 일본어를 공부하셨나요?

송신도 학교를 나온 것이 아닌가. 좋은 집의 아들이니까 조선에서 학교를 나왔을 거예요.

김경득 하재은 씨는 몇 살 때 일본으로 왔나요?

송신도 스무 살 때 왔어요.

김경득 방금 한 증언에서 하재은 씨는 메이지 38년생이라고 하셨죠?

송신도 메이지 38년이라고 본인이 말했으니까, 메이지 38년이라는 것밖에 몰라.

김경득 그렇다면 1905년이 되는군요. 송신도 씨는 서기 보다 원호가 더 편하신가요?

송신도 몰라.

김경득 그러니까 다이쇼라거나, 메이지라거나 쇼와라는 식으로 말하는 것이 더 편하신 거죠?

송신도 그렇습니다.

김경득 그러면 쇼와 46년(1971년)은 하재은 씨가 메이지 38년생이라고 하면, 연세가 몇이 되는가 하면, 66세가 되는 해인데요. 66세까지 이 같은 일을 하셨다고 이해해도 되는 건가요?

송신도 네.

김경득 일본에서는 쇼와 46년 당시는 국민연금이라는 것이 시행된 시기인데, 일본인이라면 65세가 되면 노령연금이 나오죠.

송신도 네.

김경득 하재은 씨는 노령연금을 받으셨나요?

송신도 못 받았어. 전혀 못 받아.

김경득 조선인이라는 이유 때문에?

송신도 그건 잘 몰라, 전혀 몰라.

김경득 일본에는 '국민연금법'이라는 법률이 있고, 이것은 1960년 경에 생겼는데요. 쇼와로 말하면 35년 정도에 생겼는데, 이것은 일본 국적을 보유한 사람만 가입할 수 있도록 되어 있어요.

송신도 그런 것은 잘 모르지만……

김경득 그러니까 연금을 내려고 해도 가입할 수 없었던 거죠?

송신도 네.

김경득 하재은 씨는 한국 국적으로 돌아가셨죠?

송신도 그렇습니다.

김경득 계속 한국 국적이었죠?

송신도 네.

김경득 그래서 연금을 받을 수 없었던 거죠?

(송, 고개를 끄덕이다.)

김경득 방금 매우 가난하게 살았다고 하셨는데, 쇼와 46년에 일이 끝났을 당시에 부부 사이에는 생활을 위해 모아 놓은 것이 있었습니까?

송신도 모아 놓은 것이라니요?

김경득 저금 같은 거요.

송신도 없어, 없어. 저금할 돈이 어디 있어. 250엔밖에 못 받는데.

김경득 그렇다면 그간의 생활은 그날 그날 먹고사는 식이었나요?

송신도 그렇지. 가루나 우동 같은 것 밖에 없어. 저금을 할 형편이 아니었으니까.

김경득 하재은 씨가 이런 일을 하셨다는 것은 증거로 알 수 있지만, 송신도 씨는 어떤 일을 하셨나요?

송신도 산에 가서 나무를 해 오거나 애를 보거나 어물전에서 가다랑어를 손질하거나 꽁치를 늘어놓는 일들을 했어.

김경득 잡아 온 생선을 가공하나요?

송신도 그런 일하는 어물전에 갔다가 내가 바닷가로 나가는 거지. 그니까 그 일도 익숙하지 않으면 못해. 꽤 까다롭거든. 머리를 손질해도 그냥하는 것이 아냐. 제대로 못하면 혼난다고.

김경득 나무하는 일, 애 보는 일, 생선 손질하는 일, 한마디로 말하면 육체노동이군요.

송신도 그렇습니다.

김경득 그런 일을 할 때 조선인이라며 차별을 받은 적은 있었나요?

송신도 그런 일은 안 당했습니다.

김경득 그런 일은 없었습니까?

송신도 네, 없었습니다.

김경득 일본인 집에서 아이를 보거나 하면, 조선인한테는 아이를 안 맡긴다는 사람도 많이 있는데요.

송신도 몰라요.

김경득 그런 경험은 별로 없으신가요?

송신도   몰라. 오히려 내가 더 억척스럽게 일을 하는데. 조선인이든 일본인이든 차별당할 정도로 바닷가에 있을 능력도 안 되고, 괜찮았어.

김경득   갑34호증의 이 문장을 보면, 하재은 씨는 학력이 상당히 있는 분 같은데요.

송신도   꽤 잘난 척하기는 했는데, 상당히 학력이 있는 사람인 것 같긴 하지.

김경득   조선어도 쓸 수 있었습니까?

송신도   조선어도 쓸 수 있지만, 나보다 못해.

김경득   실례지만, 송신도 씨는 못쓰시죠?

송신도   못써. 읽을 수는 있지만 못써.

김경득   하재은 씨는 쓸 수도 있으시죠?

송신도   그 사람은 쓸 수도 있고, 영어도 쓸 수 있어. 전부 다 해.

김경득   그러니까 그런 능력이 있는 하재은 씨 같은 경우에는 다양한 일을 하고 싶었던 것이 아닐까요?

송신도   그렇겠죠. 아마 그랬을 겁니다. 그러니까 어떤 일본인이 당신 남편이 일본인이었다면 나랏일이나 학교 선생을 했을 텐데, 조선인이라서 못하는 것 아니냐고 하는 사람도 있었어. 일본인 중에서도. 하지만 본인이 멍청히 있으니까, 별 수가 없지.

김경득   그건 일본에서 나고 자라고, 도쿄대학을 나와도 취직을 못하는 시대였으니까요. 하재은 씨도 꽤나 억울하지 않았을까 싶네요.

송신도 그럴지도 모르지.

김경득 그러면 이 실업대책사업 일이 없어지고, 나이가 예순여섯으로 다른 직업이 없었다면. 그렇다면 그 후의 생활을 어떻게 해 가려고 했나요?

송신도 결국 생활보호를 받을 수밖에 없었지.

김경득 일본에서 가족 누군가에게 신세를 지거나 할 수 있는 사람은 없었나요?

송신도 없어, 없어.

(갑제37호증을 제시)

김경득 이것은 생활보호 수급 증명서로 보호 기간이 쇼와 47년(1972년) 11월 28일부터 시작되었다고 나와 있는데, 이때부터 생활보호를 받은 건가요?

송신도 네, 받았습니다.

김경득 생활보호를 받을 무렵, 하재은 씨의 건강 상태는 괜찮으셨나요?

송신도 아니, 별로 좋지 않았어. 산에서 떨어졌는데, 그러고 나서 폐병에 걸리고, 장폐색에 걸리고 여러 병에 걸려서 몇 번이나 입원하고.

김경득 한국인도 조선인도 마찬가지이고, 지도 이렸을 때 그랬고요. 1965년, 쇼와로 말하면 40년인데, 그때까지 조선인은 국민건강보험이 없었어요.

송신도 그렇죠.

김경득 그러면 병에 걸려도 병원에 갈 돈이 없어서 병원에도 못 가고, 약으로 어떻게 버텨보다가 약이 안 들으면 죽을 수밖에 없다는 이야기를 자주 했었지요. 하재은 씨가 병에 걸렸을 때도 역시 그랬나요?

송신도 지금은 그런 일은 없지 않나?

김경득 지금은 건강보험이 있죠. 그러니까 쇼와 40년 이전에는 그랬다는 거죠.

송신도 그렇지.

김경득 갑제34호증을 보면, 본문 두 번째 줄에 고령으로 인해 취직을 할 수 없어서 생활보호를 받고 있다고 되어 있지요. 여기엔 쇼와 47년으로 되어 있는데, 이때쯤부터 생활보호를 받기 시작했다는 것이죠?

송신도 그렇습니다. 결국 몸이 약해서 일을 할 수 없으니까 생활보호를 받을 수밖에 없는 거지.

(갑제35호증을 제시)

김경득 이 글은 날짜와 작성자의 이름이 없는데 본 기억이 있으신가요?

송신도 이건 다나카 미치코(가명)가 쓴 글이야.

김경득 그런 분이 쓴 글인가요?

송신도 네, 맞아요.

김경득 다나카 미치코라는 분은 송신도 씨와 아는 사이인가요?

송신도 이 사람은 자기 남편이 군대도 다녀온 적도 있고, 옛날부터 술집을 했으니까, 오랜 친구라면 친구라고 할 수 있지.

김경득   이 글을 언제 썼는지 작성 일자가 없지만, 본문을 읽어보면 두 번째 장, 첫 번째 줄에 전쟁이 끝나고 40년 정도 지났을 때 쓴 글로 추측할 수 있을 것 같은데요. 그렇다면 쇼와로 하면 쇼와 60년(1985년) 경이겠네요.

송신도   응.

김경득   쇼와 60년 경에 이 글을 쓰게 된 경위라고 할까요, 이 글은 송신도 씨가 다나카 씨에게 부탁해서 써 준 것인가요?

송신도   그렇습니다. 어떻게 귀환해 왔는지, 귀환 증명서도 없고 해서. 잘 써서 관공서에 내면 뭐라도 할 수 있지 않을까 싶어서 다나카 미치코한테 써 달라고 부탁했지.

김경득   이 글의 두 번째 장 둘째 줄부터 '생활보호 수급비로 생활하고 있는데, 사람들은 얻어먹는다며 이상한 눈으로 쳐다보고 장을 볼 때마다 얻어먹는 주제에 사치를 부린다는 등 비난을 해서 정신적으로 일상생활을 하는 것이 어렵습니다. 같은 나라에서 받아도 은급이나 연금의 방식이라면 사람들이 무시하지 않을 것이라고 생각하기 때문에 귀환 증명서가 없더라도 그리고 보증인이 없더라도 어떤 방식으로든 보장받는 생활을 하고 싶습니다.'라고 되어 있습니다. 이것을 쓰게 된 동기군요.

송신도   네, 다나카 씨의 글씨가 맞아요. 틀림없어요.

김경득   여기에도 귀환 증명서라는 것이 나오고 앞에서도 나왔는데, 귀환자에 대해서는 전후 일본에서는 두 개의 법률이 만들어졌습니다. 하나는 '귀환자급부금등지급법', 쇼와 32년(1957년). 다른 하나는 '귀환자 등에 대한 특별교부금의 지급에 관한 법률' 이것은 쇼와 42년(1967년)입니다. 둘 다 송신도 씨와 같은 분들 혹은 귀환자에게 귀환 교부금을 지급하기 위해 만들어진 법률입니다. 다만, 이 법률은 앞에서 말한 국민연금과 비슷한 것으로 국적 조항이 있기 때문에 예를 들어, 귀환자급부금등지급법이라면 귀환자로 쇼와 32년(1957년) 4월 1일부로 일본 국적을 보유한 자에게는 귀환자급부금을 지급한다고 되어 있어요. 그래서 송신도 씨의 경우는 귀환자라고 해도 받을 수 없다는 것이죠. 그 당시에는 이런 내용을 잘 모르셨던 거죠?

송신도 전혀 몰랐어요.

김경득 이와 비슷한 귀환자 등에 대한 특별교부금 지급에 관한 법률이 쇼와 42년(1967년)에 만들어졌는데, 이것도 역시 제3조에서 귀환자로 쇼와 42년 8월 1일부로 일본 국적을 보유한 자는 특별교부금을 지급한다고 되어 있습니다. 이렇기 때문에 아무리 귀환 증명서를 가지고 증명해도 송신도 씨에게는 애초에 나오지 않는 것입니다. 그 당시에는 이러한 사실을 모르셨죠?

송신도 전혀 몰랐어요.

김경득 갑제35호증의 두 번째 줄 맨 끝에 '열여섯에 나라를 위해서'라는 말을 들었다고 되어 있는데요.

송신도 그렇습니다.

김경득 위안소에서도 그런 말을 자주 들었나요?

송신도 자주 들었습니다.

(갑제17호증을 제시)

김경득 이것은 전 일본군 군의관이었던 분이 한구 위안소에 대해 쓴 글입니다.

송신도 한구는 일본 조계지 쪽이 아니었나?

김경득 129쪽에 표창식이라는 장이 있는데, 여기에서 매월 '황군 위안을 위해 노력하였기에 표창함' 이라는 내용이 있습니다. 이처럼 나라를 위해서라는 말은 위안소에서도 자주 들었던 거죠?

송신도 어쨌든 나라를 위한 것이라고. 잘 몰랐지만, 지금 보니까 나라를 위해서 바친다는 것은 위안소에서.

김경득 자주 들었던 말인 거죠?

송신도 그런 것 같습니다.

김경득 갑제35호증의 내용 중에 '은급도 연금도 받지 못하고' 라고 되어 있네요.

송신도 네.

김경득 은급이라는 표현이 있는데, 아시는 것처럼 전쟁터에서 돌아온 군인들은 일본으로부터 봉급을 잔뜩 받고 있습니다.

송신도 그렇습니다.

김경득 그런데 은급법에서는 조선 군인은 은급을 받을 수 없도록 되어 있습니다.

송신도 네.

김경득 이러한 내용도 송신도 씨는 몰랐나요?

송신도 몰랐어요. 그런 것은 전혀 몰라요.

김경득 그러니까 송신도 씨는 전쟁 중에는 일본인으로 끌려가고, 그리고 돌아와서, 귀환자니까 일본인이라면 귀환 수당을 받는데 나는 어째서 못 받는가, 그런 심정이었나요?

송신도 그렇습니다. 그런 마음이 들었어요.

김경득 이것도 관공서에 제출하기 위해서 써 달라고 부탁한 것이고요?

송신도 그렇습니다. 어쨌든 알아줬으면 해서 써가지고 면사무소에 제출했더니 히라야마(가명)라는 면의원이 있는데, 그놈이 잘 모르겠다고 해서 두들겨 패버렸지.

김경득 면사무소에 이런 것을 제출했군요. 송신도 씨는 생활보호를 쇼와 40여 년부터 받으셨죠?

송신도 응.

김경득 그것과 무슨 관계가 있나요?

송신도 그건 잘 모르지만, 그런 것이 있었어.

김경득 송신도 씨가 생활보호를 받으러 가시죠?

송신도 네.

김경득 그때 관공서에서 가끔 싸웠다거나.

송신도   싸우고, 뺨도 때렸다니까. 하도 열받아서.
김경득   왜 그랬습니까?
송신도   어째서 너는 전쟁터에 갔냐거나, 어째서 이런 것을 하는지 물으니까, 나중에 알 것이라고 했지. 처음부터 위안부로 갔다고 말할 수는 없으니까. 그러니까 히라야마라는 놈이 뭐라고 한 줄 알아? 스파이로 갔느냐고 하길래 스파이를 할라고 해도, 이놈아 숨은 재주가 없으면 그런 곳에 스파이로도 못 간다. 그래서 받아 버린 적이 있지.
김경득   히라야마는 어떤 사람입니까?
송신도   면의원입니다. 지금은 그만뒀어, 정년이 돼서.
김경득   면의원이었다면 자민당이나 사회당이었을 텐데, 어느 정당 소속이었는지 기억하십니까?
송신도   그건 몰라. 난 그런 거 몰라. 아무튼 우리 집 바로 근처였으니까.
김경득   어디서 그런 말을 들었습니까?
송신도   면사무소에서.
김경득   면사무소에 무엇을 하러 갔습니까?
송신도   그러니까, 보호를 받으러 왔다고 하니까 보호에 대해서도 불평을 하고, 여러모로 귀환 증명서가 없으니까. 아무튼 거기도 처음부터 구시렁구시렁 하니까, 나도 할 말을 하는 거지. 아무것도 안 해 주려면 뭣하러 조선 여자들한테 그런 짓을 한 거냐고. 폭발해서. 지금 나라로 돌아가는데 돈 한 푼도 안 들고, 돌아갈 수 있네, 어쩌네 지껄이길래 받아버렸지.

김경득 면사무소에서 일본에서 생활보호를 받을 형편이라면 너네 나라로 돌아가라는 말을 들었다는 거죠?

송신도 응, 너네 나라로 돌아가면 되지 않느냐, 기차비도 들지 않고 얼마나 좋으냐고. ○○면사무소가 아니라 이번에는 ××시청에서도 왔어. 그 시청에서 온 사람 이름이 '사도'라고 했는데, 그 남자도 그런 비슷한 말을 했지. 지금은 비행기로도 갈 수 있고, 어떻게 가도 돈이 필요 없으니까 가려면 지금 가는 게 낫다고.

김경득 그런 말을 면사무소에서 들었다는 건가요?

송신도 그렇습니다. 자주 들었어요.

(갑제34호증을 제시)

김경득 여기에 '고령으로 인해 취직도 할 수 없어서 생활보호를 받고'라고 나와 있습니다만, 결국 이것은 한국에 돌아갈 테니 소지품을 가져갈 수 있도록 허락해 달라고 하는 글이죠?

송신도 아마도 그럴 겁니다.

김경득 이 글을 쓰게 된 것은 역시 생활보호를 받고 관공서에서 이런저런 말을 들었기 때문인가요?

송신도 네.

김경득 이렇게까지 준비해서 돌아가려고 했는데, 결국 돌아갔나요?

송신도 갈 수도 없고, 몸이 안 좋아서 못 갔어요.

김경득 돌아가려고 준비는 하셨나요?

송신도 준비는 했습니다.

김경득 누가 어떤 병에 걸렸나요?

송신도 폐병이라고.

김경득 하재은 씨가?

송신도 네, 폐암이랑 폐병이랑 장염기 등 병이 많이 있었어. 폐가 무너졌다 어쩐다 하는데 아무튼 여러 병을 앓고 있었어.

김경득 장염전 말인가요?

송신도 응, 장염전이라고도 하고. 아무튼 여러 가지 병이 있었어.

김경득 하재은 씨는 조금 전 증언에서는 쇼와 57년(1982년) 2월 17일에 돌아가셨다고 하셨는데요.

송신도 12일.

김경득 돌아가시게 된 병명은, 원인은 뭐였는지 병의 이름은 기억하시나요?

송신도 그때 장폐색이라고 한 것 같은데. 아무튼 피를 어쩐다 저쩐다 하는데, 수술하면 낫는다고 해서 수술을 했는데, 일흔일곱이잖아. 나이도 나이고, 역시 기력이 없었던 거지. 수술하고 세 달밖에 못 살았어.

김경득 그러면 하재은 씨는 쇼와 46년에 이 감사장을 받고, 쇼와 47년 경부터 생활보호를 받기 시작해서 10년 정도 일본에서 살다가 돌아가신 건가요?

송신도 네, 그렇습니다.

김경득 쇼와 47년에 생활보호를 받게 되면서 고향으로 돌아갈 생각을 했다. 그보다 훨씬 전에, 예를 들어 전쟁이 끝난 직후나 아니면 실업대책사업 일을 하고 있는 동안에 두 분이서 고향으로 돌아가자는 이야기를 나누신 적은 없었습니까?

송신도 그런 생각은 전혀 없었는데, 역시 그분도 점점 나이를 먹으니까 계속 일을 할 수 있는 것도 아니라서, 어쨌든 고향으로 같이 돌아가자고 한 거지. 그때까지는 돌아갈 마음은 별로 없었어.

김경득 갑제34호증을 보면, 귀국하는 곳이 김학순의 부인, 송순도라고 되어 있네요. 송순도는 여동생인가요?

송신도 네.

김경득 김학순은 여자 이름 같은데, 남편이고요.

송신도 네.

김경득 여동생을 의지해서 귀국 신청을 한 것이군요.

송신도 네.

김경득 하재은 씨 쪽에 의지할 친척은 아무도 없었나요?

송신도 전혀 아무런 소식도 없으니까 아무도 없겠거니 생각했지.

김경득 하재은 씨의 한국 고향, 시골은 어딘지 아시나요? 경상북도인가요?

송신도 네.

김경득 1982년에 하재은 씨가 돌아가시고, 묘지는 지금 어떻게 되어 있나요?

송신도 묘를 쓰지는 않고, 절에 맡겨 뒀어. 유골을 맡겨 놓고 매년 돈을 내고 있지.

김경득 하재은 씨가 한국으로 돌아가자고 한 적은 있었나요?

송신도 한국에 돌아가겠다는 마음이 별로 없었던 사람이야.

김경득 일본에 살면서, 재일한국인 혹은 재일조선인들과의 관계는 어땠나요?

송신도 꽤 있었지만 사이가 별로 안 좋았어.

김경득 묘지를 쓰지 않고 유골을 절에 맡겨 놓은 이유가 있습니까?

송신도 이유도 뭣도 없어. 묘지를 세우고 싶어도 돈도 없는데 어떻게 세워? 그러니 절에 맡겨 놓는 것이 낫겠다 싶었지.

김경득 하재은 씨는 결국, 고향으로 돌아가지 못한 채 돌아가셨는데, 묘지는 어디에 만들어 달라 그런 말을 하셨나요?

송신도 조선에 가서 햇볕이 잘 드는 곳에 묻어 달라고도 하고, 살아 있는 동안 여러 이야기를 했습니다.

김경득 조금 전에 스무 살에 일본으로 왔다고 하셨죠?

송신도 네.

김경득 1925년 즈음, 쇼와로 바뀌려고 할 때였네요. 그런 상황에 일본으로 왔고 계속 일본에서 살았는데도 묘지는 역시 한국에 만들어 달라고 하면서 돌아가신 건가요?

송신도 그렇습니다.

김경득 만약, 묘지를 세울 경제적인 여유랄까, 가능하다면 한국에 묻어 주고 싶은 마음은 있으신가요?

송신도 묻어 주고 싶어요. 한 번도 고향에 간 적도 없고, 안쓰러우니까. 죽은 사람의 혼을 위로라도 하고, 공양도 되니까. 그래서 나라에 가서 묻어 주면 좋겠다는 마음은 있지. 그러니까 내가 죽으려야 죽을 수가 없어. 그분을 위해서.

김경득 하재은 씨는 그렇다고 치고, 송신도 씨는 어떠신가요?

송신도 내가 죽으면 바다에 던지면 돼. 그게 물고기 밥도 되고, 제일 좋아.

김경득 송신도 씨는 고향으로 가고 싶은 마음은 있으신가요?

송신도 없어.

김경득 왜죠?

송신도 말도 잘 모르고, 그쪽 습관도 잘 모르고, 매운 것도 못 먹고, 그러니까 가도 웃음거리밖에 안되니까 가고 싶은 마음은 없어.

김경득 열여섯 살에 중국으로 끌려가서 일본으로 귀환한 뒤로 계속 일본에서 사셨죠?

송신도 네.

김경득 돌아가서 살기가 쉽지 않겠다는 것이군요.

송신도 네.

김경득 만약 돌아가시면, 하재은 씨와 함께 묘지를 옆에 나란히 세워줬으면 하는 마음은 없으신가요?

송신도 없어.

김경득 그냥 등소평처럼 바다에 뿌려라.

송신도 응. 간단하게 바다에 뿌리는 게 좋지. 죽어버리면 그만이야. 살아 있는 동안이 중요한 거지.

김경득 송신도 씨는 귀환 후 1946년부터 쭉 50년 이상 일본에서 살고 계시는데요, 일본 사회에서 살아가는데 많은 어려움이 있으셨을 거라고 생각합니다. 가장 힘들었던 점은 무엇이었나요?

송신도 역시, 생활보호를 받아서 먹고산다거나, 다른 사람이 낸 세금으로 먹고산다거나, 쓸데없는 사치를 한다는 말을 들으면 위축됐지. 그런 것이 가장 힘들었어. 그리고 몸이 안 좋은 것이 힘들어. 재판 끝나고 숙소에서 자고 내일 돌아간다고 해도 막상 돌아가도 누구 하나 기다리는 사람이 있는 것도 아니고, 힘든 건 그런 거지. 점점 나이는 들고, 지금도 일흔다섯이나 됐으니까, 앞으로 나이를 더 먹으면 큰일이라고 생각하면 잠이 오지 않아. 신경 쇠약에 걸릴 것 같아서.

김경득 송신도 씨는 앞의 증언에서 하재은 씨에게는 위안부가 되었다는 것을 말하지 않았다고 하셨죠?

송신도 네.

김경득 송신도 씨 주변의 일본인이나 관공서 사람들은 송신도 씨가 위안소에 있었던 것을 알고 있었나요?

송신도 알고 있으니까 옛날에 전쟁터에 가서 일본 군대를, 거기가 양동이 같네 어쩌네 하면서 여러 말을 들은 거지. 어째서 그런 말이 나오는가 하면은 자기들 남편이 군대를 다녀와서 위안부랑 했다, 부부라서 뭐든지 터놓고 이야기하는 거지. 그렇게 한 명, 두 명 알아버리는 거야. 지금은 그런 말 안 하지만, 아이고 너무 힘들었어. 매일 같이 말도 안 되는 소리를...... 그러니까 나는 결국 죽여버리고 싶은 마음이 들기도 하고.

김경득 송신도 씨가 일본에 왔을 당시에는 귀환 증명서가 없으면 식재료 배급도 나오지 않았죠?

송신도 네.

김경득 그래서 관공서에 자신은 귀환자라는 말을 했던 것이고요.

송신도 네.

김경득 그러면 중국 전쟁터에서 귀환했다는 말을 하신 거고요.

송신도 네.

김경득 그 이야기가 퍼진 거라고.

송신도 그렇습니다.

김경득 그러면 전쟁터에서 귀환한 일본 군인이 조선인 여자가 전쟁터에서 귀환했다는 것은 위안소에 있었던 거라고. 그렇게 소문이 퍼졌다는 건가요?

송신도 그렇지.

김경득 그런 조선인 위안부가 어떻다는 말을 들었다고 하셨는데, 그런 말을 일본인에게 들었을 때는 어떤 심정이었나요?

송신도 조금 괴롭기도 하고, 서글프기도 했습니다.

김경득 앞에서 면의원인 히라야마라는 사람도 면사무소에서 그런 말을 했다는 거죠?

송신도 그렇습니다. 히라야마도 내가 위안부를 하고 돌아왔다는 것도 전혀 모르고, 무턱대고 조선으로 돌아가라 돌아가라고만 하고, 잘난 소리만 지껄이니까 한 번 후려갈긴 적이 있어. 저도 남자라 질 수 없다며 치고받고 한 적이 몇 번이나 있었습니다.

김경득 그러니까 송신도 씨가 전쟁터에서 귀환했다고 말해서 주변 사람들은 다 그 사실을 알았다는 거죠?

송신도 네.

김경득 본인이 그 사실을 이야기한 적은 없었고.

송신도 없습니다.

김경득 송신도 씨는 방금 전 증언에서 위안소에 있었을 때 조선인 위안부와 알고 지낸 사람이 많았다고 말씀하셨는데, 전쟁 후에 그분들과 연락을 하거나 편지나 전화, 사람들에게 소식을 전해 듣거나 한 적은 전혀 없나요?

송신도 없어. 그치만 한구 근처 무창이라는 곳에서 함께 있었던 여자들은 알았지만. 다른 위안소 여자들하고 나와서 이야기 한 적은 없고, 친하게 지낸 적도 없고 전혀 몰라.

김경득 일본에 온 후로는 전혀 연락을 한 적이 없다는 건가요?

송신도 없어. 단지 아는 사람은 이치카와 씨의 부인인 다카코 씨 밖에 몰라. 그 사람이 만약에 일본에 가서 오다한테 버림받았을 때는 귀환 증명서를 가지고, 도쿄인지 어딘지 시나가와라는 곳이 있으니까 거기에 가면 어디에서 귀환했는지 알 수 있지 않을까라는 말을 했는데, 어떻게 해야 하는지 몰랐던 거지.

김경득 그러면 송신도 씨와 비슷한 경험을 했던 위안소에 있었던 그런 조선인 여성이랑 일본인 여성이 전쟁 후에 어떻게 살고 있고, 어떤 마음으로 살아왔는지 전혀 모르시는 건가요?

송신도 내가 기억하는 것은 전방이었던 악주라는 곳에 일본 위안소가 있었어. 나이가 많은 여자들밖에 없었어.

김경득 제가 여쭤보는 것은 그런 사람들이 전쟁 후에 한국으로 돌아가거나 일본으로 돌아오거나 혹은 다른 나라에 그대로 남아 있거나 하는 많은 사람이 있었는데, 그 사람들이 어떻게 살고 있고, 고통 속에 살아왔는지에 대한 정보는 전혀 없는 건가요?

송신도 몰라, 전혀.

김경득 그러면 전쟁 후에 송신도 씨와 비슷하게 위안소 생활을 한 사람이 송신도 씨 외에도 있다고 그런 사실을 세상에 알린 사람이 있다는 것을 안 것은 언제입니까?

송신도 글쎄 생각이 잘 안 나네.

(갑제38호증을 제시)

김경득 이 사진 속 여성을 아시겠습니까?

송신도 이 사람은 김학순 아냐?

김경득 김학순 씨입니다.

송신도 이 사람은 북한 사람이야.

김경득 한국 사람인데요. 이것은 아사히신문 1991년 12월 6일, 일본 정부를 상대로 보상해 달라고 하는 소송을 제기했다는 기사입니다. 송신도 씨는 김학순 씨를 어디서 처음 알았습니까?

송신도 텔레비전에 나왔으니까. 이 사람도 위안부 했던 여자라는 것 밖에 몰라.

김경득 위안소에서 지낼 때는 위안부가 많이 있었겠지만, 전쟁 끝나고 돌아온 후에는 송신도 씨 외에 위안부를 한 사람을 본 것은 김학순 씨가 처음이었나요?

송신도 텔레비전에 나온 김학순밖에 몰라.

김경득 이때 처음 알았던 거네요.

송신도 그렇습니다. 텔레비전에 나와서 알았지.

김경득 텔레비전을 보고, 그 뒤로 신문에도 많이 나왔는데, 김학순 씨가 이런 재판을 제기했다는 것을 듣고 송신도 씨는 어떤 마음이 들었나요?

송신도 남의 일이 아니니까. 나도 그런 삶을 살아온 인간이니까. 역시 김학순이라는 인간이 위안부로 역시 죽으려야 죽을 수도 없고, 잊을 수도 없으니까 역시 이렇게까지 하는구나 하는 생각은 했습니다.

김경득 송신도 씨는 앞에서 전쟁 후에 본인이 직접 위안소에서의 경험을 사람들에게 말한 적은 없다고 하셨는데, 위안소 경험을 가장 처음 이야기 한 사람은 어떤 사람이었나요?

송신도 수없이 많았어. 그런 거 생각해 내라고 해도…..

김경득 맨 처음에 위안부에 대해 이야기를 들으러 온 사람은 없었나요?

송신도 없어.

(갑제14호증을 제시)

김경득 이것은 가와타 후미코라는 분이 쓴 책입니다. 가와타 씨가 송신도 씨의 집으로 찾아갔는데요.

송신도 그렇습니다.

김경득 김학순 씨가 제소한 후였나요?

송신도 …… 그건 잘 기억나지 않지만, 가와타 후미코가 오기는 왔어.

김경득 송신도 씨가 김학순 씨를 텔레비전에서 보고, 본인도 그런 경험을 한 적이 있다는 말을 누군가에게 하지 않으셨나요?
송신도 안 했어요. 아무한테도 안 했어요. 그런 말 하면 비웃음 당하는데.
김경득 그러면 가와타 씨가 직접 어디선가 송신도 씨에 대해서 듣고 찾아왔다는 것인가요?
송신도 그렇습니다.
김경득 이 재판은 1993년, 헤이세이 5년 4월에 송신도 씨가 재판을 시작했죠. 이 재판을 시작하기까지 송신도 씨도 많은 고민을 하셨을 텐데요.
송신도 고민했습니다.
김경득 결국 재판을 하겠다고 결심을 하게 된 이유는 무엇인가요?
송신도 그건 역시 위안부가 된 것도 억울하고, 내 인생이 이렇게 된 것도 비참하고. 어째서 다른 나라 전쟁에 휘말려서 위안부가 돼서 이런 꼴이 됐는지 생각하면 맘 편히 죽을 수도 없으니까, 그 이야기를 가와타 후미코한테 이렇다 저렇다 말한 겁니다. 말하지 않으면, 뜨거운 것을 먹는지 미지근한 것을 먹는지 알 수가 없으니까. 그래서 결국에는 이런 일을 낭했다, 저런 일을 당했다고 말한 거지. 그러니까 원인은 그거란 말이야.
김경득 처음 재판을 제기했을 때는 어쨌든 일본 정부의 사죄를 받고 싶다고 하는 소송이었지요?
송신도 그렇습니다.

김경득   김학순 씨는 위안부 한 명에게 2천만 엔의 보상을 하라는 소송을 제기했는데, 송신도 씨는 일본 정부의 사죄를 받고 싶다고 하는 소송이었지요.

송신도   돈은 필요 없어. 사죄하면 그걸로 됐어. 사죄하고 다시는 전쟁을 하지 말 것. 전쟁해서는 안 된다는 것. 전쟁 때문에 얼마나 많은 사람이 죽었어. 얼마나 많은 사람들이 배 가르고, 자살해서 죽지 않았냐고. 살아 있는 놈들은 은급 받아서 고개 빳빳이 들고 떵떵 거리고 있잖아. 뒤진 놈들을 어떻게 할 거냐는 거야. 그것이 슬프니까 하는 말이야. 일본 정치가가 이러쿵저러쿵 한들 더는 의미가 없잖아.

김경득   그러니까 송신도 씨가 가장 바라는 것은 사실 관계를 분명히 해 달라는 것이지요?

송신도   그렇습니다. 분명히 하지 않으면 죽으려도 죽을 수가 없어. 나가소네 놈, 죽으려야 차마 죽을 수가 없다고 맨날 지껄여도, 그놈 이제 일흔여덟이나 먹었잖아.

김경득   그리고 제대로 된 보상을 해 달라는 것이지요?

송신도   네.

김경득   그리고 돈 문제가 아니라고 말씀하셨는데.

송신도   돈 따위로 뭐 할 건데? 뒤져서 짊어지고 갈 것도 아니고, 필요 없어!

김경득   송신도 씨는 일본에 살고 있지요?

송신도   그렇습니다.

김경득 생활보호를 받아서, 앞에서 제시한 갑제35호증에 나온 것처럼, 생활보호를 받기 때문에 항상 사람들이 무시한다고.

송신도 그게 가장 고통스러워.

김경득 돈을 달라고 하는 소송을 제기하면 또다시 그런 말을 듣는 게 아닐까 하는 것이 가장 두려웠나요?

송신도 그래요. 그것이 가장 두렵지. 그게 가장 큰 고민이야.

김경득 송신도 씨의 진심은 거기에 있는 게 아니죠?

송신도 네.

김경득 사실을 분명히 하고 싶으신 거죠?

송신도 네. 그렇게 하지 않으면, 민간 모금 따위를 늘어놓고 말도 안 되는 짓을 하면 이쪽도 힘들어져. 저 할망구 민간 모금 받았네 어쩌네 한다고. 같은 거니까. 민간이 아니라, 천 엔이라도 좋으니까 미안하다고 사죄하면 돼. 열여섯 살에 끌려가서 위안부가 돼서 모진 일 당한 인간이 나이 먹고 일본으로 왔는데, 보호받으며 먹고 산다는 둥 그런 소리를 들어 보라고. 죽으려도 차마 죽을 수 없는 것이 당연하지 않냐고. 여기 판사님들도 계시시만 내 입상이 돼서, 그런 위안부가 된다면 어떨 것 같습니까? 너무하다고 생각하시죠? 그래서는 안된다고 하는 겁니다. 어째서 다른 나라가 전쟁을 하는데 조선 여자들이 끌려가야 합니까!

김경득 그런 마음으로 소송을 제기하신 건데, 마지막으로 한

마디. 이 재판에 기대하는 것이 무엇인지 간단히라도 말씀해 주시겠습니까?

송신도 기대고 나발이고 아무것도 없어. 다만 전쟁은 하지 말아. 다시는 전쟁을 하지 말라고. 전쟁을 하지 마. 전쟁하면 뭐든지 다 끌고 가서 나라를 위한다면서 다 죽이지 않느냐고. 그것이 가장 괴로운 것이니까, 그런 짓 다시는 하면 안 돼. 하루라도 빨리 요령 있게, 일본 정치가들이 하는 짓은 엉터리야.

김경득 송신도 씨가 재판을 제기한 후에 욕하는 전화나 편지 같은 것이 많이 오나요?

송신도 안 와. 아무것도 안 와.

김경득 격려 편지 같은 것은 어떻습니까?

송신도 그런 거 안 와. 아무것도 안 와. 너 잘났다거나, 너 대단하다는 등 이런저런 말 하지만, 그런 바보 같은 소리 안 하니까. 일흔다섯이나 먹었으니 당장 죽어도 여한이 없는 나이라고. 오로지 걱정은 전쟁이 제일 괴로우니까, 다시는 하지 말라고 하는 거야.

"
지금이 제일 행복해
지원모임이 지켜주니까

송신도 할머니와 '지원모임'의 10년

양징자

소송을 앞두고 혼란에 – 배상 청구는 하지 않는다!

논란은 김경득 변호사의 한마디에서 시작되었다.

"이 재판에서 배상청구를 할 필요는 없을 것 같습니다. 사죄 청구로 가야 합니다."

밤샘 작업 끝에 소송장도 완성되었고, 제소를 사흘 앞둔 1993년 4월 2일 김 변호사에게 이 같은 제안을 받은 '재일 위안부 재판을 지원하는 모임'(이하, 지원모임)의 사무국 회원들은 요츠야에 있는 '우리 법률사무소'에 급히 모였다. 그날 직장에서 또는 자택에서 급한 연락을 받은 회원들이 모두 모인 시간은 오후 8시가 지나서였다.

변호인단과 사무국 내에서도 반대와 찬성 의견이 분분해 토론은 끝없이 이어졌다. "이제 나가지 않으면 막차가……"라고 누군가가 말을 꺼냈을 때는 모두 기진맥진해 있었다. 그리고 김 변호사, 나카시타 유코 변호사와 일부 사무국 회원들이 강하게 주장한 절충안 즉, '청구 취지에는 배상청구 금액을 구체적으로 제시하지 않고, 국회의 공식 사죄와 본인에 대한 사죄문 교부만을 요구한다. 다만, 금전적 보상도 당연히 원한다는 것을 소송장 본문 안에서 주장한다. 이 소송을 '사죄·보상 청구 사건'이라고 한다'라는 내용으로 일단 매듭을 지었다.

그런데 다음날 3일, 아침부터 우리 집의 전화는 끊임없이 울려댔다. "배상청구를 하지 않는 것은 납득할 수 없다", "그렇게 결정해도 되는가?"라는 등 하룻밤이 지나고 나서 의문과 불만이 들기 시작한 사무국 회원들의 전화였다. 게다가 이 결정을 납득할 수 없다는 변호사가 사임을 표명한 채 연락이 되지 않아 대화를 시도하기 위한 수색 전화를 이리저리 돌리느라 수화기를 놓을 겨를이 없었던 하루였다.

이대로 제소 날을 맞이할 수는 없었다. 다시 한번 납득할 때까지 대화를 나눠보자. 제소 전날인 4월 4일, 정말 마지막 대화의 자리를 가졌다.

일요일인데도 아침부터 요츠야에 있는 나카시타 변호사 사무실에는 지원모임 사무국 회원 20여 명이 모였다. 휴일도 반납한 김경득, 나카시타 두 변호사의 설명을 들은 후 또다시 다람쥐 쳇바퀴 도는 듯한 논의가 이어졌다. 그런데 몇 시간 동안 이어진 논의에 말 한마디로 종지부를 찍어준 사람은 다름 아닌 송신도 할머니였다.

제소를 위해 도쿄에 오신 송신도 할머니는 가와타 후미코 씨와 함께 변호사 사무실에 도착해서 3일 동안 이어진 논의의 경위를 들은 후 그 자리에서 이렇게 답했다.

"나는 사죄를 받고 싶다. 사죄를 받으면 그걸로 족하다. 돈이 목적이 아니라는 것을 알아줬으면 좋겠다. 사죄하면 그냥(보상

없이) 넘어가지 않는 것이 세상의 상식이다."

정면에서 당당하게 배상 청구를 해야 한다고 주장한 회원들도 할머니의 말을 납득했다. 누가 뭐라고 해도 송신도 할머니의 재판이니 본인의 의견을 따르는 것이 가장 중요한 것이다.

원고가 가장 잘 안다며 밝게 웃는 김경득 변호사와 함께 마음이 후련해진 사무국 회원들이 요츠야의 사무실을 나왔을 때는 이미 해가 저물어 있었다.

나는 당당하게 하겠다! — 본명 제소

실은 제소 전에 현안 사항이 하나 더 있었다. 본명을 쓸 것인가, 얼굴을 공개할 것인가였다. 지원모임의 회보 창간 준비호에서 원고의 이름을 'S 씨'로 했던 것도 이에 대한 결론이 나지 않았기 때문이었다. 그런데 이 문제도 지원모임의 기우에 불과했다. 이날 송신도 할머니의 한 마디로 해결된 것이다.

"나는 송신도다. 왜 이름을 감춰야 하는가. 내 이름은 송신도니까, 나는 당당하게 하겠다."

내가 송신도 할머니와 만나고 10개월 정도 할머니와 나눈 대화 주제는 '제소를 할 것인가, 하지 않을 것인가'였다. 제소가 결정된 뒤에는 본명을 쓸 것인가 쓰지 않을 것인가, 배상청구 금액을 얼마로 할 것인가 등이었다. 처음부터 본인에게 의견을 물었어야 했던 것들을 미루고 있었던 것을 반성했다.

우리들이 송신도 할머니의 존재를 알게 된 것은 1992년 1월에 개설된 '위안부 110번'을 통해서였다.

"미야기현에도 '위안부'였던 여성이 있으니 한 번 방문해 주세요."

익명으로 전화를 걸어온 사람은 송신도 할머니의 주소만 남긴 채 전화를 끊었다고 한다. '위안부 110번' 실행위원회에 참가하고 있었던 가와타 후미코 씨가 송신도 할머니를 찾아간 것은 그로부터 두 달 뒤였다. 할머니는 청취를 하는 가와타 씨에게 재판에 대해서 물었다고 한다. 1991년 12월에 한국의 '위안부' 피해자 김학순 할머니 등이 원고가 된 한국태평양전쟁희생자유족회가 도쿄지방재판소에서 제소하는 모습을 방송에서 봤던 것이다. 송신도 할머니도 전쟁이 끝나고 50년 동안 가슴에 묻어두었던 한을 더는 억누를 수 없었던 것이 아니었을까. 하지만 그로부터 재판을 시작하기까지 송신도 할머니는 망설이기를 반복하며, 우리의 고민도 함께 깊어져 갔다.

재판을 한다, 안 한다 — 시계추처럼 흔들리는 마음

내가 처음 송신도 할머니 댁을 방문한 것은 1992년 8월이었다. 녹취를 이어가는 과정에서 김학순 할머니의 재판에 강한 관심을 보인 할머니에게 혹시 재판을 제기하고 싶은 건 아닌지 물어봤지만 의견을 명확히 나타내지 않는다는 가와타 씨의 이야기를 듣고, 와타나베 도모코 변호사와 함께 할머니의 생각을 여쭙기 위해서였다.

"소송을 하고 싶으세요?"

"자네는 어떻게 하는 것이 좋겠나?"

"그건 할머니가 결정해야죠."

"나는 할 거야."

"이길 수 있을지는 몰라요."

"아무도 이길 거라고 생각하지 않아. 일본의 버릇을 고쳐 줘야지. 내가 재판을 하는 것은, 어째서 일본 정부가 해야 할 일을 안 하고, 이러쿵저러쿵하느냐고. 나는 목숨을 걸고 할 거야. 해야지. 암, 하고말고."

하지만 다음날이 되면 할머니의 마음이 바뀐다.

"자네들도 힘들고, 나도 힘들어질 거야. 그러니 재판 같은 건 관둬."

송신도 할머니가 걱정하는 불안 요소는 여러 가지가 있었다. 변호사비와 재판소에 낼 돈이 없다, 재판소에 혼자서 갈 수도 없다, 아무리 진실을 말한다고 해도 재판소가 믿어주지 않을지도 모른다, 이겨도 져도 창피만 당할 뿐이다, 등등.

우리들은 결론을 뒤로 미루기로 했다. 재판을 통해 알리고 싶은 할머니의 마음도, 위축되는 마음도 모두 진심으로 느껴졌기 때문이다. 일본에 사는 '위안부' 피해자가 재판을 제기하게 되면, 많은 고난과 문제에 봉착할 것이다. 송신도 할머니도 각오가 필요했고, 지원하는 우리들도 또 다른 각오가 필요했다.

서로가 그 사실을 철저히 인식하지 않는 한, 재판에서 도저히 싸워갈 수 없을 것 같았다. 당시의 송신도 할머니에게 그런 각오가 준비되어 있다고는 생각할 수 없었다. 하지만 "하고 싶었지만, 지금까지 상담할 곳이 없었어"라고 말하는 송 할머니에게 우리가 재판을 하지 않는 것이 좋겠다고 말할 수도 없었다.

그로부터 두 달이 지났다. 반복되는 대화가 이어졌다. 아무리 말을 해도 송신도 할머니가 재판을 하고 싶은 이유, 하고 싶지 않은 이유가 바뀔 리가 없었다.

10월 '위안부 110번' 실행위원회는 도쿄에 송신도 할머니를 모시고 비공개로 재판에 관한 생각 등을 듣기로 했다. 이때 처음으로 많은 사람들 앞에서 '위안부' 경험을 이야기한 송신도 할머니는 재판을 하겠습니다는 말을 남기고 미야기현으로 돌아갔다. 하지만 돌아간 후에 또다시 '한다, 안 한다'를 반복했다.

12월 '재일조선인 위안부가 제소'라는 기사가 마이니치 신문에 실렸다. 정보가 새어 나간 것이다. 이 기사를 부정할 것인가, 인정할 것인가. 어떤 형태로든 발표를 해야 하는 상황에 꼼짝없이 내몰렸다. 결론을 낼 수밖에 없게 됐다는 우리들의 설명에 송신도 할머니가 내린 결론은 '한다'였다.

우리와 만난 8월 이후로 어떤 변화가 있었던 것은 아니다. 결심을 굳히지 못한 채, 잠자코 있기에는 억울하다는 생각이 그 순간 더 컸던 것에 불과했다. 우리들은 송신도 할머니가 전후 일본에서 살면서 흘린 눈물을 닦아 주고, 술을 마시고 난동을 피우며 풀려고 했던 억울함을 풀어 줄 수 있을 때까지 함께 싸워 갈 것을 굳게 다짐했다.

이리하여 다음 해인 1993년 1월 23일, '재일 위안부 재판을 지원하는 모임'을 결성했다. 대표와 사무실, 그리고 상근자를 두지 않는다는 '3무 원칙'에 따라 결성한 모임은 모든 일을 '담당자'와 '팀'이 그때그때 일을 맡아서 진행하는 방식을 고수했다. 회계, 회보, 언론, 재판, 타 단체 교섭, 송신도 할머니 담당, 그 밖에 베이징 여성회의 대책팀, '소리 없는 만가' 도쿄 공연팀 등 상황에 맞춰 팀을 짜는 방식이었다. 그리고 지원모임이 4월 5일

진행할 제소를 위해 가장 먼저 추진한 일은 변호인단과 함께 소송장을 작성하는 것이었다. 법적 주장은 당연히 변호인단에 일임했지만, 위안소 제도와 송신도 할머니가 입은 피해에 대해서는 지원모임의 회원들이 작성했다. 나는 '재판 담당'을 맡았고, 매월 진행되는 변호인단 회의에 참석하고 회의 상황을 지원모임에 보고했다.

은급恩給 금액을 계산해서 청구액을 결정하다

청구 취지를 둘러싼 토론으로 시작된 송신도 할머니의 재판은 그 후로도 배상 청구에 관한 논의가 1년 정도 계속되었다.

제2회 구두변론 이후, 재판소는 배상청구를 할 것을 여러 차례 요구해 왔다. 처음에는 완곡하게, 그러다 제5회 구두변론에 이르러서는 "사죄청구만으로는 재판을 할 수 없다"라는 입장을 명확히 밝혔다. 이로 인해 사무국과 변호인단의 끝없는 논의의 제2막이 시작되었다.

'배상청구를 하지 않고 더 이상 소송을 유지하기는 어렵다.'

'사죄를 요구하는 송신도 할머니의 의사는 충분히 주장할 수 있었다.'

이렇게 결론을 짓고 새롭게 배상청구를 추가하기로 결정하기까지는 논의가 무난히 진행되었다. 하지만 문제는 금액을 얼마로 할 것인가였다.

처음부터 청구 취지란에 구체적인 청구액을 명시하지 않는다는 방침은 사죄를 요구하는 송신도 할머니의 의사를 강하게 주장하기 위한 것이었다. 하지만, 한편으로 할머니가 당한 피해가 너무나 막대하여 도저히 돈으로 환산할 수 없다는 생각에서 비롯된 것이기도 했다. 그러니 막상 배상청구를 하더라도 금액을 결정하기 어렵다는 점에는 변함이 없었다.

일단 와타나베 변호사가 송신도 할머니가 입은 피해 보상액을 굳이 따져 계산해 보았다. 그 금액은 무려 767억 5893만 7500엔●이나 되었다.

이중 일부를 선불금으로 청구하기로 했다. 그런데 이번에는 선불금을 얼마로 할 것인가 하는 논의로 이어졌다. 이것도 의미 없는 액수로 정할 수는 없었다. 사무국 회원 중 한 명이 "가해 군인이 전후에 받아 온 금액보다 적으면 이상하지 않아?"라고 한 말이 계기가 되어, A급 전범들의 은급액을 계산하기로 했다. 피해자인 송신도 할머니가 받아야 하는 보상액은 가해자인 군인이 전후에 일본 정부로부터 받아 온 은급액보다 많아야 한

● 1. 다수의 강간을 당하며 성적 자유를 침해당한 성적 노예가 되어 입은 손해 — 776억 5000만 엔(300만 엔×10회×365일×7년)
2. 신체의 자유를 박탈당한 손해 — 3193만 7500만 엔(1만 2500엔×365일×7년)
3. 전쟁터에 동행을 강요받고, 보초를 서는 등의 행위를 강요받으며, 생명의 위협에 노출된 손해 — 2000만 엔
4. 낙태를 하는 상황에 내몰린 손해·출신힌 깃닌아기를 나른 사람에게 쉬야하는 상황에 내몰린 손해 — 1000만 엔
5. 상해를 입은 손해(옆구리·대퇴부의 자상·난청 등) — 5000만 엔
6. 문신이 새겨진 손해 — 1000만 엔
7. 자국 언어 사용을 금지하여 인격권을 침해당한 손해 — 1000만 엔
8. 침해 상태의 지속으로 인한 손해의 증대(전후의 부당한 대응) — 1200만 엔
9. 명예훼손(전후, 일본 정부의 허위 발언 — 예를 들어, '종군위안부는 민간업자가 데리고 다녔다' 등 — 으로 명예가 훼손됨) —1000만 엔

다는 생각이었다. 그래서 도조 히데키, 마쓰이 이와네, 하타 슌로쿠 등 A급 전범이 지금까지 살아있었다면 받았을 것으로 예상되는 은급액을 계산하기로 했다. 이 작업은 하루아침에 해 낼 수 없는 수렁 속에 발을 담그는 일이었다. 이 수렁의 내막은 제쳐 두고, 도조 1억 500만 엔, 마쓰이와 하타 각각 1억 1200만 엔이라는 금액이 나왔다.

그러나 제6회 구두변론(1995년 1월 27일) 때, 이 청구액(1억 2000만 엔)을 확인한 재판소가 소송구조(소송비용 — 원고가 청구액 따라 재판 서면에 붙이는 인지대 등 — 의 지급을 일시적으로 유예하는 것)에 대한 판단을 내리지 않아서 이 내용을 진술할 수 없었다. 재판관은 암묵적으로 이는 승산이 없는 재판이며, 청구액이 너무 많다는 견해를 드러낸 것이었다.

파란의 제2막이 본격적으로 시작된 것은 이때부터였다. 청구액을 2000만 엔 정도로 낮출 것인가, 아니면 인지를 붙여서라도 이 청구액을 관철할 것인가를 둘러싼 논의가 시작된 것이다. 재판소에 소송비용을 내야 하는 사건이 아니지 않느냐는 의견과 의미 없는 청구액으로 낮출 수는 없다는 의견이 정면으로 부딪혔다.

제7회 구두변론까지 결론을 내야 했다. 논의는 반전에 반전을 거듭했다. 결국 지원모임이 인지대 약 47만 엔을 내고서라도 청구액을 낮추지는 않는다는 결론을 내릴 때까지의 경위는 굳이 쓰지 않는다. 모임의 대표를 정하지 않고, 모든 것을 합의에 의해 결정해 온 지원모임의 결정 방식은 언제나 많은 시간이 걸린다. 이 결론을 "군인은 은급 받으면서 떵떵거리는데, 나는 생활보호를 받는다느니 세금으로 먹고 산다느니 하며 무시당하고 사는게 그게 너무 분해"라고 호소해 온 송신도 할머니의 심정을 반영하는 것이라고 우리들은 생각했다. 이렇게 배상청구 문제가 일단락 되고, 아이타니 구니오 변호사, 나카시타 유코 변호사 등을 중심으로 꼼꼼하게 준비해 온 법적 주장을 다시금 정리했다. 그리고 제12회 구두변론에서 드디어 당사자신문을 하게 되었다.

봉인된 기억— 당사자신문에서도 밝혀지지 않은 어둠

1996년 11월 1일 당사자신문 당일, 도쿄지방재판소 앞에는 150여 명의 방청 희망자가 줄지어 서 있었다. 오후 1시 30분 개정과 함께 선서를 하는 송신도 할머니의 뒷모습은 긴장감으로 굳어 있었다.

"나 실은 무서웠어."

나중에 할머니가 말한 것처럼, 그때의 정신적인 압박은 3시간이나 되는 긴 시간 동안 증언대에서 증언을 계속해야 하는 육체적인 고통을 뛰어넘는 것이었으리라. 하지만 송신도 할머니는 그런 속마음을 들키지 않으려고, 혹은 스스로 떨쳐내려는 듯이 담담하면서도 약간은 난폭한 어투로 증언을 이어갔다. 이는 항상 강해 보이려는 할머니의 모습이었다. 그런 할머니의 어투가 흔들리고, 눈물을 글썽인 순간은 역시 아이에 대한 이야기를 할 때였다. 무창에서 한구로 옮겨 가서 아이를 낳으며 어머니의 마음을 알았지만, 어떻게 해야 할지도 모르고 젖은 불어서 서글픈 마음은 들었다고 한다. 하지만 다른 사람에게 아이를 맡길 수밖에 없었다는 송신도 할머니는 "자식이 있는 사람, 손자가 있는 사람을 보면, 생각나고 부러워", "중국 잔류 일본인이 일본에 올 때마다 혹시 내 아이가 있지는 않을까 생각하지만 얼굴도 모른다"고 말하며 목소리가 떨린다.

나는 당사자신문을 준비하기 위해 오자와 히로코 변호사, 와타나베 도모코 변호사와 함께 송신도 할머니 댁을 찾아갔다. 그때 할머니의 마음속 깊은 상처를 다시 한번 알게 되었다. 재판 진행이 지지부진하다며 속을 태우고 법정에서 본인의 심정을 직접 이야기하고 싶다고 말해 온 할머니였지만, 막상 당사자신문이 시작되자 "재판을 그만두고 싶다"라는 말을 반복했다.

초경도 시작하지 않았던 어린 나이에 속아서 위안소에 끌려가 처음 군인으로부터 피해를 당했을 때의 이야기를 물으면, 화제를 돌리거나 잊어버렸다고 하다가 결국에는 화를 냈다.

"이렇다 저렇다 시끄러워! 그런 말을 할 거면 재판 따위 관둬!"

그래도 말씀하셔야 한다고 변호사가 끈질기게 질문을 하면, 할머니의 눈은 순간 허공을 헤매다가 무언가를 생각해 내려는 듯 하지만, 잠시 후 갑자기 오열과 함께 애원하기 시작했다.

"부탁이야. 더 이상 묻지 말아 줘. 부탁이야. 좀 봐줘. 봐 달라고……"

아직도 밝힐 수 없는, 말로 표현할 수 없는 기억이 송신도 할머니의 가슴속 깊이 묻혀 있었다. 몇 번을 그렇게 느꼈는지 알 수 없다. 하지만 그것이 '말할 수 없는' 기억인지, 혹은 기억 자체가 봉인되어 있는 것인지 좀처럼 알 수 없었다. 하지만 나는 그때 그것이 후자라고 확신했다.

근처 다른 위안소에서 자살한 여자, 군인과 동반자살한 여자, 저항하다가 살해당한 여자들의 이야기를 하면서 "죽기만은 싫었다", "내 목숨은 더러우니까"라고 말하는 송신도 할머니. 목숨을 지키기 위해서는 '위안' 행위에 대한 혐오감과 거부감, 굴욕감을 모두 없애야 했던 상황에서 송신도 할머니는 목숨을 선택한 것이 아니었을까. 위안소에서 살아남기 위해 제거해 버린 기억은 아직도 꺼내지 못한 채 그대로 봉인되어 있었다.

재판에서 싸우는 수밖에 없다
— 아시아여성기금에 대한 반응

당사자신문 준비를 위해 변호사들과 함께 송신도 할머니의 집을 방문했던 1996년 8월 14일 아침, 지원모임의 사무국 회원이 할머니 집으로 전화를 걸어왔다.

"정말로 하시모토가 직접 쓴 거야?"

송신도 할머니의 날카로운 목소리가 들려왔다.

'여성을 위한 아시아평화 국민기금'(이하, '국민기금')은 1995년 7월 19일에 발족하고, 같은 해 8월 15일에 모금활동을 시작했다. 그리고 1996년 8월 14일 필리핀 피해자에 대한 지급이 시작됐다. 그때 하시모토 수상이 자신의 이름으로 '사죄의 편지'를 첨부했다. 할머니가 그 내용을 사무국 회원에게 전해 들은 것이다. 지원모임은 국민기금에 의한 해결은 일본 정부의 책임을 애매하게 만드는 것이라고 반대했지만, 국민기금으로부터 전해지는 정보는 할머니에게 있는 그대로 전하는 것을 원칙으로 하고 있었다.

"말도 안 돼. 그런 말이 하시모토의 입에서 나왔을 리가 없어. 그럴듯한 말로 '위안부'였던 인간들을 속이려는 것 아니야. 장난하는 것도 아니고! 정말 사죄할 마음이 있다면, 한 사람 한 사람 찾아가야지. 여기까지 오라고 해! 정말 진심으로 잘못했다고 생각한다면 보상을 해야 할 것이 아니야? 민간 모금으로 적당히 고개 숙이는 꼴이지. 이런 방식은. 믿을 수 없어. 세 살짜리 어린 애라면 믿을지 몰라도, 난 안 믿어! 자네는 어떻게 생각해? 어떻게 대처하고 있는 거야?"

전화를 건 사무국 회원이 오히려 송신도 할머니에게 자신의 입장을 설명해야 하는 상황에 놓이고 말았다.

"……"

"당연하잖아. 너 말 한번 잘했다. 당연하잖아. 억만금을 뿌린다고 한들 과거의 상처는 지워지지 않아!"

"……"

"흥분하지! 네가 '위안부'가 되었어도 똑같이 괴로워하겠지!"

"……"

"안돼! 보상하라고! 민간 모금으로는 용서 못해! 나쁜 짓을 했으면 보상을 해야지. 그걸 잘 모른다면, 재판해서 싸워야지! 재판해서 싸울 수밖에 없어!"

이 전화가 걸려오기 직전에 송신도 할머니는 "이렇게 집요하게 할 거면 재판 같은 건 그만 둬. 꼬치꼬치 캐묻는 거 귀찮다고!"라면서, 짜증을 내고 있었다.

그런 상황에 들려온 '사죄 편지' 소식에 재판을 해서 싸울 수밖에 없다고 소리치는 송신도 할머니. 그렇게 괴로운 재판, 고통스러운 증언을 하면서까지 싸워야 할 상대가 있다는 것을 우습게도 그 편지가 다시 상기시켜준 것이었다.

수상의 편지 내용이 공표되기 전날 밤, '국민기금'을 필리핀에 먼저 지급하기로 결정했다는 뉴스가 송신도 할머니 집에도 전해졌다. 말없이 브라운관을 바라보고 있던 할머니가 우리를 향해 이렇게 말했다.

"민간 모금이든 뭐든 좋잖아. 받아라, 받으라고 하는 놈이 여기도 있을 거야."

제소 이후 송신도 할머니는 주변 사람들에게 갖가지 '충고'를 들었다. "나라에서 보호를 받고 사는 주제에 나라를 상대로 재판을 하다니, 말도 안 돼!", "지원모임에 속고 있는 거야", "변호사들은 전부 돈을 노리는 거야."라는 등. 그리고 '국민기금' 발족과 함께 그 내용은 자연스럽게 '기금'으로 수렴되어 갔다. "돈은 받았어?"라며 슬쩍 떠보거나 보도 내용을 상세히 설명하면서 받아라 말아라 '충고'를 해 대는 것이었다.

일본에서 산 지 50년. 일본인을 보아 왔고, 그 일본인들이 자신을 어떻게 보는지 끊임없이 의식해 온 송신도 할머니에게는 결코 무시할 수 없는 말들이었다. 그런 일본인들의 시선과 풀리지 않는 깊은 분노와 반복되는 어울한 사이를 오가며 할머니는 괴로워했다. 국민기금은 피해자들을 갈라놓을 뿐만 아니라 피해자 한 사람의 내면에도 분열을 초래했다. 싸움을 계속해도, 싸움을 그만둬도 당장 평안이 찾아올 거라고는 생각할 수 없었다. 그런 불합리한 선택지에 대한 결단을 강요받았다. 싸움을 이어 간다고 해도 반드시 이길 수 있다는 전망이 보이지 않을 정도로 완고한 일본 정부. 싸움을 포기하면 조금이라도 편해지지 않을까 마음이 흔들렸다. 하지만 여전히 지울 수 없는 분노와 억울함은 어떻게 해도 떨쳐버릴 수 없었다. 내면에서 메아리치는 서로 다른 목소리에 귀를 기울이며 송신도 할머니는 비명을 질렀다.

"재판만 하지 않았다면, 이렇게는 안됐지!"

기금을 둘러싼 잡음과 어떻게든 밝히고 싶지 않은 증언을 해야 하는 상황에서 인상을 쓰며 위가 아프다고 호소하는 송신도 할머니를 앞에 두고 마음이 무거웠다. 이 싸움에서 해방시켜 드리고 싶다. 그렇게 생각할 정도로 마음이 아팠다. 하지만 진정한 해방은 이 싸움에서 할머니가 바라는 결과를 얻어내는 것 외에는 없다고 생각했다. 왜냐하면, 그것은 송신도 할머니 자신이 시작할 수밖에 없었던 싸움이었기 때문이다. 우리들을 만나기 훨씬 전부터 의식했든 안 했든 송신도 할머니는 이미 홀로 싸우고 있었다.

부조리에 대한 분노의 힘으로 살아왔다

송신도 할머니는 자신이 '위안부'가 되었다는 사실을 누구에게도 이야기한 적이 없다고 했다. 그런데 그 사실을 사람들은 알게 됐고, 우리에게까지 정보가 들어왔다. 이 사실 자체가 오랜 세월에 걸친 송신도 할머니의 고독한 싸움을 보여주는 것이다.

1970년경 생활보호 수급 신청을 하면서 옥신각신하던 중에 "나는 중국까지 가서 훌륭하게 싸우고 온 여자야!"라고 소리치며 난동을 부리자, 곤란했던 면사무소 직원이 민단(재일본대한민국민단)에 연락을 한 적이 있었다. 이를 계기로 송신도 할머니의 과거를 알게 된 민단의 임원이 20여 년이 지난 후에 '위안부 110번'에 할머니의 정보를 알려 온 것이다.

'중국에서 나라를 위해 열심히 싸우고 온 여자'라는 말은 이때 처음 한 것은 아니었다. 차별을 당할 때마다 송신도 할머니가 외치는 그 말을 듣고 전쟁터에서 돌아온 남자들은 바로 그 말의 의미를 알았을 것이다. 남편에게 그 말의 의미를 들은 여자들이 그 사실을 화젯거리로 수군대는 현장을 목격하고는 송신도 할머니는 또다시 분노로 날뛰었다. 우리와 만날 때까지 오랜 세월 송신도 할머니의 주변에서는 이런 풍경이 자주 벌어졌다고 한다. 재판을 시작하고 5년 정도 지났을 때 할머니가 사는 지역의 택시 운전사가 이런 말을 했다.

"저 사람 많이 변했네. 전에는 마주치기만 해도 갑자기 손찌검을 했었는데."

할머니의 폭력성을 나타내는 이 말은 오히려 할머니가 얼마나 심각한 폭력 속에서 살아왔는지를 말해주고 있었다. 조선인에 배운 것 없고, 가난하고 '위안부'였던 여자. 그런 여자가 반복해서 내뱉는 말이 멸시와 차별로 무장한 인간들에게 가닿을 리 없었다. '무시'라고 하는 폭력. 이 세상의 부조리를 날카롭게 찌르는 진실이 담긴 말이 무시당했을 때 송신도 할머니는 '느닷없는 폭력'으로 그 분노를 표현할 수밖에 없었던 것이다.

소리를 지르고, 난동을 부려도, 아무런 응답도 없는 허무한 싸움을 송신도 할머니는 홀로 해 왔던 것이었다. 왜 그랬을까. 아마도 싸우지 않고는 견딜 수 없었기 때문일 것이다. 어째서 일본의 전쟁에 조선인을 끌어들였는가, '나라를 위해서' 일본인과 똑같이 싸웠는데 어째서 군인은 은급을 받으며 떵떵거리고, 자신은 생활보호를 받으며 사람들한테 무시 당해야 하는가, 어째서 자식도 없이 불안한 노후에 떨어야만 하는가……

그런 모든 부조리에 대한 분노가 송신도 할머니를 고독한 싸움으로 내몰았고, 지금 또다시 "재판해서 싸울 수밖에 없다"며 할머니를 떠밀고 있다. 반세기가 넘는 세월 동안 할머니의 삶 그 자체였던 이 분노를 할머니 스스로 정리할 수 있는 장소를 찾을 수 있을 때까지, 홀로 시작한 할머니의 싸움은 또다시 혼자가 될지언정 끝낼 수는 없다고 생각했다.

1997년 3월 7일, 두 번째 당사자신문(제13회 구두변론)에서는 전후 일본에서 송신도 할머니가 당했던 수많은 차별이 분명히 드러났다. 법적, 사회적 구조에 대해 김경득 변호사의 상세한 설명을 들은 송신도 할머니는 "지금까지도 차별받는다고 생각은 했지만, 그것이 어떤 것인지 잘 몰랐어. 그런데 오늘 분명히 알았어. 지금까지 이렇게 말해 준 사람은 없었거든"이라고 말하며 눈을 번뜩였다.

'나라를 위해서'라며 전쟁터에 끌려갔지만 군인들처럼 은급을 받을 수 있는 것도 아니고, 귀환자 급부금도 받을 수 없으며, 연금도 받을 수 없었다. 건강보험도 가입할 수 없었다. 재일조선인 하재은 씨는 학력은 있었지만, 직업이 없었다. 생활보호를 받으면 차가운 눈총을 받았다. 그 이유는 무엇인가. 명확한 이유도 모른 채 면사무소에 가서 난동을 피우거나 싸우다 상대를 때리고, 부조리에 대한 분노를 제대로 말로 표현할 수 없는 답답함을 온몸으로 부딪힐 수밖에 없었던 송신도 할머니. 그런 할머니와 우리들이 만나 이 재판이 시작되었다.

"다시는 전쟁은 안돼."

당사자신문 마지막에 재판에서 바라는 것을 묻는 질문에 송신도 할머니는 이렇게 답했다. 방청석에서는 박수갈채가 쏟아졌다. 판사의 제지에도 멈출 줄 모르는 박수를 받으며 송신도 할머니는 증언대를 떠났다.

'이건 니들의 문제다'

1998년 4월, 나에게 운동의 자세를 다시 한번 생각하게 하는 잊을 수 없는 사건이 일어났다. 증언 집회를 위해 상경한 할머니를 둘러싸고 항상 그렇듯이 생활에 불편함은 없는지, 앞으로 재판을 어떻게 해 갈 것인지 등에 대해 할머니의 의사를 물어보고 있을 때였다. 국민기금과 재판에 대해 필요한 정보를 전달한 다음에 어떻게 대처해야 할지 할머니의 의사를 집요하게 물어보는 우리들을 향해 할머니는 이렇게 말했다.

"나는 어느 쪽이든, 총알 속에서 살아온 인간이라 무서울 것은 아무것도 없어. 너희들이 지원모임 시작해서, 힘드니까 적당히 그만두지 않을 배짱이 있으면 나는 계속할 것이고, 그만두고 싶다면 재판도 그만두면 되는 거야. 이건 너희들의 문제야."

그때까지 우리들은 할머니의 의사를 가장 존중한다는 의미에서 일이 있을 때마다 할머니의 의사를 먼저 물어보는 방식을 취해 왔다. 이는 자기결정권을 송두리째 박탈당해 온 할머니에게 자신의 일은 스스로 결정해도 된다는 것을 전하고 싶은 마음과 함께 운동이 당사자를 대신하면 안 된다는 생각에서였다. 그런데 그것이 실은 책임회피로 이어졌던 것은 아니었는지, 나는 이날 처음 깨닫게 되었다.

제소한 지 5년, "너희들을 만나는 바람에 내가 이 꼴이 됐어", "재판 따위를 하니까 이렇게 됐어"라는 말을 들을 때마다 그렇게 말할 수밖에 없는 송신도 할머니를 그대로 이해해야 한다고 생각하면서도 마음은 몹시 힘들었다. 그런 마음이 '자신의 일이니까 스스로 결정하세요'라는 식으로 말하게 한 것이 아니었을까.

하지만 할머니의 말씀처럼, 재판은 원고인 송신도 할머니 본인 혼자만의 문제는 아니었다. 운동을 하는 우리도 적극적으로 책임을 져야 할 각오가 요구된다는 것은 두말할 필요도 없었다. 그것은 당사자의 의사를 존중하는 것과 조금도 모순되지 않는다. 송신도 할머니는 책임회피를 노리는 우리들의 마음속을 날카롭게 꿰뚫어 보고 있었던 것이다. 한편, 지원모임을 제일 신뢰하고 있다는 말을 처음 들을 수 있었던 것도 바로 이날이었다.

"나도 고생하며 살아온 사람이라, 사람 속마음을 잘 몰라. 사람 마음은 한 치 앞도 알 수 없으니까. 지원모임 사람들한테도 이런저런 의심을 품으면서 지금까지 해 왔지. 그런데 여기까지 와 보니까 다들 즐거워하고, 나도 너무너무 기뻐. 재판하길 잘했어!"

할머니의 깊은 의구심에 속상했던 적이 한두 번이 아니었던 우리에게 이 말은 지난 5년 동안 너무도 기다리고 기다리던 말이었다. 속아서 위안소에 끌려갔고, 속아서 일본으로 오게 된, 다른 사람과의 신뢰 관계를 회복하지도 못한 채 전후 일본에서 살아온 송신도 할머니가 실은 속기만 해온 자기 자신을 신뢰하지 못하고 있다는 것을 우리는 인식하기 시작했다. 그리고 타인과 신뢰 관계를 형성하는 과정을 통해 자신에 대한 신뢰를 회복할 수 있을 것이라고 처음 느끼기 시작했다.

"너희들이랑 알게 되고 나도 조금은 인간다워졌어. 완전히 묵은 때가 벗겨진 할망구가 되어버렸어."

농담처럼 하는 그 말속에 할머니 자신도 또한 자신의 변화를 느끼고 있다는 것을 알 수 있었다. 그날 나는 운동을 해오길 잘했다는 기쁨과 보다 적극적인 자세로 운동에 임해야 한다는 책임감을 함께 느꼈다. 동시에 할머니의 피해 회복의 길이 서서히 열리기 시작했다는 것을 느꼈다.

마음속 응어리를 씻어준 한국 방문

송신도 할머니의 마음의 상처는 깊고, 복잡하다.

제소한지 얼마 지나지 않은 어느 날, 한국과 필리핀의 '위안부' 피해 할머니들과 함께 기자회견을 한 할머니는 한국에서 오신 할머니들에게 이런 말을 한 적이 있다.

"여기는 일본이니까 그런 이상한 차림(흰 소복) 하고 오지 말고, 일본에 올 때는 양장 정도는 준비해 와야지."

그리고 이런 말까지 덧붙였다.

"여기는 일본이니까, 일본어 정도는 알고 와야지. 조선어는 안 통하니까."

하지만 그 후에 전개된 광경을 보고, 나는 송신도 할머니의 피해의 깊이를 새삼 느끼지 않을 수 없었다. 평소 조선말은 잊어버렸다면서 한국어로 말을 걸어도 절대로 답하지 않던 할머니가 한국에서 오신 할머니들의 증언이 통역되기도 전에 몇 번이나 눈물을 훔치는 것이었다. 흰 소복을 입은 할머니들도 일본어로 말하는 송신도 할머니의 증언을 통역 없이 알아듣고 눈물을 흘렸다.

해방 후, 모국으로 돌아간 할머니들이 인간적 존엄을 회복할 수는 없었다고 하더라도 민족성 회복은 가능했던 것에 반해, 일본으로 건너 온 송신도 할머니는 위안소에서 부정당했던 민족성을 계속해서 멸시당해 왔고, 그것이 내면화되어 모국에 대한 굴절된 생각을 갖고 살아왔던 것이다.

그런 송신도 할머니가 한국에 가고 싶다고 말하기 시작한 것은 언제부터였을까. 1998년 9월, 17년 전에 가 본 적이 있다고 하는 할머니의 고향을 우리와 함께 방문하기로 했다.

한국 방문의 가장 큰 목적은 연락이 두절된 여동생을 만나는 것이었다. 할머니는 동생이 사는 집을 찾고, 재회를 간절히 바랬던 동생과 하룻밤을 보냈다. 그런데 다음날이 되자 우리에게 어서 돌아가자고 채근한 것이다. 50년 전에 왜 갑자기 자취를 감췄는지 그 이유를 동생에게 말하지 못한 채, 할머니는 반세기가 넘는 공백을 메우기 어렵다는 것을 깨달았는지 모른다. 그런데 "왜 내가 그런 곳에 가야 하느냐"라며 그렇게 싫어했던 '나눔의 집' 방문은 송신도 할머니에게 새로운 변화를 가져다주었다. 같은 경험을 했던 할머니들과는 하룻밤 사이에 마음이 통했던 것일까? 큰 환영을 받으며, 밤이 새도록 할머니들과 이야기를 나누고, 노래하고 춤을 추던 송신도 할머니는 다른 할머니들과 헤어지기를 아쉬워하며 나눔의 집에서 살고 싶다고까지 말했다. 김순덕 할머니가 입혀 준 한복을 입고 밝게 웃는 모습을 보인 송신도 할머니는 그 한복을 가지고 가겠다고 억지를 부려 김 할머니를 곤란하게 했다.

경기도 광주에 있는 나눔의 집에서 돌아오던 길에 우리들은 천안에 있는 '망향의 동산'을 찾았다. '망향의 동산'은 해외에서 돌아가신 연고가 없는 동포를 위해 한국 정부가 만든 공동묘지다. 원래는 해외 동포만을 대상으로 했지만, 김학순 할머니가 돌아가셨을 때(1997년 12월) 한국 정부의 배려로 김학순 할머니의 묘지가 세워졌다. 김학순 할머니를 그리워했던 송신도 할머니를 이곳에 데려간 것은 김 할머니의 성묘만이 목적이 아니었다.

한국에 묻어 달라는 말을 남기고 1982년에 돌아가신 하재은 씨의 묘지를 세우는 것이 송신도 할머니의 오래된 소원이었다. "영감의 묘지를 만들어 주지 못한 것이 너무도 한심해"라는 말을 입버릇처럼 해 온 할머니에게 우리들은 '망향의 동산'을 보여주고 싶었던 것이다. 그곳이 한눈에 마음에 들었던 할머니는 일본으로 돌아온 후 하재은 씨의 묘지를 하루라도 빨리 만들고 싶다는 말을 자주 했다.

이듬해 3월, 다시 한번 한국에 가서 '망향의 동산'에 하재은 씨의 묘지를 만들고 싶고, 그리고 나눔의 집에도 가고 싶다는 할머니의 소원을 들어주기 위해 우리는 두 번째 한국행을 떠났다. '망향의 동산'에 하재은 씨의 유골을 묻은 할머니는 안도하는 얼굴로 지원모임에 몇 번이고 고맙다고 말했다. 그리고 나눔의 집으로 가서 그리워했던 할머니들과 재회한 송신도 할머니는 일본과 한국 노래를 번갈아 부르며 춤을 추고, 진심으로 웃고, 한없이 눈물을 흘렸다. 자신의 피해를 이야기할 때도 거의 울지 않던 할머니가 눈물과 함께 마음속 응어리를 씻어내는 것 같았다. 할머니의 두 번째 한국 방문 직전인 2월, 6년 동안 이어져온 도쿄지방재판소의 심리가 결심을 맞이하고 있었다.

성의 있는 판결을 — 지방재판소 결심

1999년 2월 19일 오전 10시 반 결심 당일. 도쿄지방재판소 앞에는 143명의 방청 희망자가 줄을 서 있었고, 기자석을 포함한 97석의 대법정 좌석이 방청객으로 가득 찼다.

오전 11시 개정. 다섯 명의 변호사가 순서대로 일어나 각자가 담당한 부분의 최종 준비서면을 진술했다. 먼저 와타나베 도모코 변호사가 '위안부' 제도에 대해 진술한 후에 송신도 할머니가 위안소에서 입은 피해 내용에 대해 진술했다. 이어서 오자와 히로코 변호사가 피해의 일부인 PTSD(외상 후 스트레스 장애)에 대해 진술했다. 그리고 아이타니 구니오 변호사가 국제법 위반과 그 효과에 대해, '국제법을 위반한 국가에는 위반 행위의 결과로 발생한 책임을 해제할 의무가 발생한다. 이 책임 해제는 손해의 회복을 위한 것이며, 손해에는 국가의 직접적 손해뿐만 아니라, 개개인의 국민이 입은 손해도 포함된다. 책임 해제를 위해서는 개개인 피해자를 만족시켜야 한다. 그리고 이 책임 해제 의무는 책임을 다할 때까지는 해제되지 않는다'라는 핵심 내용을 진술했다. 그리고 오자와 변호사도 또 다른 법적 주장의 핵심인 국내법에 기반한 청구에 대하여 어디까지나 국제법 상의 책임 해제 의무에 준하여 국내법을 국제법에 합치하도록 해석해야 한다고 주장했다. 다시 말해, 국제법상의 의무는 시간의 경과에 따라 자연히 해제되는 것이 아니기 때문에 시효·제척 기간에 따른 소멸은 있을 수 없으며, 또한 국제 사회에 대한 국제법 상의 의무가 발생하고 있기 때문에 국가무답책(역자주_일본 헌법 제정 이전에 발생한, 국가의 권력 행사에 의한 개인의 손해에 대해 국가는 배상책임을 지지 않는다는 원칙)을 주장하는 것도 허용할 수 없다고 지적했다. 그리고 국가배상법 1조 1항에 근거한 손해배상 청구에 대해서도 명예훼손, 책임자불처벌, 입법부작위에 대한 주장을 정리해 진술했다. 이어서 김경득 변호사가 일본의 전쟁희생자원호(역자주_군사상 또는 임무수행 중에 피해를 당한 자에 대해 도움을 주는 것)의 구조에 대해 내외 격차를 중심으로 진술을 하자 방청석에서는 박수가 터져 나왔다.

마지막으로 나카시타 유코 변호사는 서면의 모두 부분인 본건 재판의 의의, 본건 재판의 배경, 일본의 대응과 국제사회의 우려 등에 대해 정리하고, 서면의 결론 부분에서 외국의 전후 보상 사례, 사법부에 요구되는 역할 등을 정리하여 진술했다. 그리고 나카시타 변호사는 판사에게 성을 짓밟힌 어린 소녀의 심정을 깊이 헤아려 주고, 일본이 성숙한 국가라는 것을 보여주는 판결을 내려 줄 것을 간절히 바란다는 진술을 마쳤다. 방청석에서는 다시 한번 박수갈채가 쏟아졌다.

그리고 드디어 송신도 할머니의 최종 의견 진술이 시작됐다.

"나쁜 행동을 하면 안 돼. 열 손가락 깨물어 안 아픈 손가락은 없으니까. 하나라도 깨물면 전부가 아픈 법이지요. 이 전쟁 때문에 자살하거나 할복해서 죽는 사람을 많이 봤어요. 전쟁은 절대로 안 돼요. 본인 눈으로 직접 보면 다 그렇게 생각할 겁니다. 남의 일이 아니에요. 판사님, 판사님의 얼굴을 보니 기쁘기도 합니다. 판사님을 만나기를 솔직히 기대했어요. 하지만 혼자 고민해도 어쩔 도리가 없으니까 전부 판사님한테 말하고 죽으려고 눈물을 삼키며 왔습니다. 판사님도 부디 피와 눈물이 있다면 나라에 제대로 하라는 판결을 내려 주세요. 오늘도 말단 국회의원이 와 있지만(방청하러 온 오카자키 토미코 의원을 가리킴), 국회의원이 제대로 일을 안 하니까 판사님들께도 폐를 끼치지 않습니까. 부디 성의 있는 판결을 내려 주세요. 부탁드립니다. 송신도는 이것으로 말을 마치겠습니다."

이날 가장 뜨거운 박수가 일어난 것은 바로 이때였다. 판사는 세 차례의 박수에 조금 당황스러운 표정을 지으면서도 한 번도 제지하지 않았다. 송신도 할머니의 의견 진술과 방청객의 공감이 재판정을 압도한 순간이었다.

우리들은 지난 6년 동안 변호인단과 함께 송신도 할머니가 입은 피해를 법정에서 밝히기 위해 많은 활동을 해 왔다. 후지와라 아키라(藤原彰, 전 히토츠바시대학교 교수), 요시미 요시아키(吉見義明, 당시 주오대학교 교수), 이가라시 마사히로(五十嵐正博, 당시 가나자와대학교 교수) 씨가 작성한 감정의견서를 재판소에 제출했고, 지원모임 회원들도 지원 운동을 하면서 느껴 온 송신도 할머니의 마음의 상처에 대한 진술서를 제출했다. 또한 전국의 많은 지원자들이 마음을 담은 서명 메시지를 모아 재판소에 제출하면서, 이 재판의 결과를 많은 사람들이 주목하고 있다는 것을 보여줬다.

할 수 있는 일은 모두 했다. 이제는 그날을 기다릴 뿐이다. 송신도 할머니도 우리도 첫 '판결'이었다.

투쟁의 결의를 새롭게 — 도쿄지방재판소의 판결

"원고의 청구를 모두 기각한다."

판결문의 주문만 짧게 읽고 퇴정하는 판사의 뒷모습을 향해 사람들은 소리를 질렀다. 1999년 10월 1일, 도쿄지방재판소는 송신도 할머니의 피해 사실을 인정하면서도 청구를 기각했다.

우리는 재판부에 다음과 같은 요구를 했다. 중대한 인권침해를 범한 국가는 피해자 개인의 피해 회복을 위해 노력해야 할 책임을 지며, 그 책임은 피해가 회복될 때까지 해제되지 않는다는 국제법의 원칙에 따라 우선, 이 문제가 인도에 반한 죄, 강제노동금지조약 등의 국제법을 위반했다는 것을 인정하고, 국내법을 국제법에 합치하도록 해석을 적용하여, 국가에 대해 송신도 할머니의 피해 회복 조치를 취하도록 명령하라는 것이었다. 그러나 나리타 기타루 판사는 국제법 위반 여부에 대한 판단은 제시하지 않은 채, 국제법은 국가 간의 권리와 의무를 정하는 것으로 '개인에 의한 국제법에 근거한 청구가 허용되는 것은 어디까지나 예외적인 경우'라는 기존의 판단을 반복했다. 그리고 민법에 근거한 청구에 대해서도 국가무답책, 제척기간의 경과를 이유로 받아들이지 않았다. 또한 입법부작위에 근거한 청구에 대해서도 '입법 재량상의 선택지 중 하나일 수 있다'면서도 '국가배상법상 위법이라고 할 수는 없다'고 했다. 재판부는 전후 50여 년 동안 아무런 피해 회복 조치도 하지 않은 채 피해자를 방치하고, 아직도 입법 조치를 취하지 않는 정부에 대해 제언을 하는 어떤 입장도 나타내지 않았다.

판결은 위안소를 군이 관리·통제하고, '위안부'들은 '사기 협박 등에 의해 본인들의 의사에 반하여 모집된 사례가 많다'는 등 위안소 제도에 관한 사실을 인정함과 동시에 송신도 할머니의 피해 사실에 대해서도 원고 측 주장을 그대로 인정했다. 그럼에도 불구하고 사실 인정이 결론에 전혀 반영되지 않은 것이다. '말로 다 할 수 없는 고통과 비참함이 동반되었을 것으로 추측된다'라고까지 말하면서, 그것을 현시점에서 어떻게 구제할 것인지에 대한 고뇌와 고민은 전혀 보이지 않는 너무나도 냉정한 판결인 것이다.

판결문 낭독 후 눈 깜짝할 사이에 퇴정한 판사의 뒷모습을 보고 송신도 할머니는 판결 내용을 이해하지 못하고 당혹스러워했다. 대기실에서 변호사들의 설명을 듣고 서서히 판결의 의미를 알게 되자 "안 되겠다. 난 이제 돌아가겠다"라며 가방을 들고 대기실을 뛰쳐나갔다. 필사적으로 붙잡는 우리들에게 송신도 할머니는 "집으로 돌아가면 이겼는지 졌는지 (이웃들이)시끄럽게 물어볼 텐데, 소송해서 결국 수치만 당했어. 더는 못 살겠다"라는 말만 반복했다. 부당한 판결이 내려진 지금, 가장 돌아가고 싶지 않은 곳으로 지금 당장 돌아가겠다고 우기는 할머니의 모순된 말은 어떻게 해야 할지 모르는 판결 후의 낙담과 분노, 그리고 혼란을 여실히 보여주는 것이었다.

할머니는 기자회견에서도 항소 가능성에 대한 질문을 받자 "도저히 더는 못하겠다"라고 그 자리에서 답했다. 그런데 재판소 밖에서 항의 구호를 외치며 기다리고 있던 많은 지원자들이 할머니를 에워싸자 할머니는 그만 손으로 얼굴을 가리고 말았다. 이는 할머니가 이날 처음으로, 그리고 딱 한 번 보인 눈물이었다.

그날 저녁 송신도 할머니는 보고 집회에 모인 200명이 넘는 사람들 앞에서 항소 의사를 분명히 했다. 이날 도쿄지방재판소 앞에 줄을 서 있었던 방청 희망자는 220여 명이었다. 6년 반 동안 자신의 투쟁을 지켜봐 온 수많은 사람들의 힘을 실감하고 나서야 할머니는 새롭게 싸울 결심을 굳힐 수 있었던 것이다.

이런 판결에 질쏘냐 — 고등재판소 판결

지방재판소 판결이 나온 지 불과 1년 후인 2000년 11월 30일, 도쿄고등재판소는 국제법상의 국가 책임이 발생함을 인정하고, 민법상 불법행위에 대해 책임질 여지가 있다고 인정하면서도 제척기간을 적용해 원고 측 청구를 기각했다.

진 재판, 괜찮아, 하지만.
아무리 진다 해도, 나는 녹슬지 않아.
이 자리에 모이신 손님분들 잘 들으시오.
두 번 다시 전쟁을 하지 마오, 아아아.
정치가라는 놈들아, 기억해 둬라.
얼씨구 좋구나

바보는 죽어야 낫는다.
도시코는 지금이라도 100년을 살아도,
내일 뒈져도 할 때는 한다.
돈이 없어도, 입을 옷이 없어도, 꾸밀 것이 없어도
할 때는 한다.
정치가 이 빌어먹을 놈들아.
얼씨구나 좋구나, 좋다

그날 밤, 도쿄 스이도바시에 있는 전수도全水道 회관에서 열린 보고 집회가 끝날 무렵 송신도 할머니가 서서히 마이크를 잡더니 즉석에서 부른 노래다. 이 노래는 집회에서 송신도 할머니가 한 발언의 의미를 보충하고도 남을 노래였다.

"져서 잘 됐어, 도리어 져서 잘 됐어. 내가 이겼다면 정치가 놈들이 반대로 소송을 걸어와서 이러쿵저러쿵 귀찮게 할 테니까, 오히려 바보가 돼서 돌아가는 게 낫지. 그러니까 여러분, 나는 이대로 바보가 되어서 돌아가도 되는데, 일본이라는 나라가 이렇게 바보 같은 짓을 해도 되는지 깊이 생각하지 않는다면 정말로 지나가던 개가 웃어요. 배꼽을 쥐고 웃어요. 이대로라면."

재판의 결과와 일본 정부에 대한 실망, 이런 판결에 질쏘냐, 무시당하고 가만히 있을쏘냐라는 송신도 할머니의 마음이 이 노래에 담겨 있었다. 훗날, 이 노래 가사의 의미를 묻자 할머니는 이렇게 말했다.

"화가 난 김에 부른 거야. 내가 만든 엉터리 노래지. 다들 슬퍼하니까, 내가 슬픈 얼굴을 하고 있으면 다들 더 슬퍼지잖아.

그러니까 재판에 졌어도, 마음은 지지 않았다고 부른 거지. 정말이야, 정말로 나는 지지 않았어."

고등재판소 판결을 누구보다도 냉정하게 받아들인 사람은 송신도 할머니였다. 지방재판소 판결 때는 앞뒤를 분간하지 못할 정도로 흥분하고, 소리치고, 화내고, 탄식했던 할머니가 이번에는 누구보다도 굳은 마음으로 고등재판소의 판결을 받아들이고 있었다. 판결이 나온 다음날도 할머니의 말과 말투는 다정하고 온화했다.

집회 중에 송신도 할머니보다 혼란스러웠던 우리들도 할머니가 부른 노래를 듣자 어깨의 힘이 풀리면서 이런 판결에 당황하는 것이 바보 같다는 마음이 들었다.

처음 만났을 때 결코 타인에게 곁을 내어주지 않으려는 듯 갑옷을 걸치고 있는 것처럼 보였던 송신도 할머니. '사람 마음은 한 치 앞도 모른다'며 지원모임에도 마음을 내어주지 않으려 했던 할머니가 자신의 억울함과 분노보다, 낙담한 사람들을 생각할 정도로 변해 있는 모습을 우리는 목격했다.

일본 국회가 '위안부' 문제를 심의하다
— '시모노세키 판결'의 성과

송신도 할머니의 지방재판소 판결이 나오기 1년 전인 1998년 4월, 야마구치 지방재판소 시모노세키지부는 '국회의원의 입법부작위'에 대해 '위안부' 원고 한 명 당 30만 엔의 손해배상을 할 것을 명하는 획기적인 '시모노세키 판결'(부산종군위안부·여자

정신대공식사죄 등 청구소송. 통칭, 관부 재판 1심 판결)을 내렸다. 일본군 성폭력 피해자 재판 중에서 가장 먼저 나온 판결이 전후보상 재판 역사상 최초의 승소 판결이었다. 이에 우리들은 큰 용기를 얻었고, 이 재판의 의미를 살려야 한다는 강한 책임감을 느꼈다. 이 판결을 계기로 일본군 성폭력 피해자 재판 지원 연락회 '시모노세키 판결을 살리는 모임'이 결성되었고, 필리핀, 중국, 타이완 등 다른 재판 지원 단체와 함께 서로의 재판을 지원하면서 입법 해결을 촉구하는 활동을 시작했다.

입법부작위를 엄격하게 물었던 시모노세키 판결은 국회의원의 입법 활동을 촉구했다. 1999년 4월에는 민주당이 법안을 참의원에 제출하자 공산당, 사민당도 저마다 유사한 법안을 참의원에 제출했다. 2001년 3월, 야 3당은 법안을 일원화하여 '전시 성적강제피해자문제의 해결 촉진에 관한 법률안'을 참의원에 제출했다.

그리고 2002년 7월, 드디어 참의원 내각위원회가 법안을 심의하기에 이르렀다. 일본 국회에서 처음으로 '위안부' 문제를 심의하는 순간이었다. 그 자리에 송신도 할머니는 방청자로 참가했다. 오카자키 도미코 의원이 송신도 할머니의 진술서를 대독하기 시작하자 방청석을 가득 메운 사람들뿐만 아니라 위원석에 앉아 있던 자민당 의원들도 눈물을 흘렸다. 같은 해 12월에는 두 번째 심의가 실현되었고, 요코타 요조, 토츠카 에츠로 씨를 참고인으로 불러 '위안부' 문제가 국제법 위반이라는 사실을 국회에서 분명히 했다. 하지만 국회의 회기가 만료되면서 법안은 폐기되고 말았다. 그 뒤로도 오카자키 도미코 민주당 의원, 요시카와 하루코 공산당 의원을 중심으로 반복해서 법안을 제출했지만, 아직 성립되지 않았다.

고등재판소 판결 후, 최고재판소(역자주_한국의 대법원에 해당)의 심의 단계에 들어갔지만 법정은 열리지도 않았다. 송신도 할머니의 초조함은 극심해졌고, 체력도 약해지면서 증언집회 등에 참석하는 일도 줄어들었다. 그래도 요청이 들어오면 체력이 허락하는 한 참석하려 했고, 국회의원 앞에서 증언을 하며 문제 해결의 필요성을 호소했다. 지원모임도 최고재판소에 공정한 심리를 요구하는 서명을 모아 정기적으로 제출했고, 조사관과의 면담을 요청하는 등의 활동을 이어가는 한편, 입법 해결을 촉구하는 운동을 열심히 펼쳐갔다. 그렇게 일본 사법부의 최종 판결이 나오는 날까지 3년의 세월이 흘렀다.

문전박대와도 같은 최고재판소의 결정

2003년 3월 28일, 최고재판소 제2소법정은 송신도 할머니의 상고 및 상고 수리를 기각했다. 이로써 패소가 확정되었다.

사흘 전인 3월 25일, 최고재판소 제3소법정은 시모노세키 판결을 이끌어 낸 관부 재판의 상고를 기각했고, 이어서 3월 27일, 제1소법정은 시즈오카・전 조선인 여자근로정신대 소송 및 대일 민족 소송의 상고를 기각했다. 그리고 3월 28일 제2소법정은 송신도 할머니의 재판과 함께 강원도 유족 소송, 김순길 미츠비시조선 손해배상 청구 소송의 상고를 기각했다. 이 모두가 전후 보상 재판의 선구적인 역할을 한 재판으로, 송신도 할머니를 포함해 원고 전원이 한국 국적의 피해자인 소송이었다.

게다가 이 안건들은 판결이 아닌 '결정'이라는 형태로 패소가 확정되었다. 어떠한 이유도 제시하지 않은 채 어느 날 갑자기 '상고를 기각한다. 본건을 상고심으로 수리하지 않는다'라는 짧은 결정을 통지받은 원고들의 당혹감과 실망은 이루 말할 수 없었다.

지금의 민사소송법에서는 고등재판소의 판결을 유지할 경우에는 '판결'이 아니라 '결정'으로 결론을 지을 수 있다. 따라서 1998년 1월 신 민사소송법 시행 후에는 법정을 열지 않는 '결정'이 대부분을 차지하고 있다고 한다. 하지만 전후보상 재판에서 조선인 BC급 전범 재판, 강부중 씨의 은급 재판 등에 대해 법정에서 판결이 내려진 전례가 있었기 때문에, 송신도 할머니의 재판도 판결이 나올 것이라고 우리는 생각하고 있었다. 2심 판결이 유지되어 최고재판소 소법정에서 판결이 내려질 경우에는 일주일 전에 통지가 온다. 우리들은 곧바로 회원들에게 연락을 취할 수 있도록 회원 주소를 미리 준비해 두었고, 송신도 할머니도 언제든 도쿄로 모실 수 있도록 태세를 갖추고 있었다. 그런데 25일 관부 재판에서 '판결'이 아닌 기각 '결정'이 나오자 긴장감에 휩싸였다. 앞에서 언급한 은급 재판에서도 각 소법정이 잇따라 비슷한 판결을 내렸던 탓에, 송신도 할머니의 재판도 관부 재판에 이어서 곧바로 결정이라는 형태로 기각되는 것이 아닐까 예상했기 때문이다. 그리고 그 예상은 적중하고 말았다. 관부 재판의 기각 결정이 나온 것을 보고 대책 회의를 열기로 한 바로 전날의 일이었다.

할머니에게 어떻게 전해야 할까. 심장이 조여오듯 아파서 수화기를 들 수 없었다. 그런데 송신도 할머니의 반응은 의외로

침착했다.

"이런 나라니까 재판에도 지는 거야. 괜찮아. 재판에 졌어도, 송신도는 안 져! 근데 자네들은 어떡하나, 그렇게 열심히 해 왔는데 지원모임이 너무 가여워서 어떡해."

소송을 한 지 10년, 송신도 할머니는 분명히 변해 있었다. 1심 판결을 받았을 때 당황하던 모습은 더 이상 찾아볼 수 없었다. 할 수 있는 최선을 다했다는 자신감과 그럼에도 움직이지 않는 사법부와 일본 정부에 대해 초연한 태도를 보이기도 했다. 그러나 일본의 사법부는 그동안 전혀 변하지 않았다. 우리가 최고재판소에 요구했던 것은 비인간적인 법 해석이 아니라 인간의 원점에 서서 피해자의 마음을 헤아리고, 원고의 용기와 고뇌, 그리고 피해에 걸맞은 그리고 일본과 세계의 많은 시민들의 기대에 부응하는 판결을 내려달라는 것이었다. 하지만 판에 박힌 결정문으로 소송들을 정리해 버린 최고재판소는 피해자에게 다시 한번 상처를 줄뿐만 아니라 일본의 후세에도 잘못된 교훈을 그대로 남기고 말았다.

"어떻게 해 주지 않을까 싶어서 짧은 목 길게 빼고 기다려 봤지만 결국 이거니, 너무 억울해. 조선인이라고 무시하는 거지. 자기들이 고생시킨 사람들은 무시해 놓고, 돈 없다, 돈 없다 하면서 미국 전쟁에는 몇 억씩이나 돈 내고. 매일 텔레비전 보고 있으면 이젠 지긋지긋해. 이런 나라니까, 재판도 지는 거야! 사람을 무시해도 정도껏 해야지!"

우리는 그날 바로 송신도 할머니의 담화와 항의 성명(변호인단과 연명)을 발표하고, 그다음 주인 3월 31일에는 최고재판소 제3소법정에 보내는 항의문을 가져가 최고재판소 앞에서 항의 전단을 뿌렸다. 그리고 4월 16일에는 같은 시기에 일제히 상고 기각 결정을 받은 전후보상 여섯 재판의 변호인단과 지원 단체가 합동으로 기자회견을 열고 공동성명을 발표했다.

그런데 처음 제소했을 때와 지방재판소·고등재판소 판결을 대대적으로 보도했던 언론은 최고재판소의 문전박대와 같은 안이한 결정을 전혀 문제 삼지 않았고, 피해자들이 일본 사회에 던진 질문의 의미를 검증하려는 자세를 더 이상 보이지 않았다. 미국의 이라크 침공이 한창이던 때에 내려진 최고재판소의 결정은 송신도 할머니의 말씀처럼, 일본이 이라크와의 전쟁에 협력해 다시 전쟁을 할 수 있는 나라가 되려고 했을 때였다. 언론이 이 재판에 더욱 많은 관심을 가져야 하는 상황임에도 단신 보도로 처리하고 만 것이다. 그날 신문 지면의 대부분은 '전쟁' 보도가 차지하는 모순적인 상황이 펼쳐졌다.

송신도 할머니와 함께한 10년을 후세에

2003년 5월 2일, 지원모임은 마지막으로 '재판 보고와 향후 과제'라는 보고 집회를 열고, 10년 동안 이어온 재판 지원 운동을 일단락 지었다. 하지만 이는 어디까지나 '일단락'일 뿐 '끝'이 아니었다. 우리는 집회에서 '재일 위안부 재판을 지원하는 모임'이라는 이름을 유지하고 송신도 할머니의 삶과 투쟁에 앞으로도 함께 하겠다고 선언했다. 지원모임은 발족 당시부터 '송신도 할머니가 바라는 해결을 쟁취하기 위해서 재판을 비롯한 모든 활동을 해 간다'는 방침을 세웠고, 그 활동을 '어디까지나 송신도 할머니의 의사에 따라 펼쳐 갈 것'을 원칙으로 해 온 모임이었다. 따라서 '송신도 할머니가 바라는 해결' 즉, 일본 정부의 사죄와 보상을 쟁취하지 못한 상황에서 사법적 해결이 막혔다고 해서 모임을 해산할 수는 없었다. 또한 중국과 타이완 등에 있는 피해자들의 재판도 끝나지 않은 상황이었다. 우리는 다른 운동 단체와 연대하여 문제 해결을 위해 정부에, 국회에, 사법부에 호소해 나갈 필요를 느끼고 있었다. 마지막 재판 보고 집회에서 송신도 할머니는 이렇게 말했다.

"여러분, 우리는 재판에 졌어도 마음은 지지 않았으니까. 미야기현에 돌아가도 큰 배 탄 것마냥 안심하고 여러분의 얼굴 보면서, 살아 있는 동안에는 어떻게든 살아갈 테니, 여러분 아무쪼록 잘 부탁합니다. 고맙습니다!"

재판에 졌어도, 마음은 지지 않았다.

이 말이 보여주듯 송신도 할머니에게 지난 10년은 재판의 결과만으로는 헤아릴 수 없는 시간이었다. 그 모습을 곁에서 지켜봐 온 우리에게도 너무나도 큰 10년이었다. 처음 해 보는 재판에서 당혹감과 불안을 느끼며, 제소했던 당시에는 전혀 상상할 수 없었던 열매를 서로가 손안에 넣을 수 있었던 것이다. 재판이 모두 끝난 후 집으로 찾아간 우리에게 송신도 할머니는 이렇게 말했다.

"지금이 제일 행복하다. 지원모임 여자들이 지켜주니 행복해. 지금 와서 아무리 말해 본들 원래대로 돌아갈 수 있는 것도 아니고, 그건 어쩔 수 없지. 그치만 알아주는 사람은 알아주니까. 더는 바랄 게 없어. 그러니까 너희들도 이런 일을 해 왔구나, 일본인들이 부끄럽다고 생각하지 말고, 앞으로 살아갈 아이들을 위해서라도 이런 일이 다시 일어나지 않도록 정치가들을 고쳐놓지 않으면 안 돼. 전쟁을 절대로 하면 안 된다고 내 입으로 말해도 자네들 입으로 말해도, 전쟁은 나라를 위한 것이 아니고, 하지 않는 것은 자신을 위한 거니까."

송신도 할머니의 10년이 이 말 안에 응축되어 있다. 가까이 다가가려는 사람에게 곁을 내어주지 않으려 견고한 갑옷을 두르고 있는 것 같았던 송신도 할머니가 자신의 경험을 토로하고, 그 말을 믿어주는 사람이 있다는 것을 반복해서 확인해 가는 과정 속에서 피해 회복의 길을 걸어왔다. 그리고 지금 '알아주는 사람'이 있다는 것을 자신의 말로 명확히 표현하면서 행복하다며 안도하는 표정을 짓는다. 또한 "전쟁을 너희가 아느냐"라고 말하던 할머니가 이제는 "너희들의 입으로 말해야 한다"며 평화를 향한 마음을 계승할 것을 우리에게 주문한 것이다.

재판에 관여하기 시작했을 때, 같은 재일조선인 여성으로서 나 자신이 이 나라에서 살면서 느꼈던 어려움과 공통되는 점이 있지 않을까 생각했다. 하지만 국가에 의한 중대한 인권침해의 피해자가 안고 있는 어둠은 통상적인 경험밖에 없는 사람에게는 도저히 헤아릴 수 없는 것이라는 것을 깨달았다. 우리의 운동은 알 수 없다는 것을 아는 것부터 시작했다. 도저히 알 수 없는 그 어둠의 깊이를 인식하면서 알고자 하는 노력을 게을리하지 않았다. 송신도 할머니의 의사를 존중하며, 할머니를 운동에 이용하는 것을 나 자신에게도 그리고 다른 누구에게도 결코 용납하지 않겠다고 굳게 마음을 다지며 운동에 임해 왔다. 송신도 할머니의 경험은 할머니 자신만의 것이다. 그것은 함께 웃고 울며, 화내고, 서로 상처를 주고, 서로를 격려해 온 우리들이라고 해도 결코 공유할 수 없는 압도적인 사실이다.

하지만 재판 투쟁을 해 온 10년 동안, 꽁꽁 가둬둔 기억을 사람들 앞에 내보이며 닫혀 있던 마음을 조금씩 열어간 송신도 할머니. 자기 자신을 받아들이고, 타인을 받아들이며 조금씩 사회와 관계를 맺어가는 할머니를 곁에서 함께 지켜봐 온 것, 이것은 우리 자신의 경험이다.

나는 지금, 나 자신의 경험을 전해가려 한다. 그것이 송신도 할머니에게서 이어받은 커다란 열매를 할머니가 간절히 바라는 평화로운 사회를 만드는 데 기여하는 길이라 생각하기 때문이다.

"할머니에게는 엄마가 필요하다고 생각했어요

좌 담 회

송신도 할머니와 함께 걸어온 8년을 회고하다

참석자(발언순)

가와타 후미코 川田文子

양징자 梁澄子

기노무라 데루미 木野村照美

주수자 朱秀子

야마자키 히로미 山崎ひろみ

사회자

다니구치 가즈노리 谷口和則
『전쟁과 성』 편집발행인

참석자 소개

가와타 후미코
1943년 출생. 작가. 〈일본의 전쟁책임 자료 센터〉 부대표. 〈재일 위안부 재판을 지원하는 모임〉 소속. 저서로 『빨간 기와집 - 조선에서 온 종군위안부』(치쿠마분코), 『황군 위안소의 여자들』(치쿠마쇼보) 등이 있다.

양징자
1957년 출생. 통번역가. 〈재일 위안부 재판을 지원하는 모임〉 소속. 공저로 『바다를 건넌 조선의 해녀들』(신주쿠쇼보), 『좀 더 알고 싶은 '위안부 문제'』(아카시쇼텐) 등이 있다.

기노무라 데루미
1953년 출생. 회사원. 〈재일 위안부 재판을 지원하는 모임〉 소속.

주수자
1949년 출생. 요양보호사. 〈재일 '위안부' 재판을 지원하는 모임〉 소속.

야마자키 히로미
1954년 출생. 기자. 〈재일 '위안부' 재판을 지원하는 모임〉 소속.

(좌담회는 2001년 4월에 진행되었다. 이 원고는 『전쟁과 성』 제14호(2001년 5월 30일 발행)에 게재되었다. 참석자 소개는 본 원고 게재 당시 소개 내용이다.)

'위안부' 문제에 관여하게 된 이유

다니구치 먼저 여러분이 '위안부' 문제에 어떻게 관여하게 되었는지, 왜 송신도 할머니의 재판을 지원하고 있는지에 대해 말씀해 주세요.

가와타 송신도 할머니 이야기에서 한참 거슬러 올라가는데, 저는 젊었을 때 한 출판사의 편집부에서 일한 적이 있었어요. 그때 일본인과 흑인 사이에서 태어난 '죠'라는 이름의 혼혈아를 취재한 적이 있었죠. 그 아이는 위의 형제도 아래 형제도 일본인이었는데 자신만 혼혈아였어요. 왜 그런가 하면, 죠는 일본이 전쟁에서 패한 후 엄마가 미군기지에 있는 흑인 병사의 '온리' 즉, 애인이 되어 낳은 아이였어요. 그녀는 일본인 남편이 전사했다고 생각했던 거예요. 그런데 남편이 전장에서 돌아왔어요. 미국 군인은 그 뒤에 어떻게 되었는지 그 이야기는 자세히 듣지 못했지만, 결국 다른 가족들은 모두 일본인이고 죠만 혼혈아였던 거죠. 그 아이를 만나고 성性이 사람의 인생을 결정해 버리는 것에 큰 충격을 받았어요. 그 후로 성에 관한 주제, 성매매라거나 일본의 공창제도에 관심이 생겼어요. 그중에서 공창제도의 극단적인 형태이자 가장 폭력적인 형태인 '위안부' 제도에 도달하게 되었죠. 그리고 오키나와에서 배봉기 할머니를 만나고, 송신도 할머니를 만나게 되었어요.

양징자   저의 경우에는 결혼하고 맨 처음 살았던 아파트에서 이웃들과 무척 친하게 지냈어요. 저와 우리 아이들은 모두 본명(민족명)을 썼는데, 자연스럽게 여러 질문을 받았어요. 그 질문들에 답하면서 '정말 아무것도 모르는구나' 생각했어요. 그녀들은 아주 좋은 사람들이라서 화가 나지는 않았지만, 이 사람들이 이렇게도 모른다는 일본의 현실, 교육의 현실에 화가 나서 어떻게든 이런 상황을 바꿔야겠다고 생각했던 거죠. 한편, '조선여성사 독서회'라는 모임을 운영하고 있었는데, 마침 회원 중에 한국 유학을 가있던 야마시타 영애가 윤정옥 선생님이 일본에 오신다며 재일조선인 여성들과 함께하는 간담회 자리를 마련한 거예요. 윤정옥 선생님은 이 문제는 일본의 식민지 지배가 일으킨 문제이기는 하지만, 수십 년 동안이나 문제시되지 못한 것은 한국의 유교 사회, 그리고 한국에서 여전히 해결되지 않은 성매매 문제가 그 배경에 있고, 남자뿐만 아니라 한국 여성들을 포함해 모두에게 책임이 있는 문제라고 말씀하셨어요. 저도 그 생각에 매우 공감했고, 그래서 '종군위안부 문제 우리여성 네트워크(이하, 여성넷)'라는 단체를 만들게 되었어요. 그 활동을 하면서 역사적인 문제와 현실 사회에서의 남성과 여성의 문제, 넓은 의미에서 인권의 문제라는 인식을 갖고, 당시에 꽤 어려운 말을 쓰면서 논의했던 기억이 나요. 그중에서도 제게 가장 중요한 문제는 역시 역사인식이었어요. 너무나도 충격적인 문제였기 때문에 세상에 드러난다면, 제가 모순적이라 느끼고 있던 역사인식 문제를 좋은 방향으로 해결할 수 있다거나 혹은 더 이해할 수 있지 않을까 생각했어요. 그래서 당시 '위안부' 문제는 저에게 역사인식을 묻기 위한 하나의 재료에 불과했어요. 김학순 할머니가 아직 나타나지 않았을 때죠. 그러니까, 실재하는 인물은 아무도 없었으니까 저를 포함해서 모두 '위안부 문제'라는 문제를 입으로만 이야기하고 있었죠. 그 문제로부터 알 수 있는 것들을 세상에 알려간다는 생각이었죠. 논리적으로는 꽤 정립되어 있었어요. 그런데 그 후에 송신도 할머니를 만나게 되면서, 모든 게 달라졌죠. 앞으로 나서지 않을 수 없었어요.

다니쿠치 10년 전에 '여성넷'에서 진행한 좌담회(1991년, 종군위안부 문제를 생각하는 재일동포회 발행 〈우리는 잊지 않는다 — 조선인 종군위안부〉에 수록)가 인상적이었는데, 지금은 그때와 많이 달라졌나요?

양징자 상당히 달라졌죠.

다니구치 실제로 피해자를 만나고 관계를 맺으면서 생각이 많이 변했다는 것이군요.

양징자 김학순 할머니를 만나 뵙고 상당히 흔들렸어요. 할머니의 증언집회(1991년 12월) 때 함께 있는 것이 너무 괴로웠어요. 김학순 할머니의 증언집회를 한 번 보는 정도로는 자신이 받은 충격이 어떤 것이었는지 잘 몰랐어요. 제 안에서는 그때까지 여성넷에서 토론해 온 이론이 김학순 할머니의 등장 하나로 제대로 펀치 한 방을 먹은 기분이었어요. 그 후, 한국에 가서 두 분의 피해자 할머니를 직접 뵙고, 충격을 받고 돌아와서 피해자에 대한 보상 문제를 우선해야 한다고 생각하게 되었죠. 다양한 주제를 정확하고 깊이 있게 이해해야 한다며 말만 앞세웠던 것이 지난 50년 동안 해결되지 못한 채 살아온 분들의 현실을 목도하자 너무나 부끄러웠어요. 비행기 안에서 풀이 죽어 증발해 버릴 것 같은 심정으로 돌아왔던 기억이 나요.

기노무라 저는 10살 때 성폭력 피해를 당했어요. 그 일을 계속 잊고 지냈는데, 어른이 되어 연애를 하게 되면서 그 기억이 되살아 났어요. 그 일은 꿈이 아니라 현실이었다고. 그 후에 여러 변천이 있었지만 성적인 부분에 있어서는 자신은 전혀 가치가 없는 존재라고 생각했고, 제 안에서 성에 관한 문제와 사회적인 관심이 아무리 해도 일치되지 않았어요. 그러던 중 83년에 딸을 임신하고 있을 때 남편이 '위안부'였던 사람들이 있었다는 말을 해 줬고, 김일면의 책(『천황의 군대와 조선인 위안부』 산이치쇼보 발행)도 사다 줬어요. 그 책을 겨우 읽었어요.

그 후로 이 문제가 계속 마음에 걸렸고, 김학순 할머니의 첫 증언집회에 갔어요. 외람되지만, 저는 그 집회에서 굉장히 큰 힘을 받았어요. 김학순 할머니의 말씀을 듣고, '실제로 이런 분이 있다. 지금도 살아 있다' 이것으로 내 안의 두 개의 축, 성에 관한 문제와 재일조선인 문제, 그리고 태어난 곳이 탄광촌이었기에 갖고 있던 감정 등이 드디어 하나로 연결되는 것 같은 기분이 들었어요. 그래서 그 집회 후에 실은 신나서 집에 돌아가 남편에게 '나 꼭 위안부 문제 운동을 할 거야. 무슨 일이 있어도 할 거야'라고 선언했어요. 남편은 하고 싶으면 해보라고 말했던 것이 생각나요.

제가 처음 송신도 할머니를 만난 것은 제소 당일에 변호사회관에서였어요. 그곳에서 할머니가 '너 거기 가만히 서 있지 말고, 여기 앉아'라고 말을 해 줬고, 그 말에 저는 '이 분과는 함께 할 수 있겠다'라고 직감했어요. 그 뒤로 쭉 함께 해 왔지요.

저에게 '위안부' 문제는 피해자에 대한 해결 문제라든가 사회적인 문제 해결은 물론이지만, 저 개인적으로는 지금까지 살아오면서 경험한 많은 고민과 마주하는 방법이기도 했었어요. 저는 '위안부' 문제에 관한 활동을 하면서 많은 힘을 얻었고, 지금도 잘했다고 생각해요.

주수자 저도 양징자 씨와 함께 '여성넷'에서 활동하고 있었는데, 역시 정대협(한국정신대문제대책협의회)의 윤정옥 선생님의 말씀을 들었던 것이 계기였어요. 당시, 저는 장남의 맏며느리이자 아내, 엄마라는 역할 속에서 답답함을 느끼고 있었는데, 그런 때에 윤정옥 선생님의 말씀을 듣고 직감적으로 '아, 이건 내 문제다'라고 느꼈어요. 그렇지만 '위안부' 피해자들의 실제 경험과 자신의 문제와의 거리를 크게 느꼈고, 이 거리를 줄이는 방법을 저 자신은 전혀 몰랐어요.

저는 피해를 당한 분들은 자신을 밝히지 않을 것이라고 생각했어요. 제가 봉건적인 여성의 정조관념이라는 통념 속에 푹 젖어 있었던 거죠. 그런데 김학순 할머니가 당당하게 공개 증언에 나선 것을 보고 그런 생각은 싹 사라졌어요. 왜 자신이 그런 생각을 하고 살았는지 생각해 보면, 역시 남성 중심 사회의 가치관에 물들어 있었고, 그 무게에 평소에 답답함을 느껴왔다는 것을 김학순 할머니의 증언을 듣고 깨달았지요. 그런데 여러 증언을 들으면 들을수록, 제 성격적인 점도 있었겠지만 '나는 이것을 감당할 수 없어, 이 문제는 나에게는 너무 버거워'라는 생각이 들어 꽁무니를 뺐어요. 당시 한창 육아를 하고 있었기 때문에 지역과 학부모회 활동도 하고 있어서 오히려 이 활동들에 전념하고 싶다고 생각하기도 했어요.

그런데 송신도 할머니가 나타나서 재일조선인으로 살아가기 힘든 이 사회에 재일조선인 피해자가 자신을 드러내고 나왔다는 것에 다시 한번 놀랐고, 자신이 지금까지 갖고 있었던 인식이 전부 뒤집어진 거죠. 가장 충격적이었던 것은 송신도 할머니의 집에 혼자서 찾아갔을 때였어요. 저는 같은 재일조선인 여성이니까 친근감을 느끼며 순조롭게 이야기를 나눌 수 있을 거라고 생각했어요. 그런데 집의 문을 열고 '주수자라고 합니다'라고 자기소개를 했더니, 할머니는 '뭐야 재일교포 여자야? 너네가 나한테 뭘 해줬어? 교포인지 뭔지 몰라도 난 조선인은 너무 싫어!'라고 하는 것이었어요. 그때 저 역시 그분들을 방치해 온 입장에 있었다는 것을 깨달았어요.

저는 '재일 위안부 재판을 지원하는 모임(이하, 지원모임)'의 발족식에는 참석하지 않았어요. 송신도 할머니의 재판 지원에 관여하는 것을 매우 고민하고 있었거든요. 여성넷에 참여하고 있었지만 '너무 부담이 돼, 감당할 수 없어. 빠지고 싶어, 도망가고 싶어'라는 생각이 훨씬 컸어요. 그대로 송신도 할머니를 만나지 않았다면 여성넷을 그만두고 나만의 삶 속으로 도망쳤을 거예요.

다니구치 김학순 할머니의 등장으로 내면에 자리 잡고 있던 선입견이 바뀐 반면에 너무나도 커다란 문제였기에 관여하기 어렵겠다고 생각하신 거군요.

주수자 한국의 태평양전쟁희생자유족회●가 재판을 시작하고, 김학순 할머니를 비롯한 피해자분들이 일본에 오셨어요. 그런데 하루는 김학순 할머니께서 집회에서 쓰러지신 거예요. 할머니는 병원에서 하루 동안 입원하셨고, 다른 분들은 지방으로 강연을 하러 가셨죠. 마침 제가 김학순 할머니를 간호하게 되었는데, 그때 김학순 할머니가 바닥을 치면서 '어째서 나는 전쟁 중에 죽지 않았을까'라며 한탄을 하셨어요. 집회에서는 볼 수 없었던 할머니의 모습을 보게 되었고, 함께 눈물 흘리면서 등을 쓰다듬어 드리는 것 말고는 할 수 있는 것이 없다는 무력감을 느꼈죠. 그래서 겁이 났달까, 할머니의 고통이 너무 깊어서……

송신도 할머니 때는 적당한 마음으로 재판 지원을 할 수 없다는 생각 때문에 신중했어요. 오랜 고민 끝에 할 수밖에 없다고 생각하게 된 것은 역시 여기 일본 땅에서 함께 살고 있다는 것과 재판 지원 활동을 하지 않는다면 평생 후회가 남을 테니 그럴 거면 무엇을 할 수 있을지는 모르지만 가까이에 있자고 생각했던 거죠. 특별한 이유 이런 것은 없어요. 전 그랬어요.

● 태평양 전쟁 중에 일본군으로 동원되어 피해를 입은 군인 군속과 그 유족으로 구성된 한국의 시민단체. 일본 정부에 손해 배상을 청구한 1991년의 제소에서는 원고 40명 중 '위안부' 피해자 김학순 할머니도 포함되어, 최초의 '위안부' 재판으로 주목받았다. 2001년 3월 26일, 도쿄지방재판소는 원고의 소송을 기각했다. 김학순 할머니를 포함해 6명이 판결 전에 사망했다.

야마자키 저는 앞에서 양징자 씨의 이야기를 들으면서 일본인의 입장이지만 비슷하다고 생각했어요. 저는 〈부인민주신문〉(현재 페민)의 기자로서 서른 살이 되어서 처음 해외여행으로 필리핀에 갔어요. 마르코스 정권 때 정치범으로 붙잡혀 감옥에서 매일 밤 다른 병사들에게 강간을 당했다는 젊은 여자들의 이야기를 들었는데, 그때 '이건 일본군이 옛날에 한 짓을 마르코스 정권이 따라 한 것이다'라는 말을 들었어요. 그때 처음으로 일본군 '위안부' 문제를 간접적으로 듣고 매우 놀랐어요. 그리고 일본군 야마시타 대장이나 전쟁 중에 일본인이 나쁜 짓을 했다는 사실을 필리핀에서는 아이들도 알고 있는데, 저는 야마시타가 누구냐고 물을 정도로 아무것도 몰랐던 거예요. 그것이 너무 부끄러웠고, 인식의 차이에 놀란 채 일본으로 돌아왔어요. 그런데 때마침 필리핀 신부 문제로 바빠져서 '위안부' 문제에 관해서는 아무것도 하지 못했죠.

하지만 역시 어딘가 마음에 걸렸어요. 얼마 후 한국 여성들이 이 문제에 대해 일본 정부에 질의 서한을 보냈는데, 한국에 있던 야마시타 영애 씨가 원고를 보내줬어요. 일반 신문에는 아직 실리지 않은 시기였어요. '위안부' 문제를 더는 피할 수 없었고, 한국 여성들이 열심히 하고 있는데 일본 여성들이 모르는 척할 수 없다고 생각해서 가와타 씨와 여러 사람들에게 알리고 '종군위안부 문제를 생각하는 모임'을 1990년에 만들었어요.

처음에는 일본인으로서 제대로 알아야 한다, 일본 여성들이 모른 채 방치해 온 것은 역시 잘못한 것이라고 저희 나름대로 생각해 많은 사람들에게 알리려고 했어요. 그때까지는 '위안부' 문제에 대해서는 책 한 권도 읽어 본 적이 없어서 가와타 씨의 〈

빨간 기와집〉을 읽고 매우 감동했어요. 하지만 그 후에 센다 가코 씨가 그보다 10여 년 전에 책을 썼다는 사실을 알았어요. 정말 아무것도 몰랐죠.

주수자 열심히 책을 찾아서 읽었죠. 저도 젊었을 때는 재일교포 청년들과 함께 한국의 민주화 운동을 하면서, '4 · 19 혁명'에 관한 역사와 남자들의 강제 연행에 관한 기록은 교재를 읽어서 알고 있었어요. 하지만 '위안부' 문제에 관해서는 전혀 다뤄지지 않았죠. 20대 초반의 젊은 시절에 제가 배운 조국의 역사는 대체 무엇이었나 하며 큰 충격을 받았어요. 그래서 닥치는 대로 탐독했어요.

제소에 이르게 된 경위

야마자키 역시 저도 처음에는 주수자 씨와 비슷하게 배봉기 할머니는 그 때는 아직 살아 계셨는데 스스로 피해자라고 나서지는 않으셨죠. 스스로 나설 사람은 아마도 없을 것이라고 생각했고, 만약 나왔을 때는 재판을 할 수 있도록 여러 가지 준비도 하고, 변호사에게 도움을 요청해 놓기도 했어요. 그치만 저는 재판 투쟁과 선거운동에는 절대로 참여하고 싶지 않았어요. 왜냐하면 금방 싫증 내는 성격이거든요. 선거 운동은 힘들잖아요. 재판도 관여한 사람들의 말을 들으면 역시 5년, 10년, 매번 어려운 구두변론에 나가야 하고, 그 과정을 반복하는 것을 봐온 터라 재판만은 절대로 하고 싶지 않았어요. 송신도 할머니가 재판을 하지 않겠다고 하길 바랐어요.

주수자 나도 재판을 한다고 들었을 때는 깜짝 놀랐어요.

다니구치 송신도 할머니가 재판을 한다고 들었을 때 여러분은 의외라고 생각하셨나요?

주수자 의외라고 할까, 저는 무엇보다 이제 힘들어지겠구나 생각했어요. 도중에 그만 둘 수도 없으니 처음부터 관여하지 말자고 마음먹고 있었어요.

가와타 야마자키 씨가 그렇게 생각했다니 의외네요.

양징자 그때는 서로 여러 가지 오해가 있었어요. 저도 야마자키 씨처럼 재판은 하고 싶지 않았어요. 하지만 가와타 씨는 우리가 하고 싶어 한다고 오해하고 있었고, 그게 송신도 할머니에게 전해진 거죠.

주수자 저는 유시마회관에서 했던 송신도 할머니의 증언을 듣는 모임(1992년 10월) 이후 재판에 대해 논의하는 그룹에는 못 들어간걸요.

양징자 가와타 씨가 혼자서 몇 번인가 녹취를 하러 다녀왔는데, 송신도 할머니가 재판에 대해 자주 물어보시는데 혹시 재판을 하고 싶은 건지도 모르겠다, 의지가 있으신 것 같으니 재일교포 여성들과 변호사가 함께 가서 확인해 달라고 했죠. 그래서 저와 와타나베 도모코 변호사가 다녀왔어요. 송신도 할머니는 재판을 절대로 안 하겠다는 것도, 하겠다는 것도 아니었고 여러모로 고민을 하고 계셨죠. 그렇다면 '위안부 110번●'에 참여한 사람들끼리 한 번 만나서 이야기를 해 보면 송신도 할머니의 앞으로의 길이 보이지 않을까 생각했었죠. 저는 일단 할머니와 함께 모임을 해 보면, 어떻게든 타개책이 보이지 않을까 생각하고 제안을 했던 거죠. 그때 '재판이야, 재판!'하면서 부추기는 사람도 있었지만, 저는 재판이라는 방식만이 아니라 어떻게든 송신도 할머니를 지원할 수 있는 방법을 '위안부 110번'에서 활동했던 4그룹이 고민해 볼 수 있지 않을까 생각했어요. 그런데 그날 모임에서 송신도 할머니가 '재판을 하겠습니다'라고 딱 잘라 선언을 했죠. 그 말을 듣고 깜짝 놀랐어요.

다니구치 그렇다면, 송신도 할머니의 의사가 강하게 작용했다는 거네요.

양징자 하지만 미야기로 돌아가신 후에 다시 '한다, 안 한다'를 반복하기 시작했죠.

가와타 송신도 할머니가 재판에 대해서 몇 번이나 묻길래, '그럼, 할머니 하실 거예요?'하고 물으면 '그게 아냐'라고 부정

● 1992년 1월, '위안부' 문제에 대한 실태 조사를 위해 관련 활동을 하는 네 단체가 중심이 되어 전화를 설치하고 정보 제공을 요청했다. TV와 라디오 등에 소개되면서 3일 동안 많은 정보가 들어왔다.

하셨어요. 그런 대화가 반복됐죠.

주수자 그런 과정에서 송신도 할머니의 사람에 대한 불신이 점점 드러났던 거죠.

양징자 유시마에서 송신도 할머니는 거기에 모인 회원들이 재판을 하고 싶어 한다고 생각하셨어요. 그래서 그 기대에 부응하려고 하신 거였죠. 하지만 모인 사람들 대부분은 재판까지는 생각하지 않았어요.

가와타 할머니 자신이 재판이 어떤 것인지 잘 모르고 계셨어요. 시민운동이 어떤 것인지도. 저도 잘 몰랐지만요.

양징자 유시마 모임 후 두 달 동안 송신도 할머니는 '한다, 안 한다'를 반복했어요. 그때 가와타 씨가 많이 힘들었을 거예요. 지금처럼 모두가 도울 수 있는 체제가 아니었거든요.

다니구치 재판이 시작된 후에야 할머니와 지원자들의 마음이 점점 굳어져 간 것 같았어요. 처음부터 하겠다는 각오를 했다기보다.

양징자 '위안부 110번'으로 들어온 송신도 할머니에 관한 정보는 제삼자에게서 온 연락이었는데, 본인이 원치 않을 수도 있기 때문에 '110번'에서는 그냥 두자고 했지만, 가와타 씨가 혼자서 찾아간 거였어요. 가와타 씨답죠?(웃음)

가와타 센다이에서 야마자키 씨에게 전화해서 송신도 할머니를 만나러 간다고 말했어요. 그러면 안 된다고 혼났어요.

야마자키 그 일은 아직까지도 마음에 걸려요. 하지만, 그래도 다행이었죠. 거기까지 갔다면 그렇게 밖에 할 수 없었겠지만, 그치만 역시 연락받는 것을 싫어하는 사람도 있을 테고, 만나고 싶지 않다고 할 가능성도 있고…… 절대로 만나지 않는 편이 나았을 거라고 생각할 가능성도 있겠죠?

주수자 송신도 할머니가 그랬어요. 재판하길 잘했다, 괜히 했다고 생각할 때도 있었고, 가와타 씨가 와준 덕분이라는 생각과 그 사람이 온 탓에 라는 두 생각 사이에서 흔들렸죠. 재판을 시작한 후로는 할머니의 마음과 똑같이 사무국도 흔들려 가며 방법을 찾아온 것 같아요. 그렇죠?

송신도 할머니의 인간 불신

다니구치 양징자 씨가 쓴 『더 알고 싶은 위안부 문제』라는 책을 보면, 송신도 할머니를 처음 만나러 갔을 때 '나는 조선인은 싫어!'라는 말을 듣고, 왜 할머니가 자신을 그런 식으로 대하는지 알고 싶다는 생각에 할머니에게 다가갔다고 쓰셨는데, 그 부분에 대해 이야기해 주실 수 있나요?

양징자 가와타 씨와 저, 그리고 와타나베 변호사가 송신도 할머니 댁에 찾아갔을 때였어요. 집을 깨끗이 정리해 놓은 할머니가 웃는 얼굴로 맞이해 줄 것이라고 생각했는데, 저와 와타나베 변호사의 얼굴은 쳐다보지도 않고 '변호사는 어딨어? 변호사는 어딨냐고?' 하면서 뒤쪽을 살피시는 거예요. 당시 저는 서른다섯 살이었고, 와타나베 변호사는 서른두 살이었어요. 송신도 할머니는 엄청 실망하셨죠. 할머니가 생각하는 변호사는 역시 풍채가 좋은 남자였던 것 같아요. 그래서 '재일교포 여자가 온다고 했는데, 누구야?'라고 물으셔서 저라고 하니까 또 실망하는 눈치였어요. 조금 더 말이 통하는 나이가 있는 사람이 올 거라고 생각하신 것 같았어요. 그래서인지 엄청 무뚝뚝한 태도로 집 안으로 들어가자마자 하시는 첫 마디가 '니가 조선인이야? 나는 조선인은 싫어!'였어요. 그런데 조선인이 싫다는 그 이유가 굉장히 날카로웠어요. 반론할 여지도 없이 맞는 말씀뿐이었죠. 하시는 말씀이 정곡을 찌르는 말씀이라서 그렇다고 연신 수긍하면서 듣기만 했어요. 그랬더니 2박 3일이 지나 사흘째가 되던 날 아침에 할머니가 '너는 무슨 말을 해도 화도 내지 않는구나'라고 말씀하셨어요. 그때까지 활활 타오르는 투쟁심 같은 것이 눈에서 싹 사라지는 것처럼 보였어요. 그 모습을 봤을 때 '아, 이분이 평소에는 이런 눈이구나'하고 생각했어요. 찾아간 첫날부터 그날 아침까지 눈빛에 적개심이 가득 차 있어서 그 얼굴이 평소 표정이라고 생각했는데 사흘째 아침에 그 적개심이 스르륵 사라진 표정을 보자, 지금이니까 말할 수 있지만, 아마도 쉽게 알 수 없는 굉장히 깊은 세계가 이분에게 있을 것이라는 직감이 들었어요. 그리고 동시에 이분 속으로는 도저히 비집고 들어갈 수 없을 것 같은 두려움. 아무튼 송신도 할머니는 처음 만났을 때는 지금과는 전혀 다르게 단단한 갑옷으로 자신의 몸을 감싸고 있어서 비집고 들어갈 수 있는 틈이 전혀 없었어요. 아주 작은 구멍조차도 찾을 수 없었죠. 저는 솔직히 말해 그게 너무 싫었어요. 예를 들어, 한국의 피해자 김학순 할머니나 강덕경 할머니는 처음 만난 사람도 감동시키는 아주 인간적인 깊이가 느껴졌어요. 그렇게 심한 피해를 당한 분들인데 우리를 감싸 주고, 받아들여 주면서 항상 따뜻하게 넓은 품을 느끼게 해 주는 그런 분들이었죠. 그래서 그분들과 너무나도 큰 차이에, 저는 아무리 피해를 당해 온 분이라고 하더라도 송신도 할머니처럼 이렇게까지 사람을 받아들이지 않는 분과는 함께 하기 어렵겠다고 생각했어요. 당시 저는 재판까지는 생각하지 않았고, 할 수 있다고도 생각하지 못했어요. 그치만 송신도 할머니를 만나 버리고 나면, 내버려 두기에는 너무나 신경이 쓰였어요. 할머니가 도쿄에 한 번 오신다고 말씀하셨을 때, 나는 아무것도 할 수 없지만 많은 사람들을 만나는 과정에서 할머니의 문제를 어떻게든 해결할 방법을 찾아 줄 사람이 있을지 모르겠다고 생각했어요.

주수자 확실히 도망쳤군(웃음).

양징자 도망쳤죠. 수자 씨는 야무지니까 확신이 들 때까지 도망치잖아요. 그러다 일단 하겠다고 하면 제대로 책임을 지죠. 저 같은 경우에는 뛰어들 때는 무방비 상태니까, 하다 보면 길이 열리겠지 하는 그런 면이 있어요. 그래서 유시마 모임도 해 보면 방법이 생길 것 같아서 했는데, 할머니가 재판을 하신다니까 그대로 끌려서 했는데, 결과적으로는 매우 잘했다고 생각해요. 그치만 처음에는 할머니의 인간 불신을 이해할 수 없었고, 무엇보다 사람이 들어갈 틈이 전혀 없어서 그게 너무 싫었어요.

기노무라 저는 직감적으로는 송신도 할머니의 인간 불신이랄까, 사람을 가까이하지 않는 점이 좋았어요. 사람을 많이 그리워하면서도 의심을 하면서 스스로에게 갑옷을 입히는 면은 저에게도 있었으니까 친근감이 느껴졌어요. 한번은 지원모임 회원의 집에서 할머니가 주무셨을 때, 저희 남편도 같이 즐겁게 술을 마신 적이 있었어요. 처음에 할머니는 남자에 대한 서비스 정신이 있으셔서 술을 마시면 꽤 품위 없는 행동을 하시잖아요. 집에 가려는데 우리 남편한테 '너 마누라 앞에서 키스해 볼래?'라면서 끌어안고 입맞춤을 했어요. 남편이 다른 여자랑 입맞춤하는 것을 처음 봤는데, 그때 저는 할머니를 좋아하게 됐어요. 송신도 할머니한테는 전혀 질투가 나지 않았지만, 오히려 남편한테 '뭐야 이놈은!' 하고 생각했죠.(일동 폭소)

'위안부' 여성들의 이야기를 듣고 많이 울었지만, 송신도 할머니의 이야기를 들었을 때는 울 수가 없었어요. 그게 이상하게도 왜 울지 못했는지, 눈물이 나지 않는 스스로가 신기했어요. 지금 생각해 보면, 우는 것보다 친근감이 더 커서, 사람을 믿지 못하는 갑옷 속에 숨어 있는 할머니를 매우 가깝게 느꼈기 때문인 것 같아요. 저는 처음부터 할머니에게 빠져들었고, 좋아했어요. 사람을 믿지 못하는 것은 당연하다고 느꼈고, 참 순수한 분이라고 저 나름대로 생각했어요.

다니구치 그건 기노무라 씨가 성폭력 피해를 당한 경험이 있는 자신을 송신도 할머니에게 투영한 적이 있나요?

기노무라 상당히 있지요. 하지만 어느 정도 친해진 뒤에 할머니한테 저도 피해를 당한 적이 있다고 말한 적이 있는데, '아, 그래' 한마디로 끝났어요.(웃음)

위안부 생활 7년의 무게

가와타 송신도 할머니는 7년 동안이나 '위안부' 생활을 하셨잖아요. 그게 크게 작용한 게 아닐까 생각해요. 김학순 할머니와 강덕경 할머니, 그리고 마리아 로사 L 헨슨 할머니, 네덜란드의 얀 루프 오헤른 할머니. 얀 할머니의 이야기를 들었을 때 느낀 거지만, 그 기간이 짧으면 화를 낼 수 있어요. 그런데 송신도 할머니의 경우에는 화를 내지 못해요. 너무나 긴 시간, 피해를 당했던 시간의 깊이와 심각함에……

주수자 침전해 버린 거죠.

기노무라 위안소에 있는 동안 자기 나름대로 합리화하는 논리를 점점 만들어 가니까.

주수자 할머니가 말씀하셨잖아요. 자신의 목숨은 더럽다, 살기 위해서 필사적이었다, 죽는 게 무서웠다고. 그런데 저는 아직도 송신도 할머니를 좋아하는지 싫어하는지 질문을 받았을 때 선뜻 좋아한다고 답하지 못하는, 이해되지 않는 부분도 있어요.

다니구치 그래도 수자 씨가 송신도 할머니를 이해하려고 하는 것은 역시 할머니가 '위안부' 제도 속에서 오랜 시간 피해를 당해왔다고 생각하기 때문인가요?

주수자 그게 크죠. 그리고 역시 전후의 생활이에요. 그걸 생각하면 역시 저도 모르게 친근감을 느끼게 돼 버리죠. 여전히 할머니에게 붙어 있는 것은 이 땅에서 함께 살고 있다는 것과 우리 어머니와 같은 세대라는 것도 있어요. 지금은 오히려 피해자라기 보다 더 가까운 존재가 되어 버렸으니까요. 그치만 처음에는 성격은 거칠지 입은 험하지, 마음이 맞을 거라고는 전혀 생각하지 못했어요. 지금은 왜 그렇게 되었는지 이해하는데, 징자 씨가 말한 대로 툭 던지는 말이나 행동에 확 끌려요. 제가 도망치려고 하니까 괜히 더 끌리는 건지, 통화를 할 때 '나는 도쿄에 혼자서 가지도 못하고, 아무것도 할 수 없는데, 몇 년 동안이나 데려다주고, 너희들 같은 사람은 없어'라고 툭 던지는 말에 마음이 확 되돌아오죠.

양징자 그런 말을 들으면, 그때까지의 고생이 전부 날아가 버리는 것 같아요.

주수자 그런 말을 최근에야 겨우 들을 수 있게 됐어요. 할머니는 스스로를 '폐만 끼치는 할망구'라고 해요. 그런 말을 들으면, 필사적으로 도망치려고 하다가도 마음이 다시 되돌아와 버리죠. 이런 일들이 벌써 8년째 계속되고 있어요.

기노무라 속으로 도망가야지, 도망가야지 하고 있으면, 그때마다 그렇게 마음을 되돌려 놓죠. 할머니는 아주 능숙하세요.

야마자키 저도 역시 전쟁 중의 7년 동안 송신도 할머니가 정말 어떤 경험을 했는지 우리는 아직 잘 모른다고 생각해요. 저는 재판을 시작한 지금의 할머니를 보고 있으면 '송신도'라는 이름을 되찾았다고 할까요, 지원모임과 교포들을 만나가는 과정에서 '재일조선인'이라는 민족성, 조선인이라는 자부심을 되찾았다는 느낌을 받아요. 그치만 여성으로서, 여자라서 좋다고 할머니가 생각하시는지, 그건 조금 다르지 않을까 생각해요. 역시 7년 동안 위안소에서 살아남기 위해서는 여러 가지를 스스로 해야 하잖아요. 송신도 할머니는 많은 피해에 대해서는 이야기를 하고 있을지 모르지만, 그 속에서 살아남기 위해서 자신의 감정을 억누르고, 어떻게 하면 조금이라도 편하게 지낼 수 있을까, 어떻게 하면 맛있는 것을 먹을 수 있을까, 하면서 필사적으로 살아왔다고 생각해요. 그런 것들이 계속 쌓이다 보면 자신의 의지로 하고 있는 것인지 상황에 맞춰 할 수밖에 없는 것인지 스스로 판단을 할 수 없게 되는 거죠. 이는 오랜 기간 성폭력을 당한 다른 피해자들과 비슷한데, 역시 위안소에서 받은 피해가 길었던 데다가 전쟁이 끝난 후에 일본에서도 힘든 상황이 계속되면서, 송신도 할머니는 잃어버린 것을 되찾지 못한 것이 아닐까요? 우리들에게는 보이지 않는 부분이 인간 불신으로 남아 있는 것이 아닐까요? 저는 아무리 많은 시간이 지나도 송신도 할머니의 진짜 모습을 보지 못할 것 같은 마음이 들기도 해요.

맨 처음 송신도 할머니를 모시고 모임을 했을 때 모두가 자신을 위해 모여 줬다면서 할머니가 도호쿠 사투리로 모두를 웃게 했잖아요. 어떤 면에서는 김학순 할머니와는 달리 친해지기 쉬우니까 주변에 있는 보통 할머니들처럼, 송신도 할머니를 이해할 수 있는 점들이 처음에는 있었던 것 같아요. 그런데 최근에는 역시 다른 피해자분들과의 차이가 있는 것 같아서 정말로 어떤 경험을 한 것인지, 다시 한번 제대로 들어봐야 할 것 같고, 말씀해 주시지 않을까 하는 생각을 해요.

양징자 그건 할머니가 직접 연기를 하는 것밖에 방법이 없을 것 같아요. 어떤 일이 있었는지는 아마 신체 표현이라면 해 주실지 모르겠네요. 말로는 더는 이야기하지 않겠다고 하셨으니.

주수자 전쟁 중에 일본군이 중국인을 죽이는 장면을 송신도 할머니가 직접 본 적이 있는데, 중국인의 목을 어떤 식으로 베었는지 할머니가 지원모임 사람들 앞에서 흉내 내면서 보여 줬다는 이야기를 들은 적이 있어요. 우연히 할머니 댁에서 잤을 때 베개를 중국인이라고 하면서 '이런 식으로 베는 거야'라며 몸으로 표현해 줬다고 했죠. 젊은 사람들이 전쟁 중에 겪은 일을 극으로 만들어서 연기하는 것을 봐도 할머니는 '나랑 달라, 나 밖에 못해'라고 하셨죠. 한국의 극단이 만든 '소리 없는 만가'

등을 할머니도 많이 봤지만, 자신이 경험한 것은 자기 밖에 표현할 수 없다고 강하게 믿고 계시죠.

기노무라 송신도 할머니는 '(위안소에서) 빨리 끝내기 위해서 엄청 고생했어'라고 말해요. 그런 걸 잘 아시죠. 하지만 자신이 빨리 끝내려고 한 행동은 내면에서는 굉장히 싫은 기분으로 남아 있게 되죠. 그 싫은 기분까지 왜 말하게 해야 하나요? 왜 그렇게까지 말하게 할 필요가 있는 건가 싶어요.

양징자 말하게 할 필요는 없어요. 제가 하자고 하는 것은 그런 말을 하게 하자는 것이 전혀 아니에요. 야마자키 씨가 말한 것처럼 우리들이 이해할 수 없는 것이 반드시 남아 있어요. 알 리가 없지요. 다만 제가 그렇게 생각한 것은 마리아 로사 L 헨슨 씨의 책(『어느 일본군 '위안부'의 회상』 이와나미서점 발행)을 읽었을 때였는데, 그분의 경우 피해 기간이 짧아서 피해의식을 강렬하게 품고 있는 사이에 해방되었죠. 송신도 할머니의 경우에는 피해의식을 초기에는 강하게 품고 있었다는 것은 이야기를 들어보면 알 수 있지만, 그 후에는 목숨을 지키기 위해 '이런 일은 하고 싶지 않다'라는 마음을 제거하지 않으면, 위안소에서 살아남을 수 없었죠. 그 피해의 깊이는 모두들 느끼고 있잖아요. 송신도 할머니 자신도 무엇이 가장 깊은 상처로 남아 있는지 아마 모르실 거예요. 그것을 할머니의 삶에서 꼭 인식하게 해야 하는가, 결코 그렇지는 않다고 생각해요.

하지만 마리아 로사 L 헨슨 할머니의 책을 읽고 생각한 것은, 그녀는 글을 쓸 수 있다는 것이죠. 강한 피해 의식과 상처를 입고 몸이 움직이지 않는 상황이라는 것을 엄마가 알아차려 줘서 신속하게 피해를 회복해 갔죠. 송신도 할머니는 전혀 그럴 수 없었어요. 자신의 피해 의식을 억누르지 않으면 살아갈 수 없을 정도로 오랜 시간 위안소에서 지냈어요. 게다가 어머니에게는 돌아갈 수 없었고, 자신이 '위안부'가 될 수밖에 없었던 직접적인 원인을 만든 것은 어머니였다고 생각하면서 어머니를 원망한 채로 두 번 다시는 만나지 않았죠. 그리고 글도 쓸 수 없었어요. 송신도 할머니에게는 글이 없었던 대신에 굉장히 날카로운 표현력을 갖고 있었지만, 일본의 시골에서 누구 하나 저분의 이야기를 제대로 들어 주려고 하지 않았어요. 가난한 조선인에 어차피 어리석은 인간이라며. 저희 어머니도 말이 매우 날카로운데, 저희 아버지가 너처럼 배우지도 않은 여자가 하는 말이 맞을 리가 없다며, 처음부터 그렇게 억압해 왔어요. 송신도 할머니의 경우에는 그런 대우를 마을 전체로부터 받았을 거예요. 저희 어머니도 그렇고 송신도 할머니도 그렇지만, 누구보다도 예리한 감각과 말을 가지고 있는데 '너는 바보잖아, 네 말 따위는 들을 필요도 없어'라며 무시당하는 것에 대한 억울함도 이루 다 말할 수 없을 거예요. 그런 상황 속에서 송신도 할머니의 인간 불신은 더욱더 커져서 자신에게 다가오는 사람들을 향해 일단 영문도 모르는 말을 내뱉어서 상대방을 시험해 보는 것이죠. 저에게 '조선 사람은 싫어'라고 한 것처럼요.

저는 그런 차이를 느낀 다음에 마리아 로사 L 헨슨 할머니의 책을 읽으면서 송신도 할머니에게도 무언가 이런 식으로 자신을 해방시켜 줄 수 있는 수단이 없을까 생각했어요. 송신도 할머니가 자신이 일본군 연기를 해 보고 싶다, 그걸 아는 사람은 나밖에 없다, '위안부'는 누가 할까, 나밖에 없어라고 말씀하신 것이 생각이 났어요. 그러면 글로 표현할 수 없다면 송신도 할머니와 정말로 신뢰관계가 깊은 사람들끼리 모여서 할머니가 말하고 싶은 것, 표현하고 싶은 것만 연기해 보게 할 수 없을까. 지금 증언집회에서는 말하지 않은 것이 많이 있어요. 우리끼리 있을 때는 말씀하던 것을 증언집회에서는 거의 말하지 않아요. 증언 집회장은 송신도 할머니에게는 많은 지원자가 있다는 것을 확인한다는 의미에서는 큰 힘이 되지만, 할머니가 자신을 해방시킨다는 의미에서는 이제 거의 의미가 없어진 것 같아요. 그런 의미에서 소규모 단위로 송신도 할머니가 원하는 만큼, 하고 싶지 않은 말은 하지 않고, 말하지 못하고 남겨둔 것들을 우리들끼리 있는 자리에서 연기를 하는 거죠. 그렇게 어떻게든 할머니 자신을 해방시켜 줄 수 있는 그런 기회를 앞으로 이 운동에서 만들어 갈 수 있으면 좋겠다고 생각했어요.

다니구치 송신도 할머니가 무언가 자기표현을 한다.

양징자 자기표현. 우리도 지원모임에서 우리들이 하고 싶은 말을 하면서 서로를 해방시켜 주고 있다고 신숙옥 씨가 말했는데, 송신도 할머니에게도 더욱더 그렇게 해드려야 하는 거죠. 물론, 하고 있는 부분도 있지만 신체 표현을 포함한 방식으로 말로 표현할 수 없는 것에서 해방시켜 드릴 수 있는 기회를 만들어 가는 것이 앞으로의 과제라고 생각해요.

야마자키 예를 들어, 그림을 그린다거나 자신의 마음속을 표현할 수 있는 방법. 무언가 수단이 있다면 더 표현하실 수 있을 거예요.

주수자 지난번 보고 집회 때, 마지막에 가사를 바꿔 부른 노래 같은 경우가 그렇겠네요. 송신도 할머니는 정말로 번뜩이는 재능이 있어요. 하지만 처음엔 군가를 불러서 빈축을 사기도 했고 '어째서 송신도 할머니에게 군가를 부르게 한 것이냐'라며 도중에 나가버린 사람도 있었는데, 송신도 할머니에게 노래는 하나의 위로였어요.

다니구치 지원모임에서는 자주 노래하고 춤을 추죠? 노래하면서 춤추는 송신도 할머니를 보면 삶에 대한 환희가 넘치는 것처럼 보여요.

주수자 어떤 사람이 집회에서 일 년 내내 그런다고도 말했는데, 할머니가 즐길 수 있는 곳은 그런 곳밖에 없어요. 할머니를 위로할 때는 그런 자리를 마련하면 할머니도 의기양양해져서 부를 노래를 정하고 몇 곡 정도 부르면 되는지 스스로 열심히 준비하시죠.

노래나 춤으로 남성에게 과잉 서비스를 하는 것을 보고 당황한 경우가 굉장히 많았어요. 위안소에서 7년 동안 어떻게 살아왔는지 그런 식으로 엿볼 수는 있지만, 할머니는 처음 당했을 때의 일에 대해서는 아직도 말씀하지 않아요. 처음 검사를 받았을 때의 일은 말씀하시지만, 처음 군인을 상대했던 일은 재판을 시작한 지 8년이 지났지만 아직 말하지 않으셨죠. 그러니 아직도 우리가 알고 있는 것은 일부에 지나지 않으니 방금 징자 씨가 말한 것처럼 할머니가 자신을 해방시킬 수 있는 수단의 하나로 노래가 어떨까 하는데. 기회가 있다면, 본인이 연기하고 싶다고도 말씀하셨으니까 그런 자리를 마련해 봐도 좋을 것 같아요.

송신도 할머니의 노래

가와타 송신도 할머니의 노래에 대해서 저는 복잡한 마음을 갖고 있어요. 처음 징자 씨와 와타나베 씨와 셋이서 할머니 댁에 갔을 때 밤에 여관에서 같이 술을 마셨는데, 할머니는 술집에서 일했을 때 부른 일본 민요나 옛날 노래들을 부르며 우리 세 여자를 환대해 주셨어요. 그건 여자가 남자한테 서비스 할 때 부르는 노래였죠. 군가는 일본 병사를 접대하기 위해서 위안소에서 배운 노래였는데, 군가를 부르는 것 이상으로 일본 민요 등 술집 노래를 부르는 할머니를 보는 것이 상당히 괴로웠어요. 할머니는 정말로 노래를 좋아하고, 할머니의 즐거움이라고 생각해요. 저도 함께 즐겁게 노래하고 춤추고 하지만, 처음에는 역시 송신도 할머니가 당한 피해를 생생하게 보게 된 것 같아서 당혹스러웠어요. 집회 등에서 그런 노래를 부르는 것을 봤을 때, 여성이 남성에게 성적인 서비스를 해야 했을 때의 습성 같은 것을 보는 것 같아 슬픔과 불쾌감이 뒤섞인 복잡한 마음이 들었어요.

기노무라 그 부분도 많이 달라지셨어요. 제소를 한 후였던 것 같은데, 처음에는 교류회에서 술을 마셨을 때 송신도 할머니가 민요를 불러 모두 즐겁게 해 주신 적이 있어요. 지난번 판결이 나온 뒤에 불렀을 때는 "고향 소식'은 빼놓을 수 없지'라고 하셨는데, 그 노래는 할머니에게는 남자를 즐겁게 하기 위한 것뿐만이 아니라 위안소에 있었을 때 본인이 열심히 외운 노래였고, 더군다나 자신이 돋보일 수 있는 순간이기도 했던 거죠. 굉장히 작은방 안에서 그 생각이 자신을 죽음으로 내몰았을지 모르지만, 할머니는 위안소에서 성적 대상으로만 취급당하면서 자신을 지워야만 했을 때, 적어도 상을 받고 사회적으로 자신을 돋보일 수 있었던 순간으로, 그것을 위해서 필사적으로 노래를 외웠고 상을 받았다고 하는 일종의 젊은 시절의 기쁨이었다고 생각해요. 그것이 제한된 틀 안에서 느끼는 기쁨이었다고 하더라도 자신의 인생에서 뺄 수 없는 노래라고 생각해요. 그 점에서 우리가 듣기 힘들다고 해도, 역시 송신도 할머니에게는 좋든 싫든 제한된 틀 안에서도 자신이 살아 있다고 느끼는 증거였다고 생각해요. 저는 할머니가 최근에 노래할 때는 그에 대한 자부심까지 포함해 부를 수 있게 됐다고 느껴요. 노래를 상당히 즉흥적으로 부르게 되셨죠. 최근에는 노래 내용도 변했고, 송신도라는 자신을 표현할 수 있는 방식으로 안심하며 노래하시는 것 같아요. 제멋대로의 해석인지는 모르지만 저는 그렇게 생각해요. 노래도 매우 좋은 쪽으로 변해간다고 생각한 적이 있어요.

가와타 '고향 소식'은 군가지만 전쟁의 고통을 노래하는 것으로 소위 전의를 고양시키는 노래가 아니라 병사들도 공감하는 노래예요. 이 노래를 송신도 할머니가 부르는 것은 불편하지 않지만, 가령 일본 민요를 성적인 가사로 바꿔 부르는 것은 저는 여전히 불편해요. 기노무라 씨가 말씀하신 것처럼 노래가 변했다고는 생각하지만, 조금 전 야마자키 씨가 '여성으로서 살아가는 기쁨까지 회복됐을까'라고 했던 것처럼 역시 저는 일본의 술집에서 남자들을 즐겁게 하려 했던 모습을 송신도 할머니의 노래나 춤에서 보게 되면 너무 불편해요. 물론 일본 민중들 사이에는 토착적으로 성을 즐기는 동작이나 표정, 몸짓과 노래도 있지만, 그 노래를 술집에서 부르고 돈을 매개한다면 자연발생적으로 성을 즐기는 것이 아니라 역시 여성 쪽은 비굴해지는 부분이라고 할까, 보수를 노리는 동작이 되지요. 아, 이런 몸짓을 하셨겠구나 하고 생각하면 저는 너무나 견디기가 힘들어요.

주수자 그렇지만 그것도 할머니가 살아온 하나의 방식인 거죠. 저도 처음에는 가와타 씨와 비슷한 느낌을 받았지만, 그런 것도 할머니가 표현하는 것 안에 존재한다는 것을 지금은 이해할 수 있게 되었어요. 성적인 몸짓을 하거나 음란한 노래를 부르는 모습을 자주 봤었죠. 그럴 때 얼굴을 들지 못하는 자신, 할머니를 바로 쳐다보지 못하는 제가 있는 반면, 할머니는 열심히 남자들에게 그런 몸짓을 하고 있어요. 그것에 대해 할머니와 이야기를 한번 나눈 적이 있는데, 그때 할머니의 첫 마디가 '남자는 그런 걸 좋아해. 너네는 젊으니까 모르는 거지. 그리고 이렇게 계속해 왔는데, 이제 와서 이렇다저렇다 하지 마'였어요. 위안소에서 지낸 7년 동안의 경험과 현재 시간의 흐름이 어딘가 할머니 안에서 멈춰버려서, 남자는 이런 서비스를 좋아한다는 생각이 굳어진 거죠. 저도 처음에는 당혹감과 놀라움, 혐오감이 들기도 했지만 그건 이전에 피해자가 나타날 일은 없다고 생각했던 자신의 감각과 겹치는 부분이 있다는 것을 깨닫고, 지금은 그런 할머니를 있는 그대로 이해하게 되었어요.

그런데 이번 판결 때 '고향 소식'을 부르셨죠? 그다음에는 '오쇼王将(역자주_1960년대에 발표된 일본 히트곡)'이라는 노래를 부르셨고요. 나중에 감상문이 들어왔는데, 그 사람도 군가를 불렀을 때는 깜짝 놀랐는데 그다음에 오쇼를 불렀을 때는 송신도 할머니가 자신의 길을 간다는 적극적인 의지가 느껴져서 매우 좋았다고 쓰여 있었어요. 뭐 그런 감상도 있었다는 거예요. 혐오감으로 도중에 나가버린 분도 있었지만, 할머니를 더 깊이 이해하려고 8년 동안 지켜봐온 분이 그렇게 이해해 주신 것에 편지를 읽고 혼자서 무척 감동했어요.

송신도 할머니의 있는 그대로를 받아들이고 싶어요

양징자 지원모임 안에서 송신도 할머니의 성적인 행동에 당혹스러워했던 분들이 꽤 있었던 것 같아요. 하지만 저는 처음부터 비교적 관용적이었다고 할까, 혐오감은 거의 없었어요. 제가 싫은 소리 안 하고 할머니한테 이쁨 받으려고 한다고 생각하는 사람도 있었던 것 같지만, 남자에게 안겨 입맞춤을 한다든가 하는 행동은 저는 아무렇지 않았어요.

제가 할머니를 좋아하게 된 가장 큰 계기는 제소 직전에 변호사가 소송장을 쓰는 과정에서 송신도 할머니에 관한 사실 관계, 예를 들어 최초의 가해자는 누구였는가 하는 것 등을 한 번 더 확인할 필요가 있다고 해서 혼자 할머니 댁에 찾아간 일이 있었어요. 어떤 이야기를 나눴는지 별로 기억나지 않지만, 끝났으니 이제 자자며 이불 속으로 들어가 누워도 할머니는 흥분해서 계속 이야기를 하시는 거예요. 그렇게 재잘대는 할머니를 보고 저는 문득 안쓰러운 마음이 들었어요. 그래서 저도 모르게 할머니의 등을 쓰다듬어 드렸죠, 누운 채로. 그랬더니 할머니가 갑자기 말씀을 멈추고 방긋 웃으시더니 금방 잠드신 거예요. 그 모습을 보고 할머니에게는 엄마가 필요하다는 생각을 했어요. 누군가가 자신을 있는 그대로 받아들여 주고, 하는 말을 다 들어 주고, 누구에게도 어떤 것도 비난을 받지 않는다는 경험을 한 번쯤은 해봐야 한다고 생각했어요. 그 뒤로는 할머니가 하시는 행동 전부를 받아들이게 되었죠.

이 분을 있는 그대로 받아들이는 존재가 필요하고 느낀 후부터는 말씀의 정확성, 예리함 그런 것들에 대한 존경심이 증대되면서 여하튼 대단한 사람이라고 생각하게 되었어요. 있는 그대로를 받아들이려는 마음과 존경하는 마음, 이 두 가지가 일치된 후로는 자연히 태도로 나타났어요. 그러자 할머니가 저를 대하는 태도도 거울처럼 반사되어 돌아온다는 것을 알았어요. 적의에 대해서는 적의를, 경의에 대해서는 경의를, 그렇게 예민하게 느끼고 돌려주는 사람은 좀처럼 없을 거예요. 그래서 사무국 회의 중에 할머니에게 여성으로서의 인식을 바꿀 수 있도록 우리가 요구해야 한다는 이야기 나왔을 때 제가 크게 화를 낸 적이 있었죠. 우리가 배울 것이 있다면 모를까 우리가 송신도 할머니를 가르쳐야 하는 것은 아무것도 없다고.

그런데 지금 이야기를 듣고 생각한 것은 배울 것이 아주 많이 있고 분명히 배워 왔다고 생각하지만, 마지막으로 송신도 할머니가 완전히 해방되지 않은 의식이 그런 식으로 남자들을 즐겁게 해주려고 했던 것이라면 '앞으로 무언가를 해야 하는가'라는 생각이 조금 들지만, 솔직히 저는 잘 모르겠어요. 실제로 할머니는 이해를 받음으로써 변해왔다고 생각해요.

주수자 지금까지 송신도 할머니가 우리들의 가슴이나 엉덩이를 만지기도 하고, 남자들한테도 똑같이 하시는 것을 여러 번 봐 왔어요. 하지만 반대로 기노무라 씨 같은 경우에는 만나면 먼저 할머니에게 가서 안기곤 하죠. 이번에 고등재판소 판결 때도 저는 줄곧 할머니의 등을 쓰다듬어 드렸는데, 할머니는 역시 그렇게 스킨십을 하고 싶었던 것이 아닐까 오랫동안 생각했어요. 그러니까 숙소에 함께 있을 때도 제가 먼저 잘 자라며 뽀뽀를 해드렸던 거예요. 할머니한테 당하고 깜짝 놀라거나 싫다며 거절하는 시기를 넘긴 뒤로는 제가 먼저 할머니를 끌어안으면서 '자, 이제 주무세요'라며 뽀뽀를 해 주면 할머니는 매우 안심하시죠. 기노무라 씨도 마중 갔다가 잘 지내셨냐며 다가가서 끌어안으면, 그것만으로도 할머니는 만족하시고요. 품에 안긴 할머니는 정말 귀여워요. 할머니가 먼저 하시기 전에 우리가 먼저 껴안아 드리고 했더니 남자한테 서비스를 한다거나 성적인 행동을 하는 그런 것들이 자연스럽게 사라졌어요. 정말로 지금은 평범해지신 것 같아요.

양징자 말로 해서 통하는 그렇게 간단한 문제가 아니죠.

주수자 그러니까, 스킨십이 굉장히 중요한 거죠.

기노무라   수자 씨는 할머니에겐 엄마와 같은 존재로 한국에 갔을 때도 할머니는 숙소에서 '수자는 어디 있냐'며 불안해하다가, 수자 씨가 오자마자 마치 아이가 엄마에게 하는 것처럼 '어제 잠을 제대로 못 잤어. 니가 안 오나 해서'라며 응석을 부리셨죠. 그럴 때는 저는 무시당하죠. 반대로 할머니는 저에게 마치 엄마가 아이한테 하듯 '괜찮으니까, 어서 자렴, 자야지'라고 하시는데, 제가 '응, 엄마 고마워'라고 답하면 엄청 좋아하세요 (웃음). 그런 경험은 할머니의 삶에서 거의 없었던 일이기 때문에 지금 우리들과 함께 있는 것이 할머니에게는 매우 좋은 환경이 되고 있는 것 같아요.

주수자   할머니와 전화로 말다툼을 하더라도 결국 할머니가 이기게 해야 하잖아요. 사실 저는 화가 가슴속에 남아 있어요. 진심으로! 그래서 기노무라 씨에게 푸념하려고 전화를 하면 '힘들겠네, 장녀는…… 막내인 나는 그냥 듣기만 하면 되는데'라고 해요. 할머니는 역시 사람을 봐가면서 말씀을 하시는구나 생각했어요.

양징자   할머니가 원하는 역할도 다르니까요.

기노무라   할머니는 혼날 일을 일부러 하세요. 상대를 일부러 화나게 해놓고, 상대한테 그렇게 말해도 소용없다는 것을 보여주려고 하시죠. '저 녀석이 하는 말이 나쁘다는 것이 아니야. 그치만 저렇게 말을 하면 내가 화딱지가 난다고'라고 말씀하시거든요. 그런 말을 전에는 거의 안 하셨는데, 왜 본인이 그렇게 했는지도 분명히 설명해 주시기도 해요.

주수자 그리고 한 가지 더, 본인이 윗사람이라는 자부심이 굉장해요. 지원모임 사람들이 나이가 있어도 본인이 가장 연장자라는 의식이 있어서, 우리들이 생각하는 것 이상으로 신경을 쓰시죠. 그러니까 아주 사소한 것에도 '정말 대단해요. 역시 연륜이 있으세요. 할머니한테 배울 것이 참 많아요'라고 하면 엄청 좋아하시죠. 그러면 할머니는 '그럼 그렇지, 나보다 배움이 있고, 다들 학교를 다녀서 이것저것 배운 건 많겠지만, 이런 정말로 인간이 해서는 안 되는 것들을 내가 자네들한테 가르쳐 주지 않으면 몰라'라는 말을 자주 하셨죠.

다니구치 지금까지 소외 당한 시간이 너무나도 길었죠.

주수자 그렇지요. 그리고 할머니는 자신의 존재를 객관적으로 볼 수 있게 되었어요. 자신을 받아주는 것 만이 아니라 모두가 저마다 자신에게 얻어 가는 것도 있다는 것을 어딘지 모르게 느끼시게 된 것 같아요. 그런 모습을 보고 있으면, 정말로 많이 변하셨구나 싶어요. 저도 역시 그동안 많이 변했고요.

송신도 할머니에게 있어서의 일본 병사

다니구치 전 군의관이었던 '중국 귀환자 연락회'의 유아사겐 씨가 송신도 할머니의 재판 보고 집회에서 발언했을 때 할머니께서 굉장히 안심하셨다는 말을 수자 씨에게 들은 적이 있는데요, 그것에 대해 말씀해 주시겠어요?

주수자 그때 일본 군인이었던 분이 집회에 와 있다는 것을 알고, 할머니께서 유아사 씨의 발언을 요청하셨어요. 유아사 씨는 '위안부'가 있었다는 사실, 그리고 본인도 다녔다는 경험을 이야기하셨어요. 할머니에게는 우리처럼 이야기를 들어주는 사람뿐만 아니라, 자신이 한 말이 사실이라고 증명해 줄 제삼자의 존재가 필요했고, 그분의 이야기는 할머니에게 힘을 주는 것이기도 했어요. 그 후 집회에서도 '오늘도 그분은 오시나'라며 재차 물으셨지요.

가해자라고 할까, 당사자인 일본군의 이야기가 할머니에게는 자신의 경험을 뒷받침해 주는 것이 된 거죠. '거봐, 나만 이야기하는 것이 아니라, 이 사람들도 말하고 있지?' 그런 것들이 할머니에게는 큰 위로가 되는 거예요. 반면, 전쟁 경험이 있는 나카소네 씨 같은 정치가를 보면 '저놈들이 제일 잘 알고 있으면서 입을 딱 다물고 있어'라고 화를 내시는데, 그 분노는 유아사 씨 같은 분을 만난 후로는 더 심한 말로 나타나죠.

기노무라 송신도 할머니는 '나는 총알 속에서 살아남은 사람이야'라는 말씀을 하세요. 예를 들어, 할머니에게 전쟁 중의 이야기를 들을 때 제가 책에서 본 적이 있어서 고개를 끄덕이면 '너는 어떻게 그런 걸 알고 있어? 살아있지도 않았으면서. 아버지한테 들은 거야?'라고 물어보세요. 그러면 제가 아버지는 그런 말씀 안 하신다고 하면 '그렇겠지, 그런 이야기는 하고 싶지 않지, 그때 일은……'이라고 하시죠. 그러니까 본인의 경험이라는 것은 당시, 그때, 그곳에 있었던 함께 고생한 군인들만 알 수 있다는 것이죠. 어설프게 전쟁을 책에서 읽고 안다고 하면 '글로 읽어서는 몰라. 실제로 거기 있었던 놈들이 똑같이 고생했고, 똑같이 알고 있지'라고 엄청 강조하시죠.

지금 송신도 할머니의 집에는 그 지역 사람들이 출정할 당시의 기념사진이 진열되어 있는데, 왜 저런 것을 걸어 놓느냐고 물으면, '그리워서'라고 말하세요. 할머니가 나온 것도 아니고 그때 고생하지 않았느냐며 왜 그리운 건지 물으면, '같이 총알 사이를 지나온 사람들이야'라고 답하시죠. 그런 사람들이 자신이 당한 일을 안다고 생각하시는 거죠. 가끔 '전우'라는 말을 쓸 때가 있는데 저희 아버지와 같은 감각으로 사용하실 때가 있어요. 저는 왜 그런지 이해할 수 없을 때가 있는데, 할머니에게는 그 시대의 일본 군대의 가치관이 내면화된 채로 그대로 남아 있어서, 전후 일본이 사죄도 보상도 하지 않고 있으니까 거기에서 벗어나지 못하는 것이라고 생각은 하지만, 그래도 아무리 생각해도 저는 이해가 안 돼요. 그 사진이……

양징자 그런 것을, 이 운동을 이해하고 지원 의사를 밝힌 사람들이 더 잘 알지 못하면 현실적인 문제에 대응하기 어려울 거예요. 일본인 할아버지가 집회장에 와 있으면, 송신도 할머니가 상당히 안심하는 것은 제소했을 때부터 쭉 그러셨어요. 그것과 반비례하듯 젊은 사람들 앞에서 증언하는 것은 굉장히 싫어하시면서 '이렇게 어린애들이 이해할 리가 없어'라고 말씀하시죠. 누구 한 명이라도 할아버지가 없는지 안절부절 하시죠. 그 사람이 자신의 증언을 뒷받침해 준다고 믿고 계시는 거죠.

꽤 오래전 일인데, 한 재일교포 여성에게 연락을 받았어요. 일본인 남성이 송신도 할머니를 인터뷰하고 싶어 한다는 것이었어요. 그 여성은 '송신도 할머니는 절대로 일본인 남자와 인터뷰하기 싫어하시겠죠?'라고 물었어요. 저는 '그렇지도 않아요. 그 남자의 나이가 몇 살인지에 따라 달라지겠지만'이라고 답했더니, '아니, 일본 군인을 연상시키지 않나요?'라며 깜짝 놀라더라고요. 그래서 '일본 군인 출신이 가장 좋은 것 같은데요'라고 답했더니 그분은 굉장히 놀랐어요.

이 운동을 지켜봐 온 사람들의 그런 인식은 '아마 그럴 것이다' 정도라면 괜찮지만, '반드시 이래야 한다'까지 간다면 솔직히 말해 곤란해요. 그래야 한다고 생각해온 사람은 다르다는 느낌을 받는 거죠. 그런 것에 대해 지원모임은 무엇보다 송신도 할머니의 있는 모습 그대로를 받아들이고, 또 역시 할머니를 있는 그대로 보여줄 수 있는 사회가 아니라면 진정한 의미에서 변했다고 할 수 없어요. 좋다 나쁘다가 아니라, 송신도 할머니가 당한 피해의 실체를 알기 위해서는 아무것도 틀어막지 않는 것이 중요하다고 생각해요. 그런 인식 차이가 드러난 일은 최근에 많이 있었지요.

주수자 전쟁터에서 함께 지낸 병사들과의 연결 지점은 목숨이라고 생각해요. 죽음에 대한 공포가 컸으니까, 본인도 무서웠고 일본 병사도 죽는 것은 무서웠을 것이라고. 어느 정도 얼굴을 익힌 병사가 전선에 가서 돌아오지 않고, 누구누구는 어디서 총 맞아 죽었다는 이야기를 듣는 거죠. 그러면 그 사람도 돌아가면 부인이랑 아이가 있을 텐데 불쌍하다는 마음이 드는 거죠. 그런 공감이 있는 반면, 함께 전쟁터에서 고생했음에도 불구하고 전쟁이 끝난 후에 그 사람들은 연금도 받으며 잘 살고 있는데 자신은 어떤가, 나 역시 똑같이 고생했는데 왜 지금은 이 모양 이 꼴인가 하고 생각하시는 거죠. 이것이 재판을 하게 된 가장 큰 이유라고 봐요. 일본 병사들한테 상처를 받고 심한 일도 당했지만, 죽음이라는 것과 마주하면 병사들을 공감하게 되면서 '저 사람들도 좋아서 온 것은 아니지'라고 말씀하시죠.

남경대학살을 주제로 한 집회에 갔을 때, '위안부' 피해 여성이 증언을 한 후에, 전 일본 군인이 가해 증언을 했는데 듣는 것이 너무 힘들었어요. 당사자가 언제까지 이런 상황을 마주해야 하는지. 일본 정부가 제대로 해결하지 않으니까 계속해서 이런 증언 집회가 열리고, 당사자가 피해를 말하고, 가해를 말해야 하는 거죠. 일본 정부는 송신도 할머니의 요구를 제대로 알았으면 좋겠다고 그 집회를 보고 생각했어요. 할머니가 일본 정부에 요구하고 있는 것의 정당함, 일본 정부의 책임이 막중하다고 생각했죠. 그러니까 할머니가 일본 군인의 이야기를 할 때가 오히려 저에게는 가장 힘든 순간이에요.

기노무라 송신도 할머니가 사는 지역에 출정 경험이 있는 지인 남성이 있었는데, 예전에 노인회인가 하는 모임에서 그 남자의 부인한테 '당신 우리 남편이랑 잤지?'라는 말을 들은 후부터는 그 사람과 말도 하지 않고, 두 번 다시 그 집에도 가지 않았다고 해요. 그 할아버지가 돌아가셨다고 저에게 전화를 걸어서 이런 말씀을 하셨어요. '그 사람도 고생 많이 했지. 그 사람 부인이 이상한 사람이라 그런 소리를 듣고 나서, 나는 다시는 그 집에는 안 갔다'며 욕을 하셨는데, 그 욕이 힘이 없고 엄청 쓸쓸하게 들렸어요. 저는 가만히 듣고만 있었는데, 역시 전쟁에 다녀온 사람들이 하나 둘 죽어가고 자신의 경험을 아는 사람들이 죽어가는 것에 대한 쓸쓸함을 느끼시는 것 같았어요. '전쟁 끝나고 살아 돌아와서 연금 받으면서 편하게 생활했으니까 그놈은 죽어도 한이 없을 거야. 지금까지 살았으니까 다행인 거 아냐?'라는 이런저런 말로 마음을 추스르면서 열심히 말씀하셨죠. 저는 그럴 때는 가만히 고개를 끄덕이며 듣기만 하는데, 그 사람은 어쨌든 보상받고 인생을 끝낸 거라며 할머니는 납득하려고 하시죠. 함께 전쟁터에 다녀온 사람에 대한 할머니의 마음은 아마도 경험을 공유했다는 점에 있는 것이겠지만, 한편으로 할머니는 아무런 보상도 사죄도 받지 못하고 있다는 현실이 있는 것이죠. 그에 대한 분한 마음이 있어서, 왜 한국이랑 조선 여자들을 끌고 가서 그런 짓을 시켰는지 일본은 나쁘다고. 예전에는 저에게 일본은 좋다고 말씀하기도 했는데, 지금은 '일본은 못됐어. 너가 일본인이라 말하기 그렇지만, 일본은 형편없어'라고 하세요. 그런 말들을 한참 쏟아놓고 나면 조금 마음이 편해지시는 것 같아요. '조의금 가지고 가지 않아도 될까. 죽었을 때만큼은 가봐야 하는 거 아닐까?'라고 물어보시길래 '괜찮아요. 할머니가 그렇게 생각하는 것이 중요하니까. 돈을 가져가는지 아닌지는 문제가 아닌 것 같아요'라고 말씀드렸어요. 저희 아버지도 그러시지만, 본인이 다녀온 전쟁은 대체 무엇이었나 하는 의문과 생각이 전혀 해소되지 않은 채 남아 있는 거죠. 가끔 그런 공통점을 보게 되는데, 젊었을 때 경험한 전쟁의 기억을 결국 각자가 해결하지 못하고 마음속 응어리로 남아 청산되지 못하고 있는 거죠. 마지막까지 해결되지 못하는 것은 결국 정부의 자세가 전혀 바뀌지 않고 있기 때문이죠. 실제로는 유아사 씨가 와서 기뻐하고 서로 고생했다고 말할 수 있지만, 그 사이에 벽을 만들고 있는 것은 일본 정부인 것 같아요. 저는 어떻게든 그 벽을 넘고 싶어요.

가와타 송신도 할머니의 일본 병사와의 관계에 대해서 말하면, 오다●에 대한 할머니의 집착은 무엇일까 하는 생각이 들어요.

다니구치 어떤 집착 말인가요?

기노무라 '버릴 거면서 왜 데려왔는가'라는 생각. '그놈은 사형당해 죽었지만, 꿈을 꾸게 했지'라던가 '그놈이 살아 있다면, 이 판결을 듣고 뭐라고 했을까'라고 말씀하기도 하시는데, 그런 집착이 늘 있어요.

양징자 사형당한 것에 대한 연민의 마음이 있으신 거겠죠.

주수자 그때는 지푸라기라도 잡는 심정이었겠지만, 오다한테도 역시 일말의 정이 있었던것 같아요.

● 가명. 일본이 패전한 직후, 중국에서 송신도 할머니에게 결혼해서 함께 일본으로 돌아가자고 한 전 일본 군인. 그런데 일본에 도착하자마자 송신도 할머니는 낯선 일본에서 오다에게 버림받았다. 1951년, 오다는 지인의 동생을 강간 살인한 죄로 사형당했다.

기노무라   하지만 '절대로 나는 좋아하지 않았어. 싫었어'라고 강하게 부정하시죠.

양징자   연애 감정이라고 정의할 수는 없죠. 또 있었으면 어떤가 하는 생각도 들고요.

가와타   오다와 하재은 씨●에 대한 송신도 할머니의 감정. 하재은 씨와의 관계에서는 성적 관계를 갖지 않았다는 것은……

기노무라   그 점은 정리가 되지 않아요, 송신도 할머니도.

양징자   가와타 씨는 자신을 돌아봤을 때 연애 감정을 느끼고, 정을 느끼고, 애정을 느낀다는 것이 어떤 것인지 알 수 있나요? 지금 과거를 돌아보고 이 사람은 정말로 좋아했다거나, 이 사람은 진정한 연애가 아니었다든가 그런 것을 정확히 알 수 있나요? 구별이 되나요?

가와타   그치만 말로 표현하자면, 일종의 '애정'이나 '사랑'이나 '정', 몇 가지 종류는 어느 정도 있죠.

양징자   있어요? 이 사람은 좋아했고, 이 사람은 사랑했다는 것이?

● 일본에서 오다에게 버림받고 거리에서 헤매던 송신도 할머니를 동정해 의식주를 제공해 주고, 전후 일본에서 함께 살아온 재일동포 남성. 겉보기에는 부부처럼 보였지만 육체 관계는 없었다고 한다. 1982년에 사망했다.

가와타 좋아하는 방식이 다르다든지, 사랑하는 방식이 다르다 든지.

양징자 전부 환상이에요. 저는 그렇게 생각해요. 전부 그때의 착각이라고 생각하고, 그것을 돌아보고 정말로 오다를 사랑했던 것이 아닐까 그렇게 말하는 것은……

주수자 사랑했다고는 생각하지 않아요. 그러니까 그때 최소한의 정이라는 것이 있지 않았을까 싶지만, 그런 상황에 자신에게 함께 가자고 했다, 조국에 돌아갈 방법도 모르는 처지에서 그 사람이 손을 내밀어 줘서 함께 행동할 수밖에 없었다. 송신도 할머니는 그것을 가장 혐오하고 있잖아요. 쉽게 속고, 그런 듣기 좋은 말에 잘 넘어가는 자신에 대한 불신이 있는 거잖아요. 오다는 할머니에게는 그런 의미에서 집착으로 남아 있는 거라고 생각해요.

가와타 결과적으로 보면, 본인을 일본으로 데려왔고 게다가 버렸다고 하는 부정적인 감정이 있음에도 불구하고 오다의 소식을 알고, 알아냈다고 말하면 미소를 지으시는데 그때 눈빛이 굉장했어요. 의외였죠.

주수자 그건 오다에 대해서만 그러는 것은 아닌 것 같아요. 할머니는 항상 양 극단의 상황에서 흔들리시잖아요. 일본 병사에 대해 연민의 감정이 있는가 하면, 그놈들은 전쟁 끝나고 보상을 받았으니까라고 생각하기도 하시고. 그건 우리들에 대해서도 양 극단으로 움직이시죠.

가와타 하재은 씨에 대해서도 그렇고.

주수자 송신도 할머니가 상대에 대해 내리는 엇갈린 평가, 감정 변화의 '폭'과 '거리'. 오다에 대해서도, 하재은 씨에 대해서도, 전 일본 군인에 대해서도, 나카소네조차 '그놈들도 전쟁터에서 고생한 적이 있다'고 생각하게 돼버리는 거죠. 그러니까 그 점이 이야기를 나눌 때 가장 힘든 점이에요. 송신도 할머니가 갖고 있는 극단에서 극단으로 옮겨가는 감정의 격차를 저는 전혀 이해할 수가 없어요.

양징자 나는 반대로 송신도 할머니의 사람에 대한 평가는 어떤 부류의 사람에 대해서는 정해져 있다고 생각해요. 이렇게 말했다가, 저렇게 말했다가 하다가도 예를 들어, 지원모임 회원에 대해서도 상당히 정리가 되신 것 같아요. 하재은 씨에 대해서도 '그 짠돌이 영감'이라거나 '얼굴이 무서웠다'라는 것은 본질적인 평가가 아니라, 역시 은인이라고 말씀하시는 것이 진심이라고 생각해요. 그런 의미에서 오다에 대한 본질적인 평가는 그러고 보면 들어본 적이 없는 것 같아요.

주수자 송신도 할머니가 오다의 집에 두 번째 찾아갔을 때, 돌을 던지면서 '미군을 상대로 몸을 팔아서 양공주라도 해라'라는 소리를 들은 것이 충격이 컸던 모양이에요.

기노무라 그때도 돌아가려고 했을 때 오다가 '한 번 하자'라고 해서 하게 했다는 이야기가 있었죠. 히로시마에 갔을 때 밤새도록 이야기한 적이 있었는데 제가 할머니에게 '결국 할머니가 속았잖아요. 왜 그렇게 좋게 이야기해요? 왜 그렇게 신경 써요? 제멋대로 데리고 온 거잖아요. 자기가 돌아오기 위한 수단이었을 뿐이잖아요'라고 말했더니, 우시는 거예요. 어째서 그때 속았을까 하는 억울함과 속이려고 했다면 다른 식으로 속일 수도 있지 않았겠냐며. 한 번이라도 좋으니 어쨌든 살아있다면 그걸 물어보고 싶다고. 무슨 작정이었는지, 그 이유를 듣고 싶은 것이 할머니에게는 가장 큰 과제인 거죠. 하지만 상대가 죽어버렸으니까 아무것도 해결되지 않은 거죠. 미야기로 돌아왔을 때, '나는 사람한테 속기만 하면서 살았어'라는 말을 했을 때는 매우 쓸쓸해 보임과 동시에 매우 솔직한 눈을 하고 계셨어요. 그때부터 저는 이 분을 거스르지 않기로 다짐했어요. 고등재판소 판결이 나온 뒤에도 말씀하셨어요. '그 인간이 살아 있다면 뭐라고 할까'라고.

주수자 할머니의 마음속에는 수많은 의문이 남아 있을 거예요. 어머니는 왜 자신을 미워했는지, 왜 그때 억지로 결혼시켰는지, 어머니부터 시작해서 왜 조선인 브로커가 왔을 때 간다고 해버렸는지에 대한 후회, '그때'라는…… 입장 바꿔 생각해 보면 너무 고통스러워요. 자신의 인생에서 커다란 갈림길이었는데, 그때마다 속아 넘어간 자신에 대한 불신이라든지 많은 의문들로 가득하실 거예요.

가와타 할머니의 경우는 어머니의 사는 방식에 아주 부정적인 감정을 갖고 있어요.

주수자 동생만 예뻐했다는 것이 어린 마음에 남아있는 거죠. 열여섯 살까지의 삶을 우리는 아직 다 알지 못하고 있어요. 저도 제 인생을 돌아보며 느끼는 거지만, 열여섯 살까지의 삶은 매우 의미가 크죠. 그 부분이 안갯속에 있는 것 같아 답답함을 느끼죠.

송신도 할머니가 바라는 해결 방안은?

다니구치 마지막으로 송신도 할머니께서 바라는 해결을 위한 방안에 대해서 의견을 들려주셨으면 합니다. 야마자키 씨는 여성국제전범법정 활동을 해오셨는데 그 경험도 포함해 야마자키 씨가 생각하는 송신도 할머니에게 해결이란 어떤 것일까에 대해 말씀해 주세요.

야마자키 일본 정부의 피해자에 대한 인식을 우리가 전혀 바꾸어 놓을 수 없었다는 것을 최근에 많이 느꼈어요. 송신도 할머니의 두 재판의 판결문을 읽고 생각한 것은 할머니는 '공창제도의 연장선 상에 있는 매춘부였다. 전쟁터에서 일했던 매춘부였다'는 인식이 판결문 속에서 점점 강조되고 있고, '그럼에도 많이 힘들었을 것이다'라는 정도의 인식밖에 없어요. 운동을 하고 있는 사람들 중에는 특히 피해자가 공개 증언을 하고 나선 이후로는 '위안부' 제도는 성노예제도였다는 인식이 정착되어 왔지만, 일본 정부는 절대로 성노예라는 표현을 사용하지 않고, 피해의 실태를 인정하지도 않고 법적 보상도 하지 않으려고 하죠. 송신도 할머니의 피해에 대해서도 인정하지 않고 있고, '위안부' 문제가 무엇이었는가 하는 사회적인 인식을 전혀 바꾸지 못했다는 생각이 드는 거죠.

전범법정과 관련해서 말씀드리면, 피해자가 증언을 한 후에도 가해자에 대한 책임을 좀처럼 물을 수가 없었는데, 전범법정에서는 가해자인 정부는 나서지 않았다고 해도 전 일본 군인들이 증언을 했어요. 단순히 위안소에 갔다는 것만이 아니라 강간이라는 표현을 써 가면서 피해자 앞에서 명확히 증언할 수 있게 되기까지 피해자들의 공개 증언으로부터 10년이 걸렸어요. 우리는 가해자의 증언을 지금까지 제대로 귀담아듣지 않았어요. 아마 말하고 싶은 분들이 있었을 거라고 생각하지만, 그 이야기를 충분히 듣는 작업이 진행되지 않았기 때문에 아직 할 일이 많이 남아 있지요.

주수자 재판을 시작했던 당시는 돈이 많이 들기도 했고, 여러 이유로 무엇보다 재판을 계속할 수 있을까 하는 불안이 있었어요. 하지만 8년 동안 이어오고 있는 지금 생각해 보면, 송신도 할머니를 도와주는 사람들이 일본 사회에 있다는 것을 확인한 것은 하나의 성과예요. 또한 할머니 자신이 재판에 대해 회의적이었지만 재판을 하길 잘했다고 생각하게 되셨고 성격도 부드럽게 변하셨죠. 할머니가 '젊은이들한테 전한다는 것만으로도 의미가 있는 일이야'라는 말씀을 하시는 것을 보고 할머니와 지원자들 사이에 유대 관계가 생겼다고 느꼈어요. 반면에 일본 정부의 인식은 전혀 변한 것이 없어 허탈감이 들어요. 그것과 국민기금에 대한 평가를 놓고 운동 단체가 분열된 것은 매우 안타까워요.

국민기금으로 이 문제는 끝났다고 하는 일본 정부의 태도가 국민들에게 미치는 영향은 너무 커서, 일반인들마저도 '어쨌든 정부가 그렇게 했으니까 그 문제는 끝난 거잖아요'라는 말을 실제로 해요. 그때마다 저는 '하지만 아무것도 달라진 것은 없어요. 할머니가 납득할 수 있는 상황이 아니죠. 할머니의 생활은 아무것도 달라진 게 없어요'라고 답하고 있어요. 앞으로 어떻게 일본 정부를 설득해 나가야 할지 이렇다 할 방법은 없지만, 지금까지 10년은 피해자의 증언이 큰 주목을 받아 왔으니, 앞으로는 가해 상황 역시 제대로 파악해 나가야 하죠. 그리고 재판에서 할머니의 피해에 대해서도 더 조사할 수 있는 부분, 부족한 부분이 남아 있다고 생각해요. 역시 송신도 할머니의 생각과 경험을 꾸준히 알려가는 것이 지금 제가 할 수 있는 일이라고 생각해요. 그리고 미래에 대한 불안을 조금이라도 해소해 드릴 수 있었으면 해요.

기노무라 솔직히 말해서 일본 정부에 대한 기대가 없어졌어요. 일본인이라는 것 자체가 싫어져 버렸어요. 8년 동안 송신도 할머니와 함께 하면서 제가 할 수 있는 것은 최대한 하려고 했어요. 그런데 제가 가장 크게 느끼는 것은 일본 정부도, 운동을 포함한 일본 사회 전체가 실제로 피해를 당하거나 차별을 당한 사람들의 의사를 대변하는 활동을 전혀 못하고 있다는 것이에요. 지난 8년간 운동을 해오면서 많은 사람들을 만나왔지만, 결국 당사자의 마음을 전혀 헤아리지 못했다는 것이 지금의 상황이라고 생각해요. 저는 제삼자가 옆에서 이러쿵저러쿵 마음대로 말하는 것은 두 번 다시 하고 싶지 않고, 할머니가 원하시는 그러니까 수상이 할머니 집으로 직접 찾아와서 사죄하는 것을 할머니가 살아계시는 동안 어떻게든 실현시키고 싶어요.

운동하는 쪽도 포함해서 사회 전체가 피해자를 짓밟는 방식으로 자신들을 정당화하려는 일본의 모습이 너무나도 싫어요. 이런 것을 어떻게 극복해 가야 할지 저는 아직 잘 모르지만, 적어도 지원모임은 할머니가 바라는 것을 최우선으로 생각해 왔어요. 제가 지원모임을 좋아하는 이유인데, 바로 그 중요성을 일본 사회가 이해할 수 있도록 하는 운동 방식, 정부에 대한 문제 제기가 아직 제대로 이루어지지 못한 것이죠. 그 책임은 저에게도 있기 때문에 할 수 있는 방법이 있다면 무엇이든 해 나가고 싶다는 것이 지금 저의 생각이에요.

양징자 이 활동을 시작했을 무렵, 특히 한국의 '위안부' 피해 여성들의 이야기를 듣는 가운데 그분들이 가장 바라는 것은 '어렸을 때로 돌아가고 싶다, 가능하다면 다시 태어나서 평범한 여자로 살아보고 싶다. 결혼해서 아이도 낳아 보고 싶다'는 것이었어요. 이른바 피해 회복의 조건 중에는 원상회복이라는 것이 포함되어 있는데, 원상회복만 된다면 다른 것은 아무것도 필요 없죠. 하지만 피해 회복의 여러 방법 중에서 절대로 실현 불가능한 것이 원상회복이에요. 그렇다면 차선책으로 무엇이 필요한가. 그것은 일본 정부가 책임을 인정하고 제대로 사죄하고 보상하는 것이라고 줄곧 이야기해 온 것이죠.

또 한 가지, 피해 회복에 어떤 양상이 있다는 것을 송신도 할머니와 함께 해 오면서 구체적으로 알게 됐어요. 지금까지 계속 말해 왔듯이, 할머니는 처음에는 이야기해도 아무도 믿어주지 않을 것이라는 불안을 품은 채 자신의 경험을 이야기했고, 그것이 받아들여졌다. 우선 용기를 내어 이야기를 했고, 그리고 그 이야기가 의외로 받아들여졌고, 그 과정을 몇 차례 반복하고 확인하면서 '아, 이해해 주는 사람이 이렇게 있구나'하며 타인를 신뢰하게 되었죠. PTSD(외상 후 스트레스 장애)를 가진 피해자가 회복하는 과정 — 피해를 이야기하고, 받아들여지고, 사회화해가는 3단계를 송신도 할머니뿐만 아니라 많은 '위안부' 피해자 분들이 거쳐왔어요. 그런 의미에서의 피해 회복은 상당한 진척이 있다고 생각해요.

하지만 역시 완벽하지 않아요. 일본 정부가 국가적 책임을 지지 않으면 안 되는 거죠. 당사자들이 열심히 이렇게까지 피해 회복을 해 왔어요. 그러면 뭐가 더 부족한가. 역시 가해자 측이 져야 할 책임, 이것이 여전히 남아 있는 것이죠.

증언하고 나선 분들의 수는 적지만, 수많은 송신도 할머니가 아시아에는 있을 거예요. 우리들이 힘을 모아 8년이라는 시간 동안 이렇게 상처를 받으면서도 어떻게든 지원하고 도움을 드릴 수 있었을지 몰라요. 이렇게 압도적인 피해를 당한 송신도 할머니와 같은 사람들이 아시아에 아직도 몇 만 명이 계실 거라고 생각하면 눈앞이 캄캄해요.

원상회복이라는 완벽한 해답이 없다는 것을 운동을 하는 사람들이 인식하고 차선의 해결책 중에서, 그분들에게 과연 '잘 해결됐어요'라고 말해줄 수 있을지. 우리들이 지금까지 송신도 할머니가 무엇을 이야기하고 무엇을 원하는지 겸허히 들어왔지만, 지금은 할머니께서 저희의 생각을 듣고 싶어 하세요. 그런 관계가 형성된 단계에서는 어느 정도 현실을 냉정하게 인식하면서, 일본 정부와의 싸움에서 이것을 쟁취하면 승리했다는 것을 할머니의 의견을 들어가면서 우리 자신이 판단한 안을 제시할 필요가 있지 않을까 생각해요. 초기에는 자주 해결에 대한 이야기를 나눴지만, 최근에는 바빠서 할머니가 바라는 해결을 어떻게 쟁취할 수 있을지, 냉철한 현실 인식에 기반한 논의가 진행되지 못한 것 같아요. 할머니께서 바라는 해결에 대해 다른 피해자분들의 해결 문제도 포함해 넓은 시야를 갖고 제대로 된 논의를 해야 하죠.

가와타 현실적인 해결이라는 것이 솔직히 말해서 전혀 보이지 않아요. 그래도 저는 역시 초기에 송신도 할머니께서 식칼을 품고 잔다고 말씀하신 그런 위기감, 그리고 몇 번이나 죽으려고 강아지를 안고 바다에 뛰어들고 싶다고 말씀하시는 것은 없어졌죠. 할머니와 지원모임 사람들과의 신뢰 관계를 형성해 온 것이 큰 희망이라고 생각해요.

양징자 지원모임 회원들은 나름대로 열심히 하고 있지만, 역시 지원하는 사람들의 활력이 기본적으로 부족한 것 같아요. 운동하는 분들이 모두 지쳐있고……

주수자 지금 현실적인 해결을 보려고 한다면, 기준을 상당히 낮추지 않으면 안 돼요. 과연 그 기준을 낮출 수 있는가 하는 문제가 있지요. 그런 딜레마를 굉장히 의식하면서 하고 있고, 지금까지 열심히 해 오면서 느낀 성과는 각자 있겠지만, 가장 중요한 것은 일본 정부에 어떻게 요구해 갈 것인가죠. 지금 징자 씨가 열심히 하고 있는 입법화라는 가장 현실적인 수단조차 굉장한 거리감을 느끼고, 솔직히 어떻게 하면 좋을지 모르겠어요. 송신도 할머니에게 구체적인 것을 제시하지 못한 채 그저 힘내자고 격려하면서 해 왔는데 앞으로 상고심 판결이 나오면 어떻게 하면 좋을지 걱정스러워요.

양징자 앞날을 걱정하는군요(웃음). 계속 고등재판소 판결을 걱정하나 했는데. 상고심을 시작한 지 얼마 되지도 않았는데 최고재판소 판결을 걱정하는 사람은 수자 씨 밖에 없을 거예요. 나는 판결 전날이 되어도 걱정 안 하거든요.

주수자 그러니까 좋은 콤비지.

야마자키 재판이 모두 끝나면 달리할 수 있는 것들이 뭐가 있을지 여러 가지 생각해요.

기노무라 재판이 너무 오래 걸려요.

주수자 오래 걸리는 것만이 아니라, 어째서 지금까지도 인정하지 않느냐고 따지고 싶어요.

가와타 재판이 길어진 것은 안 좋지만, 그래도 그 시간이 필요했다고 생각해요.

주수자 할머니에게도 그렇긴 했죠.

양징자 몇 년 전까지만 해도 이 재판이 끝나면, 저는 모든 활동을 그만두는 것이 소원이었어요.(웃음)

주수자 그건, 지금도 제 소원이에요.(웃음)

(2001년 3월 18일 도쿄 신주쿠에서)

"할머니, 참 다행이예요

편집 후기
한국어판 후기

편집 후기

'송신도 할머니를 만나 버렸기 때문에'
'송신도 할머니가 도호쿠 지방 사투리를 쓰시니까'
'어려운 이야기를 하는 사람이 없어서'

'지원모임'에 들어온 동기는 모두 제각각이다.

대표를 정하지 않는다. 사무실을 두지 않는다. 상근자를 두지 않는다. 끝까지 논의해서 합의를 이끌어 내는데 너무 중점을 두다 보니 회의 시간이 길어진다. 겨우 결정된 사안도 자주 뒤집어 진다. 누군가가 '역시 이건 아냐'라고 말하면, 논의는 다시 원점으로 돌아가기 때문이다.

이런 지원모임을 보고 신숙옥 씨(재일한국인 활동가)는 '통일성도 일관성도 없는 조직', '제각각이고 의사결정이 늦으며, 무책임한 말만 하고는 밥 먹으며 떠든다'라고 표현했다.

하지만 그런 지원모임도 공유할 수 있는 것이 있다. 처음 해보는 '재판 지원운동'에 불안과 망설임을 느끼면서 참가하고, 송신도 할머니와 싸우면서 상처받고 괴로워하면서도 결국에는

'함께하길 잘했다'고 진심으로 서로를 이해할 수 있게 되었다는 믿음이다.

"재판에 졌어도 내 마음은 지지 않았다"

송신도 할머니의 이 말을 들었을 때, 만나서 다행이다, 끝까지 함께 싸울 수 있어서 정말 다행이라며 모두의 마음이 하나가 되었다. 재판 투쟁 10년을 포함해, 송신도 할머니와 함께 한 15년이라는 세월은 우리들 인생에서 가장 중요한 페이지로 새겨졌다.

모든 재판이 끝나고 이 경험과 활동을 정리해 보는 것이 다음 과제로 남았다. 과제는 영화 〈나의 마음은 지지 않았다〉의 완성, 영화와 동시에 발행하는 책으로 일단락 짓게 될 것이다.

재판 지원운동에 처음 발을 들였을 때처럼 우리들은 영화 제작이라는 미지의 세계로, 불안을 느끼면서도 힘껏 뛰어들었다. 재판이 끝났을 때 50개 정도 있던 비디오의 '간단한 편집'을 부탁한 안해룡 씨가 '영화로 만들고 싶다'라는 말을 꺼낸 것이 계기였지만, 결과적으로는 "나 같은 여자가 있었다고 영화로라도 남겨 둬"라고 말했던 송신도 할머니의 바람을 실현할 수 있게 되었다.

재판 지원운동을 정리해 보는 의미에서 엮은 이 책은 자연스럽게 영화를 보완하는 내용이 되었다. 영화와 함께 이 책을 읽는다면 영화의 배경에 있는 것들과 송신도 할머니의 마음이 보다 풍부하게 전달될 수 있을 것이다. 그리고 영화에는 담을 수 없었던 우리들의 머리 속에만 선명하게 남아있는 장면을 전달하기 위해 최대한 노력했다.

이 책은 영화와 함께 '다시는 전쟁을 해서는 안 돼', '나같은 여자를 다시는 만들어서는 안 돼'라고 외쳤던 송신도 할머니의 평화에 대한 강한 마음을 전하고, 평화를 실현하는 데 도움이 되길 바라며 발행하는 것이다. 그리고 송신도 할머니의 평화를 향한 마음을 누구보다 잘 알고 있다고 자부하는 사람으로서 앞으로는 우리의 언어로 우리의 체험을 전하고, 송신도 할머니의 마음을 실현해 가겠다는 각오를 나타내는 것이기도 하다.

개인적으로 10년 동안의 숙제를 건네 준 기노하나샤의 하나무라 겐이치 씨에게 이 책의 편집·출판을 부탁했다. 진심으로 감사드린다.

2007년 8월 10일
재일 '위안부' 재판을 지원하는 모임   양 징자

한국어판 후기

송신도 할머니가 세상을 떠난 것은 2017년 12월 16일이다. 1997년 12월 16일에 김학순 할머니가 세상을 떠난 지 꼭 20년이 되는 날이었다. 다큐멘터리 영화와 책『나의 마음은 지지 않았다』가 나온 2007년으로부터 정확히 10년 후이기도 했다. 여기서는 이 책의 일본어판이 출간된 이후 송신도 할머니가 지내온 10년을 되돌아보고자 한다.

동일본대지진 발생 당일

충청남도에서 태어나, 중국에서 7년에 걸쳐 일본군 '위안부' 생활을 강요당한 송신도 할머니가 전쟁이 끝난 후에 살아온 곳은 미야기현의 오나가와초였다. 재판을 진행할 때는 할머니의 평온한 생활을 지켜드리기 위해 사는 곳을 밝히지 않았다. 거주지를 단지 '미야기현'이라고만 밝혔기 때문에 많은 이들은 할머니가 센다이에 살고 있다고 생각했지만, 실제로는 동일본대지진 당시 가장 큰 피해를 입은 해안가 오나가와초에서 전후의 일본을 살아왔다.

2011년 3월 11일 오후 2시 46분. 오시카 반도 앞바다에서 규모 9의 강진이 발생했을 당시, 송신도 할머니는 오나가와의 자택에 있었고 강한 흔들림에 몹시 놀랐다. 그때 "쓰나미가 몰려와요, 도망가야 해요"라고 외치며, 근처에 사는 민생위원 엔도 에츠코 씨가 할머니를 찾아왔다. 할머니는 처음에는 "여기까지는 쓰나미 안 와, 괜찮아. 난 집에 있을래"라고 답했다. 하지만 엔도 씨가 재촉하자 반려견 마리코를 그녀에게 맡기며, "먼저 가 있어, 나도 준비하고 갈게"라는 말을 남기고 할머니는 다시 집 안으로 들어갔다. 그때 마리코의 목줄을 찾느라 시간이 조금 지체되었다고 한다. 엔도 씨는 이때 시간이 잠시 지체된 덕분에 목숨을 구했다고 회상한다. 엔도 씨는 마리코를 안고 먼저 '집회소'로 내려갔다. 할머니의 집은 높은 곳에 있었고, 마을 사람들이 재해 시 대피소로 사용하는 집회소는 할머니의 집보다 낮은 곳에 있었다.

잠시 후, 엔도 게이코 씨가 할머니 댁을 찾아와 건너편에 사는 사토 씨의 집으로 할머니를 데려갔다. 할머니는 사토 씨의 집 소파에 앉아 있었고, 사토 씨는 지진으로 떨어진 물건을 정리하고 있었다. 그때 "쓰나미가 온다!"라는 소리가 들려와서 다급히 밖으로 뛰쳐나갔다. 아래쪽에서 도망쳐 오는 사람들 뒤로 쓰나미가 몰려오고 있었다고 한다. 사람들은 집회소 대신 할머니의 집 뒤쪽 언덕 위로 향했다.

할머니는 무릎이 좋지 않은 데다 신발도 한 짝이 벗겨져 제대로 걸을 수가 없었다. 물이 발아래까지 차오르자, 하수도 공사 작업원이 순식간에 할머니를 등에 업었다. 안전한 곳으로 몸을 피한 후, 할머니는 사토 씨의 손을 꼭 잡고 걸었다. 사토 씨는 "할머니를 데리고 나오는 데 정신이 없어서, 아무것도 가지고 나오지 못했다. 할머니를 맡은 책임감에 아무 생각 없이 집을 뛰쳐나온 덕분에 살았다. 뭔가를 가지러 다시 돌아갔더라면 쓰나미에 휩쓸려 갔을 것"이라고 회상했다. 그 직후 사토 씨의 집도 송신도 할머니의 집도 쓰나미에 휩쓸려 흔적도 없이 사라졌다.

송신도 할머니는 그날 언덕 위에 있는 아베 씨의 집에서 뜬눈으로 밤을 지새웠다. 한편, 마리코를 안고 집회소로 향했던 엔도 에츠코 씨는 쓰나미가 집회소까지 몰려오는 것을 보고, 중간에 방향을 바꿔 언덕 위에 있는 묘지로 몸을 피했다. 엔도 씨는 "송신도 할머니는 마리코의 목줄을 찾느라 시간이 지체돼서 집회소까지 가지 못한 덕분에 살 수 있었다"라고 말했다. 다음 날 아침, 엔도 씨는 아베 씨 집에 있는 할머니를 찾아 마리코를 돌려주었다. 이 일대로 몸을 피해 구사일생으로 살아남은 사람은 50여 명 정도였다. 이들은 오나가와 종합체육관까지 걸어서 대피하기로 했다. 아베 씨의 집에서 체육관까지는 3km 정도의 거리였다. 하지만 그 길은 잔해로 뒤덮여 걸어서 갈 수 없는 상황이라 멀리 우회해서 가야 했다. 그 먼 길을 남자들이 번갈아 가며 할머니를 업어주었다고 한다. 마리코를 배낭에 넣고 등에 멘 할머니는 연초부터 집 앞에서 하수도 공사를 하던 남성 작업자들에게 업혀 12일 오나가와 종합체육관으로 대피했다.

수색, 발견, 재회

우리 '재일 위안부 재판을 지원하는 모임'은 지진 발생 다음

날인 12일부터 할머니를 찾기 위해 가능한 모든 방법을 동원했다.

하지만 도호쿠 지방에는 전화도 잘 연결되지 않았고, 교통도 끊겨 자동차가 있어도 휘발유를 구할 수 없는 상황이었다. 심지어 오나가와로 가는 길은 온통 잔해로 덮여 있어서 휘발유가 있어도 갈 수 없었다. 게다가 면사무소 건물이 침수되어 오나가와의 정보는 전혀 알 수가 없었다. 언론·자위대·국회의원에게 연락을 해도 "오나가와는 전멸 상태로, 아무런 정보가 없다"라는 답이 돌아올 뿐이었다. 그러던 중, 13일 자 〈아사히신문〉 석간에 걸어서 오나가와로 들어간 기자의 르포 기사가 실렸다.

"저 멀리 푸른 바다까지 잔해 더미가 산처럼 빽빽이 쌓여 있다. 더는 도로인지 아닌지 구분조차 되지 않는다."

"언덕 위까지 높이가 20미터 정도나 되는데, 거기에도 차 두 대가 겹쳐져 있다. 절반 이상의 집이 파괴되지 않았을까."

우리는 패소가 확정된 후 한 달에 한 번씩 송신도 할머니 댁을 방문했다. 나는 지진이 일어나기 직전인 2월 말에 할머니 댁에 가서 할머니와 함께 병원에 다녀왔다. 그 병원의 1층 천장까지 물이 밀려 들어왔다는 기사를 보고 너무 놀랐다. 그 높은 곳까지 쓰나미가 덮쳤다니……

'쓰나미가 몰려와 언덕 위까지 도달하는 데 걸린 시간은 1, 2분…… 그렇게까지 걸리지 않았을지도 모른다. 정말 눈 깜짝할 사이였다'라는 지역 주민의 인터뷰를 읽으며 울컥했다. 그때 '걸어서 가면 오나가와로 들어갈 수 있을지도 몰라!'라는 생각이 스쳤다. 하지만 걸어서 들어간다고 한들 할머니를 찾아내서 모시고 나올 교통수단이 없었다. 센다이까지 가는 것도, 센다이에서 이동하는 것도 구급차를 타지 않는 한 불가능한 일이었다. 하물며 오나가와로 통하는 길은 침수되었거나 혹은 잔해로 막혀서 그때까지 자위대도 진입하지 못하고 있는 상황이었다. 그날부터 지원모임 회원들 사이에서는 "가자", "아직 무리다. 좀 더 기다려 보자"라는 이야기가 오갔고, 갈 수 있을 때를 대비한 준비를 함께 하기로 했다.

14일에는 한국에서 구조대 백여 명이 파견된다는 보도가 나왔고, 우리는 여기에 일말의 희망을 걸 수밖에 없었다. 한국 대사관의 담당자에게 전화를 걸어 문의를 했고, 구조대가 막 하네다 공항에 도착했다는 답을 들을 수 있었다. 나를 통역으로 함께 데려가 달라고 부탁했지만 이루어지지 않았다. 이날부터는 한국의 구조대가 발견해 주는 것이 가장 가능성이 크다고 생각해서 센다이에 있는 한국 영사관에 계속 연락을 취하는 한편, 한국 구조대를 움직이기 위해 한국 언론에 요청하기로 방침을 전환했다. 사후 수습이 힘들지도 모른다는 불안이 있었지만, 송신도 할머니를 찾아내기 위해서는 더 이상 머뭇거릴 수 없었다. 그러던 와중에 현지에서 직접 할머니를 찾으러 가보겠다는 기자가 나타나서 할머니의 이름(일본에서 사용한 일본 이름)과 연령, 주소와 자택 지도, 이웃 정보 등 필요한 정보를 전달했다. 언론이 직접 찾으러 가준다는 것과 한국의 여론이 구조대를 움직여 주기를 바라는 마음에 필사적으로 설명했다. 하지만 나의 이야기가 기사로 나왔을 뿐 아무런 소식이 없었다. 한국 언론이라고 해도 쉽게 접근할 할 수 없는 곳이라는 것을 깨닫게 되자 초조함은 더욱더 커져갈 뿐이었다.

이때부터 한국 언론뿐만 아니라 일본 언론 관계자나 현장에 들어가 있는 민간 자원봉사자 등 현장 가까이에서 송신도 할머니를 찾아봐 줄 수 있을 만한 모든 사람들에게 할머니에 관한 정보를 전달하기 시작했다. 17일, 마침내 차량으로 오나가와에 들어갈 수 있는 길이 열렸고, 아사히신문의 안인주 기자가 직접 오나가와에 들어가 대피소 명부에서 송신도 할머니의 이름을 발견해 주었다. 안 기자에 따르면, 재난 현장에서 송신도 할머니를 찾았지만 발견하지 못했는데, 전기가 들어오지 않아서 밤이 되기 전에 바로 나와야했기 때문에 시간이 거의 없었다고 했다. 이름의 한자도 조금 다르고, 나이, 주소도 조금씩 달라서 확신할 수 없다고도 했다. 하지만 우리는 틀림없이 송신도 할머니라고 확신했다. 그 시점에서 정보를 알려야 한다고 판단하고, 대피소 명부에 할머니의 이름이 있다는 것을 일부 회원들에게 알렸다. 그리고 지금까지 구체적인 할머니의 정보를 전달하고 구조를 부탁했던 사람들에게는 대피소의 정보도 알렸다. 그리고 다음날 18일에 안인주 기자가 직접 다시 오나가와로 들어가 송신도 할머니를 대피소에서 발견하고 센다이까지 모셔왔다.

송신도 할머니를 도쿄로 모시다

3월 19일, 나는 가와타 후미코, 기노무라 데루미와 함께 센다이로 송신도 할머니를 만나러 갔다. 할머니를 수색하는 과정에서 만일의 상황을 각오할 필요가 있다는 주변의 말에도 나는 이상할 정도로 '만일의 상황'을 생각하지 않았다. 송신도 할머니는 살아있다, 대피소에서 추위와 배고픔에 떨면서 지원모임이 데리러 오기만을 기다리고 있을 테니 빨리 가야 한다는 초조함뿐이었다. 한국의 구조대가 시신 수색을 하는 것을 보면서도 "아니야! 할머니는 대피소에 있어, 대피소를 찾아가 봐!"라며 텔레비전을 향해 소리쳤다. 그건 할머니의 집이 고지대에 있다는 이유도 있었지만, 7년이나 되는 세월을 전쟁터에서 살아남은 할머니가 쓰나미로 죽는다는 것은 상상할 수도 없었다. 그래서 재회를 하면 "너희들 지원모임, 지원모임이라고 하면서 빨리도 왔네"라는 할머니 특유의 빈정거리는 말을 들을 것이라고 생각했다. 하지만 실제로 만난 할머니는 아무런 표정도 말도 없이 몹시 초췌해져 있었다. 그토록 많은 표정과 표현력으로 가득한 송신도 할머니가 웃지도 않고, 울지도 않고, 말도 하지 않았다. 밤에는 몇 번이나 불을 끄지 말라고 해서 우리는 불을 훤히 켜 놓은 채 밤을 보내야 했다.

도쿄에 도착해 조금 안정을 취한 뒤, 나는 할머니에게 물었다.

"'지원모임은 왜 이렇게 안 와. 뭐 하고 있는 거야?'라고 생각하셨죠?"

그런데 할머니는 "그런 생각 안 해. (지원모임은) 전혀 생각 안 났어"라며 의외의 답을 했다.

그해 5월, 오나가와를 찾아가 할머니를 도와주신 분들을 만나 당시의 상황을 물었다. 그때 우리는 "마리코밖에 모르세요. 자꾸 마리코를 보러 간다고 하셔서, 그러다 할머니가 먼저 돌아가신다고 말렸어요"라는 말과 함께 "도쿄에 가면 나를 보살펴주는 지원모임이 있다며 늘 큰소리치셨는데, 정말 있었네요"라는 말을 들을 수 있었다. 할머니는 역시 우리가 데리러 오기를 간절히 기다리고 계셨던 것이다.

송신도 할머니는 발견되었을 당시 늑막에 염증이 생겨서 목소리가 거의 나오지 않는 상태였다. 조금만 늦었더라면, 이웃들의 도움으로 간신히 대피했던 할머니를 잃었을지도 모른다. 그 생각만 하면 지금도 아찔하다.

도쿄의 호텔에서 2주 동안 요양을 했을 때 할머니는 계속 주무시기만 했다. 그러다가 "용케도 살아남았네……"라며 중얼거리다가 갑자기 눈물을 흘리기도 했다. 그리고 "나는 지금 죽은 건지, 산 건지 모르겠다", "꿈을 꾸는 것만 같다"라며 그간의 일을 거짓말처럼 느끼시는 것 같았다.

4월, 송신도 할머니는 도쿄에 새집을 마련했다. 일본의 많은 시민들이 보내 준 긴급 모금으로 새로운 생활에 필요한 것들을 마련했고, 몸과 마음 모두 건강을 되찾고 의욕적인 나날을 보내기 시작했다.

"나는 위세는 좋지만, 소심해."

"지원모임이 있는 도쿄에서 지내고 싶어."

쉰 목소리로 나직하게 말하던 때가 그리울 정도로 본래의 송신도 할머니로 돌아와 있었다.

편도 5시간이 걸리는 오나가와에서 지내실 때는 월 1회였던 회원들의 방문이 주 1회 이상으로 늘어났고, 산책을 하면서 할머니와 나누는 대화에서는 매일 새로운 발견이 있어서 무척 즐거웠다.

"어, 저건 브랑코네. 조선의 브랑코는 말이야, 이런 게 아니라 엄청 크지."

"그네 말이죠?

"응, 그네. 우리 엄마가 그네를 아주 잘 탔어. 엄청 높이 올라가서 딸랑딸랑 방울 소리도 내면서 말이야."

길가 핀 풀꽃 이름을 하나하나 가르쳐 주시며, "이건 조선말로 미나리라고 하는데, 나물로 무쳐 먹으면 엄청 맛있어"라고 먹는 방법도 알려주셨다. 산책 중인 강아지를 만나면, 꼭 달려가서 "수컷이야? 암컷이야? 귀엽네요"라고 주인에게 말을 걸면서 강아지의 얼굴을 비비며 떨어지려 하지 않았다. 멀리서 강아지가 보여도 "이봐, 기다려봐! 이봐 멍멍아~ 기다리라고!" 하며 큰소리로 부른다. 하지만 유모차에 탄 아이를 보면, "이건 사람새끼네"라며 별 관심을 보이지 않는다.

"넌 거짓말쟁이구나. 온다고 했잖아!"

찾아뵙지 못한 날은 혼나기도 하고, "구두쇠!"라며 야단을 맞기도 했지만, 이 모두 할머니가 살아 계시니 가능한 일이었다. 입이 거친 것을 포함해 이전의 모습으로 완전히 돌아왔다. 아니 전보다 훨씬 더 건강을 되찾은 할머니에게 그저 감사할 뿐이었다.

도쿄에서 활동 재개

기력을 되찾은 송신도 할머니는 7월 21일 국회에서 열린 집회 '김학순 할머니의 공개 증언 20년, 올해 일본군 '위안부' 문제를 반드시 해결하자!'에 참가해 당당하게 힘찬 발언을 했다. 그리고 7월 30일에는 도쿄 신오쿠보의 코리아타운에 있는 문화센터 아리랑에서 '송신도 할머니를 응원하는 모임'이 열려 많은 사람들의 환영을 받았다. 이를 계기로 코리아타운을 알게 된 할머니는 그곳을 아주 마음에 들어 해서 그 뒤로 자주 다니셨다.

다음 달 8월에는 제10회 아시아연대회의에 참가하기 위해 한국을 찾았다. 이때 송신도 할머니다운 사건이 발생했다. 수요집회에서 마이크를 잡은 할머니는 갑자기 "대사관 안으로 들여보내라!"라고 소리쳤다. 여기에서 떠든다고 해결되지 않는다며 대사와 직접 담판을 지어야 한다는 할머니의 요구에 정대협이 움직였다. 그런데 의외로 일본 대사관이 이를 순순히 받아들인 것이다. 당시 일본은 민주당 정권이었고, 대사관의 태도도 상당히 부드러워져 있었다. 이 일을 두고 피해자가 수요집회 도중에 갑자기 요구해서 대사관 안으로 들어간 일은 수요집회 역사상 처음이라며 정대협도 놀라움을 감추지 못했다. 아쉽게도 대사는 자리에 없었고, 대신 응대하러 온 참사관에게 송신도 할머니는 이 같은 말을 남겼다.

"피와 눈물이 있다면, 위안부로 끌려간 사람들이 얼마나 많은 고생을 했는지 생각해 주길 바란다. 보상도 해야 하고, 전쟁은 두 번 다시 해서는 안 된다. 일본이 한 일이니까 반성할 건 반성해야지. 왜 그걸 못하나? 그러니까 언제까지나 원한이 남는 것이다."

2012년 11월에는 성대하게 구순 잔치도 열었고, 2014년에는 도쿄에서 열린 제12회 아시아연대회의에도 참가했지만, 점점 노화가 진행되면서 2015년 여름부터는 병원의 입원과 퇴원을 반복하게 되었다. 2016년 1월, 결국 혼자서 지내시는 것이 어려워져 요양 시설에 들어가셨다. 그리고 요양원에서 2년을 보낸 2017년 12월 95세의 생을 마감했다.

서거

"송신도 할머니께서 돌아가셨습니다."

2017년 12월 16일, 전화를 받고 달려간 시설에서 송신도 할머니는 한복을 입고 누워 계셨다. 임종이 가까워졌다는 소식을 듣고 지원모임에서 사전에 준비해 둔 한복이다. 송신도 할머니의 표정은 평온했다. 그날도 아침과 점심을 드신 뒤 잠든 것처럼 숨을 거두셨다고 했다. 아직 온기가 남아 있어 돌아가셨다는 것이 믿기지 않았다. 이상하게도 눈물은 나오지 않았.

장례는 지원모임이 비공개로 조용히 치렀다. 송신도 할머니의 시신은 차갑게 식어 있었다. 영정 사진 앞에서 손을 모으는 순간, 눈물이 왈칵 쏟아졌다.

"할머니, 미안해요."

이 말을 몇 번이나, 몇 번이나 마음속에서 되뇌었다. 주변 사람들이 "고마워요, 잘 가요"라고 작별 인사를 하는 와중에 왜 미안하다는 말이었는지 나조차도 알 수 없었다. 그저 마음이 너무 소란했다. 법정 투쟁을 하는 과정에서 일본 전역을 돌며 증언 집회를 열었던 것은 송신도 할머니의 피해 회복에 큰 도움이 되었다고 믿는다.

"전쟁은 가본 사람이 아니면 몰라."

"어차피 아무도 믿어주지 않겠지."

이렇게 말하며, 집회 전날은 불안으로 한숨도 못 자던 할머니가 집회가 끝날 때마다 조금씩 안정을 되찾고 변해가는 것을 알 수 있었다. 마음에 깊은 상처를 입은 성폭력 피해자는 자신의 고통을 털어놓고, 그것이 받아들여지는 경험을 통해서 조금씩 피해를 회복해 간다. 10년 동안 이어진 재판이 끝날 무렵 할머니는 "알아주는 사람은 알아주니까", "완전히 때 빠진 할망구가 되어 버렸네"라며 웃었다. 송신도 할머니는 어떤 '만족'을 얻은 것처럼 보였다. 사람들 앞에서 증언하는 일은 더는 이전과 같은 의미를 갖지 않는 것 같았다. 재판이 끝난 뒤로는 취재 요청이나 집회 개최를 대부분 사양하셨다. 할머니가 그렇다면 조용한 여생을 보내시기를 바랐다. 그러나 그것이 과연 옳은 일이었을까?

한국의 정대협은 할머니들이 적극적으로 사람들과 만나고 운동 현장에 서는 것을 권장한다. 지병인 당뇨병과 파킨슨병이 악화되고 치매가 진행되던 길원옥 할머니에게 정대협은 가수의 꿈을 실현할 수 있도록 음반 제작을 권했다. 영화 〈어폴로지〉를 통해 일상을 소개했고, 가수 데뷔, 주연 배우라며 격려했다. 그 결과 할머니의 건강 상태는 놀라울 정도로 회복했다고 한다.

재판 종료 후 오나가와에서 지내는 송신도 할머니를 찾아뵙는 것은 한 달에 한 번 정도였다. 집 안에 거의 틀어박혀 지내는 할머니에게 밖으로 나가야 한다고 입에 침이 마르도록 말했지만, 실제로 할머니를 밖으로 나가게 하는 것은 쉽지 않았다. 동일본대지진 후에 도쿄로 거처를 옮기고, 초기에는 많은 사람들의 응원과 격려를 받으며 활발히 활동하셨지만, 1년쯤 지났을 즈음 집에서 넘어져 무릎을 다친 뒤로는 거의 움직이지 않게 되었다. 심부전으로 입원한 뒤로는 몸을 더욱 움직이지 않게 되었다. 마지막 3년 정도는 병원과 요양원에서 거의 누워 지내셨다. 그렇게 총명하던 할머니에게서 기억과 말이 사라져 갔고, 그렇게 격렬했던 할머니가 부드럽게 변해가는 것을 보면서, 안타까운 마음으로 하루하루를 보낼 수밖에 없었다. 송신도 할머니는 정말로 자신의 삶을 온전히 살아내신 걸까? 송신도 할머니가 마지막 순간까지 송신도답게 살아갈 수 있도록 도울 수 있는 다른 방법이 있지 않았을까? 평온해진 할머니의 표정을 보면서, 조용한 여생을 보낸 송신도 할머니가 마음 편히 돌아가셨다고 생각하는 한편, 이것이 정말 최선이었을까 하는 생각을 지울 수 없었다. 어쩌면 이런 마음이 '미안하다'라는 말로 이어졌는지 모른다.

송신도 할머니의 의사는 어디에

2018년 2월 11일, 한국의 천안에 있는 '망향의 동산'에 송신도 할머니의 유골을 안치했다. 열여섯에 속아서 중국 위안소로 끌려갔고, 전쟁이 끝나자 일본 군인에게 속아서 일본으로 건너오게 된 송신도 할머니. 처음 만났을 때 "조선 사람은 싫다", "조선어는 다 잊어버렸다"라며 우리말로 말을 걸어도 못 들은 척하셨다. 그러면서도 "일본인들은 조심해"라며 조용히 속삭였다. 그런 송신도 할머니가 한복을 입고 밝게 웃는 모습을 보이게 되었고, 군가뿐이던 노래의 레퍼토리에 한국 민요가 더해졌고, 우리말로 말을 걸면 유창한 우리말로 대답도 하게 되었다. 큰 변화였다. 그럼에도 송신도 할머니가 고향을 그리워한다고 느낀 적은 없었다.

할머니가 태어난 고향을 함께 찾은 것은 재판을 시작한 지 5년째가 되던 1998년이었다. 여동생과 조카들을 만났지만, 할머니는 담담했다. 그러고는 빨리 돌아가자고 재촉했고, 이듬해 다시 한국에 갔을 때는 고향에는 들리지 않고 '나눔의 집'에만 가자고 하셨다. 송신도 할머니에게 말하지 않아도 자신을 이해해 주는 사람들이 있는 곳은 동생이 있는 고향이 아니라 일본군 '위안부' 피해 할머니들이 지내는 나눔의 집이었던 것이다.

이번 한국 방문 때, 송신도 할머니가 일본에서 함께 지낸 하재은 씨의 유골을 '망향의 동산'에 안치했다. 할머니는 "이걸로 내 소원은 이뤄졌어"라고 말하며 눈물을 훔쳤다. 하재은 씨는 자신이 죽으면 뼈를 고향에 묻어 달라고 입버릇처럼 말했다고 한다. 하지만 이때도 송신도 할머니는 자신이 죽은 후에 어떻게 해 달라는 어떤 말씀도 하지 않으셨다. 하지만 우리는 그때 하재은 씨의 옆자리에 송신도 할머니의 묘지를 예약했다.

나는 이 일이 몹시 마음에 걸렸다. 자신의 의사에 반하여 '위안부'가 되었고, 자신의 의사를 존중받아 본 적이 없었던 송신도 할머니의 재판을 지원하게 되었을 때, 우리가 가장 소중히 하자고 각오했던 것은 '송신도 할머니의 의사를 존종하는 것'이었다. 하지만 타인에 대한 뿌리 깊은 불신의 이면에는 계속해서 속아 온 자신에 대한 불신이 있었다. 그런 할머니는 의사를 표명해야 하거나 결정을 해야 하는 것을 무척 곤란해하셨다. 우리는 할머니의 의사가 어떤지 알아내기 위해 반복되는 논의를 이어갔다. 재판과 운동 방침에 관한 논의보다도 할머니를 이해하기 위한 정보 교환에 보다 많은 시간을 할애하곤 했다. 그렇게 신중하게 할머니의 의사를 이해하고자 했고 존중하기 위해 많은 노력을 기울여 왔는데, 돌아가신 후의 일에 대해서 생전에 한 번도 이야기를 나누지 않았다는 것이 너무나 마음에 걸렸다.

이 마음은 할머니의 유골을 안치하는 그 날까지도 내 안에 가시처럼 남아 있었다.

드디어 고향으로 돌아왔어요

송신도 할머니가 돌아가신 뒤의 일에 대해 아무 말도 하지 않았던 것은 죽음을 생각하지 않는 할머니의 생명력에서 비롯된 것이었다.

"내가 죽으면 어떻게 해 줄 거야?"

할머니의 이 질문에 진지하게 대답하면 호되게 꾸중을 듣는다. 이 질문의 답은 바로 이것이다.

"할머니가 죽는다고요? 할머니가 죽을 리 없잖아요. 전쟁에서도 쓰나미에서도 살아남았잖아요."

그러면 할머니는 만족한 듯 큰 소리를 내며 웃는다.

"죽는 것은 생각 안 해."

송신도 할머니가 자주 하던 말이다. 이 말은 지옥 같은 전쟁터에서 살아남게 한 힘이었다. 위안소에서 자살한 여자나 군인과 동반자살한 여자, 저항하다 군인이 던진 돌에 맞아 죽은 여자의 이야기를 할 때, 할머니는 반드시 "죽기만은 싫었어. 난 더러운 목숨이니까"라는 말을 덧붙였다. 그리고 "여자는 남자를 빨리 끝내게 해서 자신의 몸을 지켜야 해"라며 타이르듯 말했다. 처음 만났을 때 할머니 이야기의 대부분은 '스스로 자신의 몸을 지킬 수' 있게 된 후반 4년 동안의 위안소 생활이 차지했고, 전반 3년 동안의 이야기는 하기 싫어했다. 특히 처음 성폭행을 당했던 이야기는 절대로 기억해내려 하지 않았다. 중국 무창에 있었던 '세계관'이라는 위안소에서 자신에게 일어난 일이 무엇인지 깨달았을 때는 필사적으로 도망치려 했다. 하지만 결국 업자에게 붙잡혀 코피가 터질 정도로 두들겨 맞고, 어두운 방에 감금된 채 밥도 먹지 못했다. 자신도 모르는 빚까지 강요받자 송신도 할머니는 체력도 약해지면서 점점 포기를 익혔고, 결국 빚을 갚는 일에 집착했다. 죽고 싶지 않았기 때문이다. 자살한 여자처럼 송신도 할머니도 위안소에서 강요당하는 것은 죽을 만큼 싫었지만, 그래도 목숨을 선택함으로써 싫다는 감정을 죽였다. 그렇게 죽여버린 감정과 기억은 전쟁이 끝나고 일본으로 온 후에도 되살아나지 않은 채 마음속 깊이 가라앉아 있었다. 위안소에서 살아남은 강인한 생명력을 절대로 놓고 싶지 않았던 송신도 할머니였기 때문에 죽음에 대해 말할 수 없었던 것이다. 나의 마음에 걸렸던 이유는 할머니에게 말하지 않고 할머니의 죽음을 준비했다는 것도 있었지만, 한국으로 괜찮은가 하는 마음도 있었기 때문이다. 그런데 할머니의 유골 위에 흙을 덮고, 비석을 세웠을 때 나도 모르게 나온 말은 "할머니, 드디어 고향으로 돌아왔어요"였다. 송신도 할머니가 태어난 고향과 같은 충청남도의 작은 언덕에 있는 '망향의 동산'에서는 할머니가 태어난 신도안 마을이 내려다보이는 것만 같았다.

할머니의 유골을 안고 김포공항에 도착했을 때, 마리몬드의 청년들은 할머니의 사진과 활동을 정리한 손팻말을 들고 우리를 맞아 주었고, 정대협의 윤미향 대표는 유골을 향해 깊이 머리를 숙였다. 안치 당일에도 한국의 여러 단체에서 참석해 손수 만든 음식을 올리며 할머니를 배웅해 주었다. 고국이 송신도 할머니를 경애하고 함께 슬퍼하고 있었다. 송신도 할머니가 고향을 변화시킨 것이다. 고향은 송신도 할머니가 돌아갈 수 있는 곳으로 변해 있었다.

할머니, 참 다행이에요

2018년 2월 25일, 도쿄에서 열린 추모회는 송신도 할머니를 사랑하고, 존경하며, 그의 부재를 애도하는 사람들로 가득 찼다. 조선에서 16년, 중국에서 7년, 일본에서 70년을 살아온 송신도 할머니를 일본 시민들과 함께 배웅했다.

"다시는 전쟁을 하지 않을 것!"

송신도 할머니의 뜻을 이어가려는 사람들이 이렇게나 많이 있다. 송신도 할머니의 삶의 의미가 응축된 곳에서 나는 할머니의 영정을 향해 말했다.

"할머니, 참 다행이에요."

이 말을 하고 난 후, 나는 비로소 송신도 할머니를 떠나보낼 수 있었다.

나의 인생은 송신도 할머니와 만나고 많은 것이 변했다. 나는 할머니의 처절한 삶을 결코 잊지 않을 것이다.

"이런 여자가 살았다는 것만 기억해 주세요."

기억되기를 바랐던 송신도 할머니의 바람을 나는 앞으로도 많은 사람들에게 전해 가고 싶다.

〈재일 위안부 재판을 지원하는 모임〉은 2018년 2월 25일 추모회 자리에서 해산했다. 그리고 송신도 할머니의 백 번째 생일인 2022년 11월 24일, 마지막까지 할머니의 곁을 지킨 회원들이 모여 〈송신도 할머니의 마음을 잇는 모임〉을 새롭게 결성했다고 할머니의 묘지 앞에 보고를 올렸다. 이 모임은 이름 그대로 송신도 할머니의 평화를 향한 마음을 기억하고 더 널리 알리기 위한 활동을 이어가고 있다.

2025년 8월
〈희망씨앗기금〉 대표 양징자

자료

"PTSD는 무엇인가

'지원모임' 사무국 진술서와 변호인단 준비서면

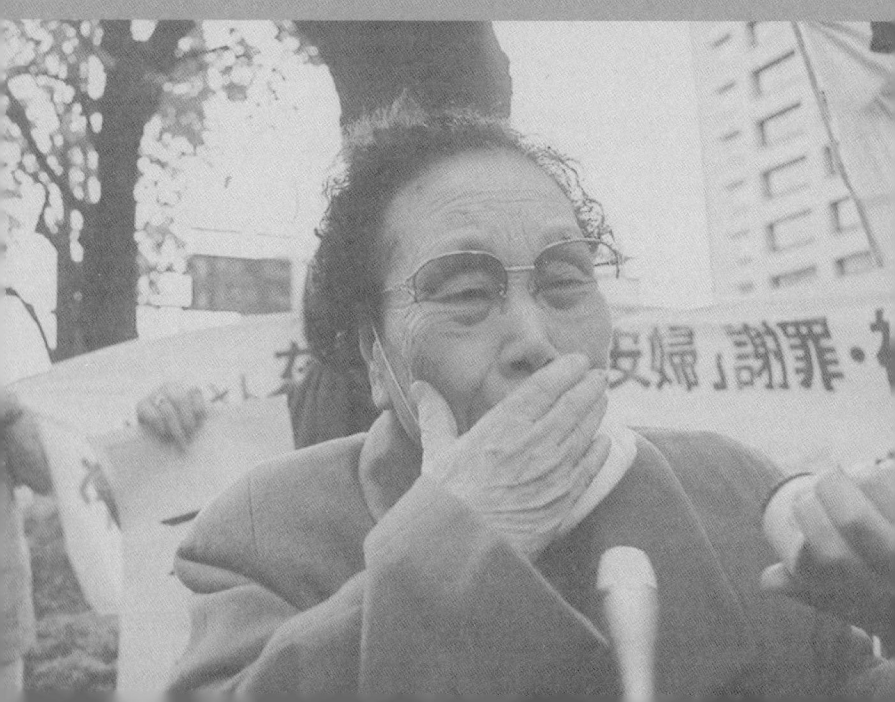

"송신도 할머니의 이야기를 들으면, 오히려 힘이 나요."

집회가 끝나고 나면 이런 말을 자주 듣는다. 건강한 송신도 할머니, 쾌활한 송신도 할머니.

하지만 송신도 할머니와 가까이에서 지내온 우리들은 이와는 다른 모습을 보아왔다. 할머니에게 혼나기도 하고, 싸우기도 하고, 함께 울고 웃기도 하는. 그러는 과정 속에서 조금씩 마음을 열어 준 할머니가 언뜻 이야기하는 기억과 생각 속에는 공적인 자리에서는 밝힐 수 없는 것들이 있다. 이는 법정에서도 마찬가지다. 특히 당사자신문을 하는 법정에서 긴장이 극에 달한 송신도 할머니의 강한 말투 뒤에 숨겨진 불안과 두려움을, 그리고 그 자리에서는 말할 수 없는 기억과 그 뿌리에 새겨 있는 깊은 상처의 존재를 우리들 나름대로 판사에게 전하고 싶었다.

그런 마음에서 송신도 할머니를 가장 가까이에서 함께한 사무국 회원들이 각자가 본 할머니의 모습과 재판에 대한 마음을 정리해서 제16회 구두변론에서 진술했다. 그리고 이것은 제17회 구두변론에서 진술한 변호인단의 준비서면에도 인용되었다.

다음은 갑46~49호증으로 증거 채택된 진술서를 가와타 후미코 씨의 진술서와 함께 소개한다. 더불어 변호인단의 준비서면도 함께 실었다.

진술서
1997년 10월 15일
가와타 후미코

목차
1. 경력
2. 송신도 할머니와의 만남
3. 청취하는 과정에서의 경험
4. 일본군 위안부 제도와 송신도 할머니의 경험
5. 전후의 송신도 할머니
(1) PTSD
(2) 하재은 씨와의 관계
(3) 현재의 생활

1. 경력
1943년 6월 16일 이바라키현 출생.
1966년 와세다대학교 문학부 졸업.
출판사 근무를 거쳐, 1977년 논픽션을 주제로 한 작품 활동을 시작.

'위안부' 문제에 관한 저서
『빨간 기와집 ― 조선에서 온 종군위안부』(치쿠마쇼보 치쿠

마분코) 1987년

『황군 위안소의 여성들』(치쿠마쇼보) 1993년

『전쟁과 성 — 근대 공창제도·위안부제도에 관하여』(아카시쇼텐) 1995년

『인도네시아의 '위안부'』(아카시쇼텐) 1997년

『'위안부' 문제 Q&A '자유주의 사관'에 대한 여성들의 반론』 (공저, 아카시쇼텐) 1997년

『'종군위안부'를 둘러싼 서른 가지 거짓과 진실』(공저, 오츠키쇼텐) 1997년

2. 송신도 할머니와의 만남

제가 이른바 '위안부' 문제에 관심을 갖게 된 것은 1977년 12월, 오키나와에 계신 배봉기 할머니를 만나게 되면서였습니다. 배봉기 할머니는 조선인 '위안부'로는 최초의 증언자였습니다. 배봉기 할머니의 삶을 다룬 『빨간 기와집』을 집필한 1987년 당시에는 '위안부', '위안소'라는 표현은 사라져 가고 있었습니다. 저는 집필 후기에 '공적 기관에 의해 연행된 여성들의 존재는 일부 기록에는 남아있지만, 불명확한 채로 역사의 어둠 속에 갇혀버리려 한다'라고 썼습니다.

1990년 1월 한국의 한겨레 신문에 윤정옥 이화여자대학교 교수의 '정신대 취재기'가 4회에 걸쳐 연재되었고, 큰 반향을 일으켰습니다. 저의 책 『빨간 기와집』의 일부 번역도 한겨레 신문에 실렸습니다. 1990년 5월, 노태우 대통령이 일본을 방문했을 당시 한국의 여성단체에서는 정신대 문제의 진상 규명을 촉

구하는 성명을 발표했습니다. 그 후 일본에서도 '위안부' 문제를 논의하기 시작했습니다.

1992년 1월 14일부터 16일까지 3일간, 일본에서 '위안부' 문제와 관련된 활동을 하는 시민 그룹이 '종군위안부 110번'이라는 전화를 설치해 정보를 수집했습니다. 저도 3일 동안 전화를 받았습니다. 나중에 조사 카드를 보던 중에 송신도 할머니의 정보가 들어와 있었다는 것을 알았습니다. 송신도 할머니의 정보는 본인이 아닌 다른 재일한국인 남성이 연락을 한 것이었습니다. '종군위안부 110번' 실행위원회에서는 분담하여 중요한 정보를 제공해 준 분들을 직접 찾아뵙고 보다 구체적인 증언을 들으려고 했습니다. 하지만 송신도 할머니의 조사 카드에는 정보 제공자의 연락처가 남아 있지 않아서 찾아가는 것을 주저하고 있었습니다. 본인의 양해를 얻어 정보를 제공했는지를 확인할 수 없었기 때문입니다.(나중에 센다이 재일본대한민국거류민단을 방문했을 때, 정보를 제공해 준 분은 민단 관계자라는 것을 알았습니다.) 같은 해 3월 말, 저는 독단으로 조사 카드에 기재된 주소로 송신도 할머니를 찾아갔습니다. 만약 할머니가 일본군에게 받았던 피해를 말씀하실 의사가 없는 분이었다면, 저는 실행위원회에서 크게 비판을 받았을 것입니다. 아니, 다른 사람의 비판을 듣기 전에 제 자신의 행동이 송신도 할머니에게 큰 상처를 주는 것은 아닐까 하는 큰 두려움을 안고 찾아간 것이었습니다. 용기를 내어 할머니를 찾아갔던 것은 조사 카드에 '찾아가 봐 주세요'라는 메모가 남아 있었기 때문입니다.

집은 쉽게 찾았지만, 송신도 할머니는 집에 계시지 않았습니다. 옆집에 사는 주인을 찾아갔더니 "윗집에 차를 마시러 갔겠지"라며 저를 안내해 주셨습니다. 산기슭에 있는 그 집에서 송신도 할머니와 함께 댁으로 향하던 도중에 저는 "전쟁 때의 이야기를 듣고 싶어서 왔어요"라며 인사를 건넸습니다. 집으로 들어가자, "고타츠 안으로 들어가, 어서 들어가"라며 저를 맞이해 준 송신도 할머니의 첫 마디는 "나도 자네와 비슷한 나이의 아이들 둘을 중국에 두고 왔어"였습니다.

송신도 할머니는 귀환자에 대한 지원금을 요청하러 관공서에 가는 등의 행동에서 볼 수 있듯이 자신이 일본으로 건너오게 된 처지에 대한 답답한 마음을 주변 사람들에게 토로하곤 했습니다. 그런 할머니의 마음이 다른 사람을 통해 '종군위안부 110번'으로 전해졌다고 저는 이해했습니다.

3. 청취하는 과정에서의 경험

저는 1992년 3월 말부터 4월, 5월, 8월, 10월까지 며칠씩 시간을 내어 송신도 할머니의 증언을 들었습니다. 그 기록은 『황군 위안소의 여성들』에 수록했습니다.

오키나와의 배봉기 할머니는 극히 소수의 사람들을 제외하고, 주변 사람들과의 관계를 피해 집에서만 지내면서 정기적으로 엄습하는 극심한 두통에 시달렸습니다. 잘게 자른 파스를 얼굴에 가득, 눈꺼풀 주변까지 붙이고 있었습니다. 파스를 자르는 가위로 목을 자르고 싶을 정도의 통증이라고 했습니다. 그런 배봉기 할머니의 모습이 뇌리에 깊숙이 남아 있던 제가 송신도 할머니에게서 받은 첫인상은 전혀 다른 것이었습니다. 송신도 할머니는 일본의 지역 사회에 잘 적응하고 지내시는 것처럼 보였습니다.

  송신도 할머니의 이야기는 오다(가명)가 자신을 일본으로 데려왔다는 이야기부터 시작했습니다. 전쟁이 끝난 후에 일본에서 살게 된 원인을 만든 남자의 배신을 송신도 할머니는 반복해서 반추했음에 틀림없습니다.

  저의 방문을 반갑게 맞아 준 송신도 할머니였지만, 청취 조사가 순조롭게 진행되지만은 않았습니다. 이는 대다수의 '위안부' 피해자들이 지금까지도 자신의 과거가 밝혀지는 것을 두려워하며 굳게 침묵하고 있는 것과 무관하지 않습니다. 송신도 할머니 외에도 일본에 거주하고 있는 한국·조선적 분들 중에서 '위안부' 피해자는 분명 더 계실 것입니다. 하지만 그분들은 계속해서 침묵하고 있습니다. 모든 성폭력 피해자들은 공통적으로 피해를 당한 당사자임에도 불구하고 피해를 호소하면, 마치 자신에게 잘못이 있었던 것처럼 2차 피해를 입게 됩니다. '위안부'가 된 여성들도 '위안부'가 된 것을 자신의 수치라고 여기는 분이 적지 않습니다. 피해자의 수치 의식은 피해자에 대한 사회적 호기심과 경멸을 반영한 것입니다. 송신도 할머니의 경우에도 위안소에서 일본 군인에게 당한 성폭력을 '수치'라고 여기고 계셨습니다. 하지만 저희가 성의를 보이자, 위안소에서 겪었던 다양한 일상적인 경험을 생각나는 대로 이야기해 주셨습니다. 하지만 몇 번이나 여쭤봐도 이야기를 피하면서 답해 주지 않는 것이 있었습니다. 인간은 누구든 다른 사람에게 결코 알리고 싶지 않은 것이 있습니다. 실은 마음속 깊이 묻어 둔 것이야말로 그 사람이 한 증언의 의미를 푸는 중요한 열쇠가 숨겨져 있습니다. 이는 듣고 기록하는 것을 주된 표현 수단으로 삼아 온 사람으로서 깨달은 것입니다. 송신도 할머니가 가장 말하고 싶지 않았던 것은 맨 처음 군인을 상대해야 했었던 때와 아이에 관한 것입니다.

송신도 할머니는 생명력이 강한 분입니다. 처음에는 강하게 저항하면서 군인의 요구를 받아들이지 않았지만, 점점 위안소에서 도망칠 수도 없고 여기서 살 수밖에 없다고 생각하자 포기를 하게 됩니다. 일본어를 외우고, 자살하는 사람도 나오는 가혹한 위안소 생활에 자신을 억지로 적응시킵니다. 위안소 생활에 익숙해진 후부터는 이야기를 하지만, 처음 위안소에서 군인에게 피해를 당했을 때의 일은 이야기하지 않습니다. 그때 받은 충격, 통증, 슬픔이 생생히 기억나기 때문일 것입니다. 가장 고통스러운 상처를 할머니 스스로가 느끼지 못하게 함으로써 자신을 위로하며 살아오셨을 것입니다. 성 경험이 없었던 소녀가 군인에게 성폭행을 당하고, 그로 인해 '위안부'라는 인생을 결코 되돌릴 수 없도록 결정되어버린 순간, 지금 아무리 반복해서 생각한들 납득할 수 없는 일입니다.

제소를 결심하고 재판 준비를 위해 다섯 번째 방문했을 때의 일입니다. 이른 아침, 식사 준비를 시작하기 전에 잠깐 차를 마시려고 고타츠 안으로 들어갔는데, 자연스레 전날에 이어 이야기가 시작되었습니다. 대전에서 무창까지 가게 된 경위를 자세히 확인해 가면서 세계관에서의 생활이 시작되는 곳까지는 시간 순서에 따라 기억을 되짚어갔습니다.

"그때, 나를 마음에 들어 하는 군인이 있었어. 그 군인한테 울면서 매달렸어. 나 이런 일 못한다면서, 그 군인은 부인이 있었지. 스물일곱, 여덟 정도였으니까. 아마 6사단이었던 것 같아.

울기만 하면서 말을 안 들으니까 그 군인이 조바한테 가서 못 하겠다고 하고 돌아갔지. 그 군인이 돌아간 사이에 다른 군인이 또 와서, 울고 있었으니까 눈이 이렇게 부어서, 군인이 돌아간 뒤에 조바한테 불려 갔어. 이런 소리를 들었다면서 뺨을 철썩철썩 때리는 거야. 일 안 하면 장사 못한다는 둥, 그럴 거면 여기까지 데리고 온 돈 내놓고 돌아가라는 말 들어봐, 어떻게 돈을 내냐고."

여기까지 이야기하다가 갑자기,

"말하고 싶지 않아, 나는."

그러시면서 울기 시작했습니다. 열여섯 살 때 받았던 그때의 충격을, 나이가 든 송신도 할머니는 몸을 웅크리고 오열하면서 온몸으로 표현했습니다.

아이들에 대해 물어볼 때도 송신도 할머니는 대부분 이야기를 돌립니다. 두 아이를 출산한 것과 사산, 낙태의 경험이 몇 살 때의 일인지와 순서 등은 명확하지 않습니다. 여성이 임신과 출산을 한 나이와 그 순서를 잊어버리는 경우는 거의 없습니다. 하지만 할머니는 위안소에서 원치 않은 임신과 출산을 해야 했던 기억을 지우고 싶었을 것입니다. 기억이 정확하지 않는 것은 그런 이유일 것입니다. 하지만 임신과 출산이라고 하는 생명의 존엄과 관련된 경험은 쉽게 기억에서 지워지지 않은 채 두 아이를 남에게 맡기고 엄마로서의 책임을 다하지 못했다는 죄책감에 지금도 시달리고 있습니다. 가족도 없이 홀로 일본에서 살아가고 있다는 불안이 두 아이에 대한 아쉬움을 더욱 깊게 하고 있습니다. 위안소에서 아이를 낳은 '위안부'는 절대로 아이를 키울 수 없는 상황이 있었음에도 강한 죄책감을 느끼고 계신 분들은 더 많이 있습니다. 위안소를 다닌 일본 군인은 자신의 아이가 낙태되었다고 생각도 할 수 없었을 것이고, 하물며 생명을 얻어 이 세상에 살아있을 것이라고는 상상조차 못할 것입니다. 일본군이 범한 죄, 일본 군인이 범한 죄를 '위안부'가 된 여성들이 짊어지고 괴로워하는 모습은 너무도 고통스럽습니다.

송신도 할머니는 당시 너무도 괴로웠던 일, 그리고 지금까지도 남아 있는 깊은 상처를 건드리는 일을 피해 왔습니다. 그런데 또 다른 의미에서 말하고 싶어 하지 않는 사실이 있습니다. '재일 위안부 재판을 지원하는 모임'의 회원들은 여러 번 들었지만, 일본군이 범한 매우 잔인한 행동, 그리고 '위안부'로서 겪었던 너무나도 비참했던 경험을 공적인 장소 즉, 집회나 재판에서 이야기하는 것을 피하고 있습니다.

예를 들어, 저의 책『황군 위안소의 여성들』에도 썼지만, 스파이 혐의를 받은 중국인(스파이 혐의가 아니라도 보여주기 식으로 혹은 화풀이로 잡은 중국인)을 죽일 때 위안소 여성들에게 그 현장을 보게 한 일, 일본 군인이 토벌을 가서 경비가 부족해졌을 때 보초를 선 일, 산 경사면에 사람 한 명이 겨우 들어갈 정도의 구멍을 파고 그곳에서 '위안'을 하도록 한 일 등입니다. 전쟁의 보다 가혹한 상황이 생략되어 버린 것입니다. 한정된 시간 안에 처참한 전쟁을 이야기해야 한다는 어려움에 맥이 빠지고, 너무나도 비참한 자신의 처지를 사람들에게 드러내는 것에 대한 수치심 등이 많은 사건들을 말할 수 없는 이유일 것입니다. 그렇다 하더라도 일본군의 잔혹한 행위에 대해 공적인 자리에서 절대로 말하지 않는 것은 왜일까? 그것은 분명 송신도 할머니가 보고 들은 일본군의 잔혹 행위를 밝힌다면, 할머니가 집으로 돌아갔을 때 받게 될 공격이 두려웠기 때문일 것입니다. 그런 긴장감을 재일한국인으로 지내는 일상 속에서 느끼고 있었기 때문일 것입니다. 송신도 할머니는 일본군이 중국에서 무슨 짓을 했는지, 일본 군인과는 다른 입장에서 목격한 산증인입니다. 이웃에는 중국 전선에서 싸운 전 일본 군인, 그의 가족, 그리고 유족들도 있습니다. 그런 사람들에게 도전장을 내밀 수는 없다며, 일본군의 잔혹한 행위에 대한 이야기를 자제하는 것입니다. 공적인 곳에서 일본군과 일본인에 대한 나쁜 이야기를 결코 하지 않습니다.

4. 일본군 위안부 제도와 송신도 할머니의 경험

한국의 '위안부' 피해자분들의 증언을 통해, 당시 일본의 식민지였던 조선에서 위안소로 연행될 때 속아서 가게 된 경우가 가장 많다는 것이 밝혀졌습니다. 송신도 할머니는 그 전형적인 예입니다.

송신도 할머니가 나고 자란 마을에는 이른바 매춘 시설은 없었고, 실제로 있었다고 해도 송신도 할머니는 그것에 대해 전혀 알지 못했습니다. 송신도 할머니는 여성의 성을 사고파는 것이 어른들의 세계에서 행해지고 있다는 것조차 상상하지 못했습니다. 따라서 '전쟁터에 가서 나라를 위해 일하면 결혼하지 않아도 혼자서 살아갈 수 있다'는 말을 들었을 때, 그 일이라는 것이 군인을 상대로 성적인 '위안'을 하는 것이라고 생각할 수도 없었을 것입니다.

군의관에게 성병 검사를 받고 군에서 영업 허가가 내려와 군인이 자신의 방으로 들어왔을 때, 그때 처음으로 '나라를 위해 일한다'는 것이 어떤 일인지 알게 된 것입니다. 게다가 송신도 할머니가 군인을 상대로 하는 성적인 '위안'을 거부하면, 위안소의 관리자는 군인의 요구를 따르지 않을 거면 대전에서 무창까지 오는데 들었던 음식비, 교통비, 오는 도중에 구매한 의복비 등의 전액을 지금 당장 내놓으라고 강요했습니다. 심지어 그 돈을 다 갚지 않고는 자유의 몸이 될 수 없다고 협박했습니다. 성 경험이 없는 소녀들에게 군인의 성적 '위안'을 시키는 것은 쉬운 일이 아니기 때문에 위안소 관리자는 협박, 폭력, 감언 등 모든 갖은 수단을 써서 '위안'을 강요했습니다. 가령 그런 협박과 폭력을 당하지 않았다고 하더라도 가진 돈도 없고, 중국어도 일본어도 지리도 모르는 열여섯 살의 소녀가 언제 전쟁에 연루될지 모르는 무창에서 중국을 빠져나와 조선으로 돌아가는 방법을 어떻게 찾을 수 있었겠습니까. 당시 일본군의 점령지에서 이동하기 위해서는 군이 발행하는 통행증이 필요했습니다. 또한 송신도 할머니를 일본으로 데려온 오다와 함께 독립혼성 제17여단에 있었던 전 군인의 말에 따르면 '일본군을 떠나는 것은 죽음을 의미한다'라고 합니다. 위안소에서 도망치는 것이 거의 불가능한 상태에서 '위안부'가 될 것을 강요받은 것입니다. 송신도 할머니는 '세계관'에서 외출이 허용되지 않은 감금 상태에 놓여 있었습니다. 가령 감금의 정도가 약했다고 해도 식민지에서 전쟁터의 위안소로 끌려온 많은 소녀들은 '위안부'가 되어야 하는 너무나도 부조리한 처지에서 벗어날 수 없는 상황에 처해 있었던 것입니다.

송신도 할머니의 몸에는 '위안부'가 되어서 생긴 상처가 세

군데 남아 있습니다. 오른쪽 귀는 난청이고, 옆구리에는 군도에 베인 길이 10센티 정도의 상처, 허벅지에는 깊이 패인 상처가 있습니다. 난청은 군인과 위안소 관리인에게 일상적으로 맞아서 생긴 것입니다. 이런 상처는 송신도 할머니뿐만 아니라 많은 피해자들의 몸에 남아 있습니다. 한 피해자는 '목에 칼을 들이대면서 "위안"을 강요당했다'라고 증언했습니다. 그리고 또 다른 피해자는 '군인은 다다미에 군도를 꽂아 놓고 성행위를 해서 내 방의 다다미는 너덜너덜했어요. 그것은 하라는 대로 안 하면 죽이겠다는 협박이었죠'라고 증언했습니다. 나이 든 피해자들의 몸에 남아 있는 많은 상처를 저는 직접 봤지만, 이런 상처는 '위안부'가 군인과 위안소 관리자에게 '위안'을 강요받았다는 것을 단적으로 보여주고 있습니다. 전선에서 막 돌아온 군인, 전선으로 향하는 군인은 특히 더욱 거칠었다고 송신도 할머니는 말했습니다.

필리핀의 마스바테섬 경비대의 '군인 클럽 규정'(『종군위안부 자료집』 수록)에 '복장은 약식으로 하고, 대검을 차고 각반을 찬다'라는 규정이 있습니다. 군인 클럽은 위안소를 말합니다. 전 일본 군인의 증언에 따르면 외출할 때 적의 습격에 대비하여 몸을 보호하기 위해 '대검'을 차는 것은 일반적이었다고 합니다. 송신도 할머니도 군인은 위안소에 올 때 비수 같은 칼을 가지고 왔다고 증언했습니다. 그리고 필리핀 군정기관 비사야 지부 '이로이로 출장소'의 위안소 규정에는 '위안부 및 주인에 대한 폭행 협박 행위는 하지 않을 것'이라고 정해져 있지만, 이는 군인이 '위안부'와 업자에 대해 폭행을 가할 것이라고 상정하여 만든 규정입니다. 물론 많은 군인 군속들은 위안소 이용 규정에 따라 위안소를 이용했을 것입니다. 하지만 위반하는 사람은 반드시 나옵니다. 세계관에는 14, 5명의 '위안부'가 있었습니다. 하루 한 명의 '위안부'가 평균 10명의 '위안'을 했다고 한다면, 세계관 이용자는 하루 평균 140~150 명 정도입니다. 위반자가 어느 정도 나왔는지 정확하지는 않지만, 하루 평균 한 명이라도 군인이 '위안부'를 폭행했다면 세계관에서는 매일 폭행 사건이 일어났다고 할 수 있습니다. 빈도가 더 낮다고 해도, '위안부'가 언제 다치고, 언제 죽을지 모른다는 공포감을 느끼기에는 충분했을 것입니다. 실제 세계관에서도 병에 걸린 '위안부'가 군인이 던진 돌에 맞아 사망하기도 했습니다.

송신도 할머니는 증언 중에 위안소에서 군인에게 했던 '위안'을 '장사', 군인을 '손님'이라고 부르고 있습니다. 하지만 이는 위안소 관리자가 사용하게 하여 익숙해진 용어를 지금도 그대로 사용하고 있을 뿐입니다. 자유의사에 기반한 '장사'가 아니라는 것은 지금까지 말씀드린 내용으로 충분히 알 수 있을 것입니다. 그리고 위안소가 '손님'으로서 성적 '위안'을 제공하는 대상은 군인 군속에 한정되어 있었다는 것은 각 부대가 규정한 여러 '위안소 이용 규칙' 등에 나와 있습니다. 다만, 기존 유곽을 군위안소로 지정해 사용할 경우에는 민간의 이용 시간과 구분했던 사례가 극히 일부 존재하지만, 송신도 할머니가 계셨던 위안소는 모두 군인 군속 전용이었습니다.

요시미 요시아키 주오대학교 교수가 지적한 대로, 위안소 설치의 지시는 군에서 나왔고 군이 접수한 가옥과 군이 건설한 가건물이 위안소로 사용되었으며, 업자는 군의 영업 허가를 받았습니다. 송신도 할머니의 증언에서도 밝혀진 것처럼 '위안부'에 대한 영업 허가도 군에서 내려왔으며, 군의 관리 감독 하에 위안소 업자는 일상적인 운영을 했습니다. '위안부'는 군인 군속에 의해 성적 '위안' 강요라는 피해를 입었지만, 위안소 업자에게도 매우 악랄한 경제적인 수탈을 당했습니다. 송신도 할머니의 경우는 앞에서도 언급한 것처럼 무창으로 오는 데까지 든 비용이 전부 가불금이 되어 있었습니다. '위안부'를 모집한 '인간 브로커'에게 위안소 업자가 지불한 금액도 당연히 가불금으로 가산했을 것입니다. 게다가 가불금에는 높은 이자가 붙었습니다. 가불금 변제가 본인의 의무인 것처럼 해서 업자는 '위안부'를 구속했습니다. 송신도 할머니의 빚이 없어진 것은 중국에서 지낸 7년 중에 후반부의 아주 짧은 시기에 불과했습니다. 그때조차 국방헌금을 낸다면서 보수를 받을 수 없었습니다. 업자는 가불금이라는 방식을 '위안부'를 구속하고, 노예 상태로 두는데 활용했습니다.

업자에 의한 경제적인 수탈은 상당한 액수에 달합니다. 하지만 업자의 경제적 수탈은 '위안부'가 된 여성들이 입은 피해의 극히 일부에 지나지 않습니다. 송신도 할머니는 '위안부'로서 보수를 받은 적은 없었지만, 만약 보수를 받는다고 해도 그 돈이 성을 유린한 것에 대한 면죄부가 될 수 없습니다. 한 여성의 인생을 망친 면죄부도 될 수 없습니다. 송신도 할머니는 업자에게 경제적 수탈을 당했기 때문에 그 책임의 일부는 업자에게도 있습니다. 하지만 업자는 군이 전쟁을 수행하는 데 필요하다고 판단하여 만든 위안소 제도 안에서 군의 요청을 받아 군의 통제, 감독 하에 위안소 운영을 말단에서 담당한 것에 불과하고, 조직적으로 성폭력 범죄를 저지른 것은 군이라는 것은 너무도 명백

합니다.

일본이 전쟁에서 졌을 때, 송신도 할머니는 갑자기 찾아온 오다에게 청혼을 받았습니다. 악주에 있었을 때 종종 송신도 할머니를 지명했다고는 하지만 할머니에게는 위안소에 온 수많은 일본 군인 중 한 명에 불과한 오다에게 특별한 감정을 갖고 있었던 것은 아니었습니다. 그럼에도 불구하고 오다의 청혼에 응한 것은 당시 앞날에 대해 큰 불안을 느끼고 있었기 때문입니다. 유교의 영향이 강하고 일본 이상으로 여성의 정조를 중시했던 당시 조선에서는 불특정 다수와 성관계를 한 사람은 결혼 자격이 없는 것과 마찬가지였습니다. 당시는 여성이 할 수 있는 일은 매우 한정되어 있었습니다. 교육도 충분히 받지 못했고, 아이에서 어른이 되어가는 인생의 기초를 쌓아가는 중요한 시간에 일반 사회에서 격리되어 성 노예 상태에 놓여 있었던 여성들의 직업 선택의 폭은 더욱 한정적이었습니다.

앞으로 어떻게 살아가면 좋을지 알 수 없는 막막했던 시기에 오다가 나타난 것입니다. 위안소의 여주인은 오다와의 결혼을 걱정했습니다. 그 뒤의 일은 여주인이 걱정한 대로 일본에 도착하자마자 오다는 임시 혼인 증명서를 찢어서 버리며, '미군의 양공주라도 되어라'라는 너무나도 모욕적인 말을 내뱉고는 생판 모르는 낯선 일본 땅에 할머니를 내팽개쳤습니다.

'위안부'가 된 여성들은 일본군이 전쟁에서 패하고 퇴각할 때, 혹은 패전 즉시 성 노예 상태에서 해방되기는 했지만 목숨을 위협받는 상황에 내몰린 분들이 적지 않습니다. 송신도 할머니의 경우는 오다에게 버림받은 후에 자살을 시도했지만, 목숨을 건졌습니다. 운 좋게 재일조선인 남성 하재은 씨를 만나 간신히 일본에서 생활을 시작할 수 있었던 것입니다.

5. 전후의 송신도 할머니
(1) PTSD

한국의 피해자 열아홉 분의 증언을 싣고 있는 『증언 강제연행된 조선인 위안부들』에 따르면, '위안부'가 된 많은 피해자들은 지금까지도 후유증에 시달리고 있습니다. 사람에 대한 불신, 대인기피, 정서불안, 반복되는 악몽, 전쟁 기억과 연관되는 소리, 냄새, 모양 등에 노출되었을 때 심장의 두근거림이 좀처럼 멈추지 않는다는 것 등입니다. 이러한 증상은 강제 수용, 재해, 성적 학대, 교통사고 등 커다란 충격을 당한 피해자들에게 나타나는 PTSD(외상 후 스트레스 장애)의 증상과 비슷합니다. 오키나와 배봉기 할머니의 경우는 주기적으로 찾아오는 극심한 두통으로 PTSD 증상이 나타났습니다. PTSD를 전문으로 하는 정신과 의사에 따르면, 두통은 PTSD에 자주 나타나는 증상이라고 합니다.

한국에 계신 피해자분들과 송신도 할머니에게 공통적으로 나타나는 증상은 사람에 대한 불신입니다. 송신도 할머니는 사람한테 속아서 위안소로 끌려갔고, 일본으로 오게 되었습니다. 속은 것이 인생의 큰 갈림길이 되었던 것입니다. '나는 잘 속아'라는 말은 사람을 잘 믿으려고 하지 않는 하나의 요인일 것입니다. 아니, 그 이상으로 '위안부' 경험과 전후 일본 생활이 송신도 할머니를 인간 불신에 빠지게 했습니다.

중국에서 7년이라는 긴 시간 동안 일본군의 성 노예 상태에 놓여 있었던 송신도 할머니의 경험은 인류 역사상 보기 드문 가혹한 사례라고 할 수 있습니다. 하지만 송신도 할머니는,

"죽은 사람에 비하면 나은 거지."

라며 자신이 당한 피해를 상대화하고, 죽은 '위안부'와 비교해서 그나마 나은 것이라고 말합니다. 자살하는 '위안부'도 나오는 상황에서 자신은 살고자 했다고도 말합니다. 전쟁이 끝난 후에도 일본에서 어떻게든 적응하고 살기 위해 노력했습니다. 지금 송신도 할머니는 일본의 지역사회에 뿌리를 내리고 생활하고 있습니다. 길에서 마주친 이웃들과 큰 소리로 농담을 주고받고, 노인회에서는 옛 노래나 군가를 불러 박수를 받으며, 동네 친구와도 왕래하며 지내고 있습니다.

하지만 그런 송신도 할머니를 향해,

"남자랑 너무 많이 해서 네 거기는 굳은살이 박였다며?"

"네 구멍은 양동이처럼 크다면서?"

라는 듣기조차 힘든 욕설을 하는 사람도 있습니다. 이처럼 심한 비방을 듣게 되는 것은 '위안부' 차별에 재일한국인 차별이 더해진 결과입니다. 비상식적인 빈도로 군인의 성적 '위안'을 강요당한 여성에 대한 호기심과 멸시뿐만 아니라 공격의 정도가 재일한국인에 대한 차별의식으로 인해 더욱 커진 것입니다. 이는 송신도 할머니가 제소를 했을 때,

"우리가 낸 세금으로 생활보호를 받아서 먹고사는 주제에 어째서 재판을 하는 거야? 불만이 있으면 한국으로 돌아가!"

"돈 욕심에 재판을 하는 거지? 돈은 받았나?"

라는 말을 들었던 것에서도 잘 나타나 있습니다.

증언을 처음 들었을 때 송신도 할머니는 때때로 식칼을 베개

밑에 두고 잔다는 말을 했습니다. 이번 재판을 시작한 직후나 동네에서 싸움이 일어나 불안을 느낄 때, 상식적으로 생각하면 뜬금없는 그런 말을 종종 했습니다. 식칼을 베개 밑에 두면 본인이 오히려 더 위험할 수 있습니다. 하지만 배외주의적인 일본 사회에서 위와 같은 심한 욕설을 듣고, 그렇게 하지 않으면 제대로 잠도 잘 수 없는 불안을 느꼈던 것입니다.

송신도 할머니는 일본에서는 일본 이름을 사용하고, 매운 것은 먹지 않고, 한복을 입은 인형 등 한국과 연결되는 것들은 방에 두지 않으며, 자신의 한국인적인 요소를 억지로 지우면서 지냈습니다. 일본어를 필사적으로 외우고 일본 습관에 따라 생활하면서, 일본 사회에 동화하기 위해 노력하며 살아왔습니다. 그렇게 하지 않으면 살아갈 수 없었습니다. 하지만 다른 민족에 대한 배외주의적인 경향이 강한 사회에서 일본인을 불신할 수밖에 없는 일들은 자주 일어났습니다. 송신도 할머니는 일본인과 관계를 잘 맺고 싶다는 절실한 바람과 일본인에 대한 불신 사이에서 갈등하고, 그 모순으로부터 발생하는 강한 정신적 부담을 안고 살아가고 있습니다.

(2) 하재은 씨와의 관계

송신도 할머니는 패전 직후 일본에서 버림받았을 때 도움을 받았던 하재은 씨에게 큰 은혜를 입었다고 생각하며, 그의 영전에 꽃을 빠드리지 않고 소중히 제사를 모시고 있습니다.

혼인 신고는 하지 않았지만, 하재은 씨가 돌아가시기 전까지 부부처럼 지냈습니다. 한글도 일본어도 능하고 박식한 하재은 씨를 송신도 할머니는 존경했습니다. 애정이 없었다면 40년 가까운 세월을 함께 살 수 없었을 것입니다. 그러나 성적인 관계는 전혀 없었다고 합니다. 그 이유를 물으면, 성관계를 맺을 그런 대상은 아니라고 말했습니다.

송신도 할머니는 열여섯이라는 어린 나이부터 남자라고 하면 성적 '위안'만을 요구하며 위안소를 찾아오는 군인 외에는 만날 수 없었습니다. 이성에 대한 관심이 생기고 연애 감정을 느끼며 삶을 함께 할 상대를 만나야 하는 시기에, 성적 대상으로 밖에 취급받지 못한 채 인간 본연의 성적 자기결정권을 짓밟혀 왔습니다.

송신도 할머니는 고령이 된 지금도 남성을 과도하게 이성으로 의식합니다. 예를 들어, '지원모임'의 젊은 남성이 숙박비를 아끼고 친근한 마음에 할머니 댁에서 하루 묵으려고 하면, 이웃들이 남자가 드나든다고 생각하면 곤란하다며 강하게 거절합니다. 여자라면 식사 준비 등 신경 쓰지 않아도 되지만, 남성에게는 그럴 수는 없다며, 거절하는 이유를 댈 때는 성적인 표현을 사용하고는 합니다. 그리고 남성은 성적인 주제나 여성의 몸을 만지는 것을 누구보다 좋아한다고 생각하는 부분이 있어서 성적인 표현으로 웃음을 자아내기도 합니다. 성적 대상으로만 취급받았던 7년이라는 긴 시간으로 인해, 남자들을 위안소에 온 일본 군인과 똑같이 인식할 수밖에 없게 된 것이 아닐까요? 인간에 대한 불신, 그리고 남성에 대한 불신을 좀처럼 해소할 수 없었습니다. 송신도 할머니는 이런 말을 한 적이 있습니다.

"진심으로 사람을 좋아해 본 적이 없으니까, 사람을 사랑한다는 것이 어떤 것인지 몰라."

하재은 씨와는 부부처럼 살면서도 성적인 관계를 갖지 않고,

필요 이상으로 주변 남성들을 이성으로 인식하며 성적인 표현을 사용하는 이런 불균형한 성인식은 '위안부' 경험에서 기인했다고 볼 수 있습니다. '위안부'라는 경험으로 인해 인간의 가장 자연스러운 성감각이 파괴되고, 회복할 기회를 얻지 못한 결과입니다.

송신도 할머니는 위안소에서 군인에게 매일매일 수도 없이 성과 인간으로서의 존엄을 짓밟히면서 두 번 다시는 같은 일을 겪고 싶지 않다고 생각했습니다. 그리고 하재은 씨를 존경하고 신뢰하며 애정을 느꼈지만, 성애의 대상으로는 볼 수 없었습니다. 하재은 씨도 '위안부'가 된 동포 여성에게 자신이 일본 군인과 같은 행동을 하는 것을 두려워했던 것인지 성적 관계를 요구하지 않았습니다.

'위안부'가 된 여성들은 결혼을 하지 못하고 홀로 지내시는 분이 적지 않지만, 결혼 혹은 동거를 한 경우에도 '위안부'였던 과거가 둘의 관계에 큰 어려움을 초래했다는 증언은 많이 있습니다.

(3) 현재의 생활

송신도 할머니는 위장이 약해서 조금만 무리해도 설사를 합니다. 발과 무릎에 물이 차는 노인 특유의 증상이 자주 나타나 다리도 약해져 있습니다. 지금은 생활보호를 받으며 혼자서 지내고 있습니다. 일본에 가족은 단 한 사람도 없습니다. 병에 걸리거나 체력이 약해졌을 때는 견딜 수 없는 불안과 외로움에 시달립니다. 자신이 죽으면 하재은 씨와 자신의 묘는 무연고자가 되는 것이 아닌지 큰 불안을 느끼고 있습니다.

미래에 대한 불안에 더해 최근에는 '위안부' 문제의 해결 방안, 재판의 결과를 매우 걱정합니다.

"만약에 재판에서 진다면, 나는 여기서 못 살아."

재판의 결과는 일본 사회의 '위안부' 차별, 재일한국인 차별을 해소하는 큰 기회가 됨과 동시에, 결과에 따라서는 차별을 더욱 증폭시킬 수도 있습니다.

일본 정부는 민간에서 모금한 '여성을 위한 아시아 평화 국민기금'의 보상금을 지급하는 것으로 '위안부' 문제를 해결하려고 했지만, 송신도 할머니는 이를 거부했습니다.

"일본 정부는 성의가 있다면 국가의 책임을 인정하고 사죄하면 좋겠어. 정부 예산이 없어서 도저히 보상할 수 없다면 100엔이라도 1000엔이라도 좋으니까 보상해 달라고. 그러면 사람들한테 모은 국민기금도 살릴 수 있잖아."

한신대지진이 발생한 후에 PTSD로 힘들어하는 아이들을 치료한 정신과 의사에 따르면, 심한 충격을 받은 아이들의 이야기를 들어주는 것이 매우 중요하고, 공감해 주는 것이 치유로 이어졌다고 지적합니다.

'위안부'가 된 여성들은 반세기 동안이나 자신의 피해를 이야기하는 것조차 불가능했으며, 공감도 받지 못한 채 오랜 세월을 보냈습니다. 피해를 인정받기는커녕 '위안부'였던 것이 알려지면 멸시를 당하며 마음에 깊은 상처를 입었습니다. 위안소에서 일본 군인에게 받은 중대한 피해는 말할 것도 없고, 전후에도 더러운 일을 했다는 오명을 뒤집어쓰고 인권 침해를 당해 왔습니다. 이 같은 인권침해 상황은 위안소 제도를 만든 일본군에 책임이 있음을 일본 정부가 명확하게 인식해야 합니다. 피해자들의 명예가 회복되지 않는 한 이 문제는 해결되지 않습니다. 일본군이 전쟁 수행을 위해 아시아 여성을 군사적 성 노예 상태로 만든 것은 전쟁 범죄이며, 국가가 범한 범죄입니다. 송신도 할머니도 명백한 희생자 중 한 사람입니다.

지나간 시간을 되돌릴 수는 없지만 송신도 할머니가 얼마 남지 않은 여생을 마음 편히 지낼 수 있도록, 재판소가 나서서 일본군이 저지른 범죄를 명확히 하고 국가의 책임을 밝혀 주시길 바랍니다. 더불어 '위안부' 차별, 재일한국인 차별을 없애는 데 최선을 다해 줄 것을 간절히 요청드립니다.

갑제46호증
진술서

주수자

저는 일본에서 태어난 재일한국인 2세입니다. 현재 저의 직업은 재가요양보호사입니다. 제가 스무 살이 넘었을 때 전쟁 중에 '조선인 위안부'가 있었다는 사실을 몇 권의 책을 통해 알고 있었습니다. 하지만 당시는 수치심을 먼저 느끼며 문제시할 수 없었습니다. 한국에서 처음 공개 증언을 하고 나선 김학순 할머니가 1991년 11월 일본에 오셨을 때 '위안부'로서 겪었던 이야기를 들었습니다. 그리고 재일동포 피해자인 송신도 할머니와 만나게 되면서 제 자신의 문제로 인식하게 되었습니다.

송신도 할머니를 처음 만난 것은 1992년 10월 도쿄 분쿄구에 있는 유시마회관에서 열린 '증언을 듣는 모임'에서였습니다. 그 후로 공개 제소를 하게 되었지만, 여전히 재일한국·조선인에 대한 몰이해와 멸시가 뿌리 깊은 사회 환경을 생각했을 때, 사회적 반발과 지역의 반감 등으로 어려운 재판이 되지 않을까 걱정하면서 재판 지원에 참가했습니다. '재일 위안부 재판을 지원하는 모임'의 연락 창구 역할을 하면서, 송신도 할머니와 전화 통화를 하거나 할머니 댁을 방문하면서 알게 된 것들에 대하여 말씀드리겠습니다. 송신도 할머니에게 지역 노인회 모임은 몇 안 되는 즐거움입니다. 하지만 군대 경험자가 전쟁 중에 겪은 일을 자랑처럼 이야기하기 시작하면 견디지 못하고 자리를 뜬 적이 있다고 합니다. 때로는 음담 패설을 들은 적도 있었습니다. 전쟁 경험의 내용은 전 일본 군인 군속들과 송신도 할머니 사이에는 당연히 큰 차이가 있습니다. 전쟁이 끝난 후의 대우도 현저하게 차이가 납니다. 누구는 연금 수급자이고 본인은 생활 보호 수급자로 힘들게 살아야 하는지 납득이 가지 않는다고 하셨습니다. 오랜 시간 지내온 지역에서 이웃과 잘 지내는 것처럼 보였지만, 진심으로 신뢰하는 상대도 친한 동포도 없이 지내고 있었습니다. 전후에 일본에 살 수밖에 없었던 한국·조선인들은 생활면에서 많은 어려움을 겪었습니다. 송신도 할머니는 전쟁 중에 외운 일본어를 전쟁이 끝난 후에도 열심히 배워서 지역 사회에 적응하려 했습니다. 손가락질을 당하는 것이 두려워 민족에 대한 마음을 밀어내며 지내야만 했습니다. 이는 전쟁 중에도 전쟁이 끝난 후에도 마찬가지였습니다. 송신도 할머니는 몇 차례 한국의 피해자분들과 교류할 기회가 있었지만 무척 어색해 했습니다. 민족의상을 입고 온 할머니들의 모습을 보고 "일본에 올 때는 일본인처럼 하고 와야지 저런 옷 입고 오다니, 보기 흉해"라며 눈살을 찌푸린 적도 있습니다. 집회에서 어느 동포 지원자가 할머니를 기쁘게 해 드리기 위해 한복을 가지고 왔는데, 그것을 걸쳐 보고는 열여섯 살 이후로 입어 본 적 없다며 눈물을 글썽였습니다. 그런데 그 한복을 선물하겠다고 하자 "이런 거 입고 다니면 사람들이 비웃어, 어차피 줄 거면 기모노가 훨씬 낫지. 여기는 일본이야"라면서 화를 낸 적도 있습니다.

일본은 여전히 자신의 민족성을 자랑스럽게 여기며 지내기 어려운 사회입니다. 이는 일본에서 태어난 2세, 3세들도 마찬가지이며, 스무 살이 넘어서 겨우 민족명을 사용할 수 있었던 저 자신의 경험과도 겹쳐 보였습니다. 하지만 아무리 일본인처럼 행동하려고 해도 사람들은 똑같이 취급하지 않는다는 것을 송신도 할머니도 알고 있습니다.

하재은 씨가 생전에 경로 축하였는지 정확하지는 않지만, 이웃 노인들에게 면사무소에서 축하 선물을 나눠 준 적이 있습니다. 당연히 같은 세대인 하재은 씨에게도 나눠 줄 것이라고 생각했는데 아무리 기다려도 오지 않았습니다. 그때 실업대책 사업 업무에 종사해도, 나라를 위해 열심히 해도, 나쁜 짓을 하지 않아도 그럴 때는 조선인이라서 제외한다며 억울해 했습니다. 그럼에도 누가 물어보면, 차별받지 않는다고 받은 적도 없다고 답하는 송신도 할머니를 몇 번이나 보아 왔습니다. 차별받는 것을 인정하면 약점이 되고, 사람들에게 약하게 보일 수 없다며 허세를 부리는 것이지만, 한편으로 본인이 사는 지역을 배려하는 말이기도 합니다. 이처럼 재일한국·조선인에 대한 편견이 여전한 가운데 전쟁 당시의 '위안부' 경험을 이야기하고 제소하는 일은 쉬운 일이 아닙니다. 지역에서 뿌리를 내리고 살려고 해도 소외 당하면서 지내는 것이 얼마나 큰 정신적 부담을 동반하는지 헤아려 주시기 바랍니다. 송신도 할머니를 둘러싼 현실은 결코 안심하고 지낼 수 있는 환경이 아닙니다.

젊었을 때는 이웃들이 무시하면 타고난 강한 성격으로 되받아 치지만 그런 일이 있었던 날 밤에는 보복이 두려워 베개 밑에 식칼을 두고 잔 적도 있다고 합니다. 재판이 시작되고 '위안부'였다는 것이 신문을 통해 알려지면서, 이웃 중년 남성이 "너 같은 위안부가 돈 받으려고 재판을 하는 것이 맘에 안 들어. 지금 전쟁을 한다면 총으로 조선인을 모조리 죽여 버릴 거야"라는 말을 했다고 합니다. 이 말을 듣고 난 후 할머니와 통화를 했는데 전화로는 흥분이 가라앉지 않는 것 같았습니다. 그 일로 심한 불안을 느꼈는지 한동안 외출도 하지 않으셨습니다.

제소를 한 것을 두고 "생활보호 받으면서 나라에 신세를 지고 있는 주제에, 재판해서 이러쿵저러쿵할 거면 한국으로 돌아가라"는 등의 비난과 위협에 힘들어하며 몇 번이나 정신적 고통을 호소했습니다. 하지만 일본의 전쟁에 끌려갔다가 지금까지 방치된 것에 대한 분노에, 전후 생활 속에서 받은 소외감이 더해져 더 이상 물러날 수 없었습니다. 할머니를 둘러싼 현실과 결심 사이에서 흔들리며 재판을 진행하고 있습니다.

송신도 할머니는 '재일조선인'과 '위안부'라는 이중 차별과 멸시 속에서 살아오면서 오랫동안 마음에 걸려 있는 것이 있습니다. 바로 자녀에 관한 것입니다. 할머니는 전쟁 후에는 아이를 낳지 않았습니다. 하재은 씨에게 "너 같은 여자를 안을 수 있겠느냐"라는 말을 들은 적이 있다며, 등을 돌린 채 말씀하신 적이 있습니다. 이는 송신도 할머니에게 큰 상처가 되었고, 부부 관계를 완고하게 거부한 원인이 된 것 같습니다. 기억하고 싶지 않은 과거의 일은 부부 사이에도 큰 영향을 미쳤고, 아이는 싫다고 하면서도 전쟁터에서 낳은 두 남자아이를 잊지 못하고 있습니다. 중국 잔류 일본인이 일본에 왔다는 보도가 시작되었을 때부터 송신도 할머니는 텔레비전 앞에서 떠나지 못합니다. 자신을 낳은 사람은 조선 여성이라는 말을 들었다는 남자의 얼굴이 비슷한데 내 아이가 아닌지 알아봐 달라고 했다가, 잘 생각해 보니 그 사람의 나이도 자란 곳도 다른 것 같으니 알아볼 필요는 없다며 다시 전화를 걸어왔습니다.

"평범하게 살았으면 손주, 증손주도 봤을 나인데, 낳은 아이 둘 모두 중국에 버리고 살아온 여자라 보통 여자랑은 달라."

키울 수 없는 상황이었지만 그 책임이 자신에게 있다고 생각하고 있습니다. 출산하기는 했지만 모성을 키우는 즐거움을 빼앗기고 아이와 사랑을 나눌 수도 없었습니다. 그렇게 떨어질 수밖에 없었던 아이에 대한 그리움이 쌓인 듯 할머니는 아직도 아이들의 나이를 세고 있습니다. 저는 아이가 셋 있는데, 엄마의 입장에서 송신도 할머니의 심정을 헤아려 보면, '위안부' 피해는 모자를 갈라 놓고 중국에 남겨져 생사도 모르는 그 아이들에게도 미치고 있습니다.

송신도 할머니를 만난 지 5년이 되었지만, 속마음을 솔직하게 이야기하지 않고 때로는 생각과 반대로 말하며 상대방의 의중을 떠보는 일이 많습니다. 그래서 저와 말다툼을 하기도 합니다.

"아무리 친절하게 해 줘도 지금까지 몇 번이나 속아왔으니까, 조선인이든 일본인이든 다른 사람은 믿을 수 없어. 사람 마음은 한 치 앞도 알 수 없어."

그렇게 말하는 송신도 할머니의 인간 불신은 지금까지의 경험과 환경에 큰 영향을 받은 것입니다. 송신도 할머니는 앞으로도 일본에서 계속 살아갈 것입니다.

"재판에 지면, 여기서 살 수 없어. 돌을 매달고 바다에 빠져 죽는 수밖에 없어. 이제 와서 고향에 돌아가려 해도 돌아갈 수도 없고, 어떻게 해야 할지 생각하면 잠을 잘 수가 없어."

앞날의 불안은 절실합니다. 제소를 하면서 새로운 비방을 받을 수밖에 없는 일본에 거주하는 피해자입니다. 일본이 전쟁 책임을 명확히 하고, 송신도 할머니가 전쟁의 희생자임을 인정하며 사죄하는 것만이 진정한 치유가 될 것입니다. 재일한국·조선인과 일본인이 함께 사는 사회를 만들기 위해서라도, 귀 재판소에 재일 '위안부' 피해자로서 많은 어려움 속에서도 증언을 하고 나선 송신도 할머니가 '재판하길 잘했다'라고 생각할 수 있는 판결을 내려주시길 간절히 바랍니다.

1997년 10월 12일

갑제47호증
진술서

기노무라 데루미

저는 1953년 3월 1일 후쿠오카현 다가와군에서 태어났습니다. 현재 출판사 일본경제평론사에서 일하고 있습니다. 저의 가족은 남편과 중학생 딸 하나입니다.

제가 '위안부' 문제에 참여하게 된 것은 신문에서 이 문제가 보도된 후, 한국에서 '위안부' 피해자 김학순 할머니가 공개 증언을 하고 나온 것이 계기였습니다. 그 전에 김일면의 책을 읽은 적이 있지만 설마 정말로 있었던 일은 아닐 것이라고 생각했습니다. 친구의 권유로 김학순 할머니의 증언 집회에 참석했고, 큰 충격을 받았습니다. 처음 들었던 증언에 표현할 수 없는 감동과 분노로 마음이 혼란스러웠고, 이 사실을 어떻게 소화해야 할지 몰랐습니다. 그 후 김학순 할머니를 비롯한 피해자분들이 일본 정부를 상대로 제소했고, 그 재판의 보고 집회에서 다른 한국의 '위안부' 피해자 할머니들의 증언을 들었습니다.

저는 규슈에서 광부의 딸로 태어났습니다. 어렸을 때부터 조선인에 대한 강한 차별의식을 느껴왔습니다. 강제 연행되어 일본으로 왔다가 전후에도 탄광에 그대로 남게 된 조선인에 대한 차별은 우리들 주변에 일상적으로 존재했습니다. 저 자신도 왜 그 사람들이 일본에 있는지 그 이유를 전혀 알지 못한 채 성장

했고, 고등학생이 되어서야 식민지 지배와 강제 연행의 역사를 알게 되면서 재일한국·조선인이 존재하는 이유를 알게 되었습니다. 그 후로 저는 재일한국·조선인의 과거와 현재에 강한 관심을 갖게 되었습니다.

이 문제는 제 자신이 각오하고 나서야 하는 문제였습니다. 어렸을 때 성폭력을 당한 경험이 있는 저에게 10대 때 그분들이 겪었을 처참한 경험은 저 자신을 돌아보게 했습니다.

그런 가운데 친구의 권유로 '지원모임'에 참여하게 되었습니다. 제소가 결정되고, 첫 재판 당일에 송신도 할머니를 처음 만났습니다.

"자네 거기 그렇게 우두커니 서있지 말고 여기 와서 앉아."

짐을 잔뜩 들고 서 있는 저에게 의자를 권하는 할머니를 보고 큰 위로를 받은 것 같았습니다.

그리고 제1회 구두변론 후에 처음으로 송신도 할머니 댁을 방문하였고, 그리고 지금까지 매주 일요일에 할머니와 통화를 해 오고 있습니다. 전화 통화를 하거나 할머니 댁에서 나눈 이야기 중에서 마음에 남는 몇 가지를 말씀드리겠습니다.

송신도 할머니는 저에게 항상 "일본인은 대단해"라고 말씀하십니다. 이 대단하다는 말속에는 어떤 의미가 담겨있는지 저의 머릿속에서 떠나지 않았습니다. 언젠가 일본인은 대단하다고 하는 송신도 할머니와 말다툼을 하게 되었고, 할머니는 "조선인은 지금도 나라가 두 개로 쪼개져서 아직도 하나로 안되고 있잖아"라고 했습니다. 그런 점에서 일본은 대단하다고 하는 할머니에게 '위안부'였던 분들에게 사죄하지 않는 일본이 대단할 리 없다고 말하면 "일본인인 네가 그런 말하면 못써"라고 열심히 저를 타이르십니다. 하지만 그런 할머니가 재판에서 지면 볼썽사나워서 더는 일본에서 살 수 없다고 하십니다. 생활보호를 받고 있는 형편에 일본 정부에 대들었다가 재판에서 지면 더 이상 일본에 살 수 없다는 것입니다. 송신도 할머니가 일본에서 민족 차별과 '위안부'로서 멸시를 받아왔다는 것은 이 말을 통해 알 수 있습니다.

송신도 할머니의 일상을 저는 잘 몰랐지만, 지난 재판이 끝나고 댁까지 모셔다드리면서 할머니의 집에서 잠을 잔 적이 있습니다. 마침 동네에서 축제를 하고 있었고, 비가 내리는데도 광장 무대에서 민요가 흘러 나오고 사람들이 춤을 추고 있었습니다. 할머니와 함께 구경을 갔습니다. 처음에는 들떠있던 할머니는 무대에서 민요가 나오기 시작하자 웃음기가 사라지며 쓸쓸한 표정으로 변했습니다. 이 마을에서 50년 가까이 살아온 할머니였지만, 지역 사람들과의 교류는 별로 없어 보였습니다. 축제 때는 사람들이 서로 말을 걸며 즐겁게 이야기를 나누는 모습을 볼 수 있지만 송신도 할머니에게 말을 거는 사람은 아무도 없었습니다. 노래를 좋아하는 할머니는 몇 번이나 말했던 '위안소 노래자랑에서 우승했다'는 이야기를 또 했습니다. 할머니도 노래를 하고 싶은 것 같다고 생각하고 있을 때, "재미없네, 노래가 형편없어. 그만 돌아가자"라며 빠른 걸음으로 자리를 떴습니다.

축제조차 함께 즐기는 것을 허락하지 않는 일본에서 송신도 할머니는 50년 동안 지내왔습니다. 자신의 나라라면 적어도 바람과 공기 속에서 편안함을 느끼셨을지 모릅니다. 하지만 가해국에서 사는 송신도 할머니에게는 바람과 공기조차도 가시를 품고 있는 것처럼 느껴지는 것이 아닐까 생각했습니다. 그러자

팔짱을 끼고 돌아가는 할머니의 뒷모습이 너무나도 쓸쓸해 보여 마음이 몹시 아팠습니다. 일본인인 저에게 '일본인은 대단하다'라고 말하는 할머니의 마음속에 일본인에 대한 미움이 얼마나 가득 차 있을까. 그것을 우리 일본인들은 생각해야 하지 않을까요.

최근에 지원모임 회원이 아이를 낳았습니다. 송신도 할머니와 매우 가깝게 지내는 회원입니다. 그때 제가 남자아이인지 여자아이인지 궁금해하자, 할머니는 그런 것엔 관심 없다며 차가운 모습을 보였습니다. 그런데 잠시 후 "난 내 자식을 버리고 온 몸이야"라는 할머니의 말에 뜨끔했습니다. 송신도 할머니는 지금도 아기가 우는 소리를 싫어하고 시끄럽다고 화를 내지만, 그것은 자신의 아이를 버리고 온 죄책감의 표현이었던 것입니다. 그리고 "자기 자식을 버리고 온 인간이 다른 사람의 아이를 예뻐할 수는 없지"라는 말을 남겼습니다.

당시는 위안소에 있어서 아이를 키울 수 없었기 때문에 "하는 수 없이 다른 사람한테 줬어"라는 할머니의 말에는 일부러 자신을 나쁘게 말함으로써 '자식을 버린 부모'라는 틀 속에 자신을 가두었습니다. 절대로 그녀의 책임이 아님에도 불구하고 그 책임을 안고 살아가고 있는 것입니다.

위안부 제도의 피해자들이 갖지 않아도 될 책임감 때문에 스스로를 괴롭히면서 50년 동안 살아왔다는 것은 송신도 할머니의 말속에 잘 나타나 있습니다. 그리고 지금까지도 그녀를 괴롭히고 있다는 사실을 잊어서는 안됩니다.

송신도 할머니에게 지금 가장 걱정하는 것이 무엇인지 물으면, 혼자 살고 있어서 죽어도 아무도 모르는 것이 아닐까 하는 것이라고 합니다. '적어도 자식이라도 있었으면'하는 쓸쓸한 얼굴로……

　노후에 대한 걱정은 누구에게나 있지만, 원치 않는 삶을 살아온 송신도 할머니는 지금의 삶을 도저히 납득할 수 없습니다. 자다가 죽더라도 적어도 정부가 잘 처리해 주기를 바라고 있습니다.

　저는 지난 5년 동안 송신도 할머니와 가까이 지내 오면서 '위안부' 제도가 얼마나 피해자를 고통스럽게 했으며, 지금까지도 고통스럽게 하고 있는지 절실히 느꼈습니다.

　송신도 할머니에게는 위안소에 있었던 7년뿐만이 아니라 전쟁이 끝난 지금까지도 매일매일 가해가 이어지고 있다는 것을 알아주시길 바라며, 그녀의 마음이 조금이라도 치유될 수 있도록 양심에 기반한 재판소의 판단을 간절히 바랍니다.

1997년 10월 11일

갑제48호증
진술서

이문자

저는 1993년 11월 18일부터 26일까지 송신도 할머니를 모시고 중국에 다녀왔습니다. 송신도 할머니가 위안소에 있었던 7년 동안, 연도, 지명, 위안소 이름까지 정확히 기억하고 있는 무창의 세계관, 그리고 임신을 해서 옮겨가게 된 한구의 해군 위안소를 찾는 것이 주된 목적이었습니다.

비행기에 익숙하지 않은 송신도 할머니는 무창에 도착했을 때는 몹시 지쳐있었습니다. 이 일정에는 TBS 방송국의 취재팀과 가와타 후미코 씨, 그리고 제가 동행했습니다. 하지만 취재팀과 가와타 씨는 사전 조사를 위해 먼저 밖으로 나갔고, 할머니의 건강 관리와 생활 지원 담당자로 동행하게 된 제가 할머니와 함께 숙소에 남아 있었습니다.

취재팀은 점심을 먹고 오후에 밖으로 나갔습니다. 한 시간 정도 지났을 때였습니다. 침대에서 잠을 자던 할머니가 깨더니 취재팀이 아직 안 왔는지 물었습니다. 그리고 다시 잠에서 깬 할머니는 같은 질문을 했습니다. 저는 "괜찮아요, 여럿이 갔으니까. 장소를 찾느라 시간이 걸리는 거예요"라고 대답했습니다. 세 번째 할머니가 다시 잠에서 깼을 때는 날이 저물고 있었습니다.

"이놈들은 아직도 안 돌아왔어?"

할머니는 그때까지와 전혀 다른 반응을 보였습니다. 저는 깜짝 놀라서 읽고 있던 책을 내려놓고 할머니의 얼굴을 보았습니다. 저는 할머니의 심상치 않은 표정을 보고 순간 당황했지만, 여럿이 함께 갔으니까 길을 잃은 것은 아닐 거라며 괜찮다고 말했습니다. 저는 할머니가 취재팀을 걱정하는 것이라고만 생각했습니다. 그런데 송신도 할머니가 걱정한 것은 전혀 다른 것이었습니다.

"조선 여자 둘을 중국에 내다 버린 것 아니야!?"

생각지도 못한 말에 제가 얼마나 놀랐는지 말로 다 표현할 수 없습니다. 밖에 나가 있는 사람들을 걱정한 것이 아니라 자신이 버림받은 것이 아닌지 불안해 했다는 것을 '평범하게' 자란 저로서는 상상할 수 없었습니다. 저는 '위안부'가 되어 받은 할머니의 마음의 상처를 제 나름대로 이해했다고 생각했고, 전후 50년 동안 어느 정도 상식적인 수준으로 돌아왔을 것이라고 생각했습니다. 하지만 착각이었습니다. 일본에서 지낸 전후 50년은 할머니에게 아무런 도움도 되지 않았다는 것을 그때 처음 깨달았습니다.

저는 당황하면서도 위로의 말을 필사적으로 찾았습니다.

"비싼 돈 들여서 중국까지 버리러 올 리는 없어요. 버리려면 일본에서도 버릴 수 있죠."

"할머니를 버리면 지원모임한테 뭇매를 맞을 거예요."

하지만 할머니는 어떤 말을 해도 듣는 것 같지 않았습니다. 창백해진 할머니의 심상치 않은 표정에 더 이상 위로의 말을 찾지 못한 저는 할머니의 어깨를 감싸안았습니다. 눈물이 흘렀습니다. 그리고 마지막으로 이렇게 말했습니다.

"괜찮아요, 할머니. 버림받으면 버림받은 채로 둘이서 돌아가요."

"그렇구나...... 넌 강한 여자구나."

할머니는 그렇게 말했습니다.

그렇게 강했던 할머니가(물론 강하다고 해도 이는 더 이상 상처받지 않기 위해 다른 사람을 먼저 공격한다는 의미의 강함이지만) 한 말에 저는 다시 한번 놀랐습니다. 철저하게 약자로 살아오면서 이렇게까지 불안에 시달려 왔다는 것을 이때 처음으로 실감할 수 있었습니다.

우연히 재일조선인 여자 둘이 거기에 남아 있었을 뿐이었습니다. 만약 제가 아니라 일본인인 가와타 씨가 함께 남아 있었다면 할머니는 어떻게 반응하셨을까요? 단정할 수는 없지만, 재일조선인인 저와 둘이 남아 있었을 때보다는 덜 불안하지 않았을까요? 그때의 할머니는 열 예닐곱 살의 소녀로 돌아가 있었습니다. 전후 50년이라는 세월은 열여섯 살 때 느꼈던 불안과 두려움, 마음의 상처를 치유하는데 어떤 역할을 했을까요? 아무것도 하지 않은 채 그저 방치해 온 것이 아닐까 생각했습니다.

송신도 할머니의 마음의 상처를 치유하고, 할머니의 마음속에 그대로 남아 있는 열여섯 살 때의 불안과 의심, 불신에서 벗어나기 위해서 무엇보다 가해국인 일본 정부가 책임을 인정해야 합니다. 송신도 할머니가 일본에서 피해자임을 인정받아 안심하고 살아갈 수 있도록 모든 조치를 취할 필요가 있습니다.

1997년 10월 24일

갑제49호증
진술서

양징자

저는 제소 전부터 5년 정도 송신도 할머니와 함께 해왔습니다. 하지만 그간 가장 많이 느낀 것은 할머니의 의심의 깊이입니다. 송신도 할머니가 저희들을 신뢰하게 된 것도 겨우 1, 2년 정도밖에 되지 않습니다. 하지만 그 '신뢰'도 여전히 미약한 것으로 정체를 알 수 없는 불안이 저변에 깔려있음을 느낍니다.

위안소로 끌려가게 된 경위, 일본으로 건너오게 된 경위를 포함해, 과거의 많은 장면에서 속아온 것에서 비롯된 불신은 타자에 대한 것 이상으로, 쉽게 속아 넘어가는 자신에 대한 불신이 더 크다고 생각합니다.

그리고 그 불안의 강도는 자주 돌발적인 분노의 폭발을 동반하며 나타납니다.

"재판 따위는 관둬!"

제소를 한 후, 송신도 할머니는 분노의 감정을 주체하지 못하고 전화를 걸어 소리치고 일방적으로 끊어버린 적이 한두 번이 아닙니다. 새로운 만남에 대한 경계심은 지금도 심합니다.

"너는 조선인이냐? 나는 조선인은 싫어."

저 역시 처음 만난 순간 이런 말을 들었고, 일부러 화를 돋우려고 연달아 심한 말을 쏟아놓아 무척 당황했습니다.

"너는 무슨 말을 해도 화를 내지 않네."

사흘이 지난 뒤 이런 말을 툭 내뱉으며 풀이 죽은 할머니의 표정이 기억에 짙게 남아 있습니다.

송신도 할머니는 상처받는 것을 극도로 두려워하는 것 같았습니다. 가까이 다가오는 사람은 자신을 해치는 사람이라고 여기며 자신이 상처를 받기 전에 먼저 상처를 주려는 것처럼 저에게는 보였습니다. 이런 경향은 저희에 대해서도 쉽게 사라지지 않았고, 몇 번이나 욕을 듣고, 있지도 않은 의심을 받았는지 모릅니다. 그러고 난 후에는 놓치지 않겠다는 듯이 매달리는 연약함, 위태로움, 믿을 수 있는 사람을 찾아 헤매는 강한 갈망을 느낍니다.

자신과 타인을 믿지 못하는 송신도 할머니의 뿌리 깊은 불신은 다른 사람의 신뢰를 얻지 못한다는 불안감, 혹은 의심으로 나타나는 경우가 자주 있습니다. 예를 들어, 송신도 할머니는 당사자신문을 위한 준비하면서, 이렇게 힘들게 증언을 해도 정부와 판사가 믿어주지 않는 것이 아닐까 하는 불안을 몇 번이나 토로했습니다. 할머니는 믿어주지 않을지 모른다는 불안한 마음을 재판을 시작하기 전부터 호소했습니다. 그때 저는 그런 것은 별로 신경 쓰지 않았고, '혼자서 재판소에 못 간다', '재판에 낼 돈이 없다'라는 다른 불안과 똑같이 여겼습니다. 하지만, 그 후에야 믿어주지 않을 것이라는 불안은 다른 불안과 차원이 다른 것임을 알게 되었습니다.

송신도 할머니는 지금까지 많은 집회와 기자회견에서 당당하게 발언해 오셨지만, 발언을 마치면 반드시 듣는 사람에게 질문을 합니다.

"내 이야기를 듣고 어떻게 생각했어?"

"정말로 그렇다고 생각했어?"

전후 일본에서 차별을 받으며 주위 사람들에게 무시당했던 경험이, 믿어주지 않거나 혹은 받아들여지지 않아서 상처받게 되는 것에 대한 공포심을 낳은 것일까요. 여기서도 역시, 기대했던 신뢰 관계를 배신 당했을 때 상처받는 것을 두려워하는 송신도 할머니의 불안에 떠는 마음을 엿보는 것만 같았습니다.

성에 대한 인식, 혹은 남성에 대한 태도가 왜곡되어 있다고 느낀 적이 많이 있습니다. 예를 들어, 남성 지원자에 대한 태도입니다. 과도하게 성적인 표현을 사용하고 태도로 나타내는 반면, 할머니의 집이나 같은 숙소에서 남성 지원자가 잠을 자는 것을 극도로 싫어합니다. 그럴 때 결벽을 주장하는 할머니의 말투에서는 강한 '집착'이 느껴집니다.

송신도 할머니는 전후 일본에서 함께 살아온 재일한국인 남성 하재은 씨를 '생명의 은인'으로 여기며, 지금까지도 그의 영전에 꽃을 빠뜨리지 않으며 전폭적인 신뢰와 감사의 마음을 솔직하게 이야기합니다. 하지만, 30여 년을 함께 살아온 이 남성과는 단 한 번도 성적 관계를 가진 적이 없다고 합니다. 처음에는 그 말을 의심한 적도 있었지만, 지금은 그 말이 사실이라고 확신하고 있습니다. "얼굴이 무섭게 생겨서 싫었어"라고 말하지만, "아버지 같아서 마음이 안 생겼어"라는 말이 더 진실에 가깝다고 생각합니다. 송신도 할머니는 어떤 의미에서 위안소로 가게 된 계기를 만든(실제 결혼을 시키려고 한 것에 불과하고, 당시 조선의 풍습에 비춰봤을 때 만나본 적도 없는 상대에게 열여섯 살의 딸을 시집보내는 것은 결코 드문 일이 아니었지만, 송신도 할머니는 그렇게 생각하고 있다) 어머니를 미워하는 한편, 일찍 돌아가신 아버지를 그리워하는 마음을 갖고 있습니다. 아버지가 살아 계셨다면 '위안부'가 될 리는 없었다, 분명 자신을 지켜주셨을 것이라고 믿을 정도로. '자신을 미워한 엄마, 억지로 결혼을 시켜서 위안부가 되는 길을 열어버린 엄마'라는 믿음이 강한 만큼, 어렸을 때 돌아가신 아버지를 더욱 미화하는 면도 있을 것이라고 생각합니다. 그렇다고 해도 아버지와 하재은 씨는 의심이 많은 송신도 할머니가 더없이 신뢰하고 사랑하는 사람입니다. 그런데 생리도 시작하지 않은 어린 나이에 '위안부'를 강요당한 송신도 할머니에게 성행위는 사랑을 표현하는 수단이 될 수 없었습니다. 오히려 그것은 소중한 사람과의 신뢰 관계를 깨는 것이라는 두려움을 갖게 된 것이 아니었을까. 그래서 하재은 씨와의 성관계는 무슨 일이 있어도 거부한 것이 아닐까. 혹은 반대로 성적인 관계가 없었기 때문에 지금도 그렇게까지 존경할 수 있는 것이 아닐까 생각합니다.

한편으로 타인에게 쉽게 마음을 열지 않는 송신도 할머니에게 그 밖의 남자들과의 관계는 일단 표면적인 관계에 지나지 않기 때문에 성적인 표현을 사용하는 경우가 많습니다. 관계 맺는 법을 그렇게 밖에 배우지 못했고, 그런 방법으로 관심을 살 수 있다고 지금도 생각하는 것이 아닐까 생각하게 됩니다. 타인을 진심으로 신뢰할 수는 없지만 믿고 싶다는 마음은 누구보다 강하고, 믿을 수 있을지도 모르는 사람을 붙잡아 두고자 하는 욕망 또한 누구보다 강하기 때문입니다.

마지막으로 송신도 할머니에게는 엄마가 필요한 것이 아닐까 생각한 적이 자주 있습니다. 엄마에 대한 미움도 엄마의 애정을 원하기 때문이 아닐까 생각했습니다. 이런 경우 아버지가 아니라 역시 동성인 어머니가 필요하지 않을까 하고. 여성으로서 입은 피해를 전면적으로 받아들여 줄 동성의 혈육. 이는 송신도 할머니를 전면적으로 받아들여 줄 대상을 의미하는 것으로 실제 어머니여야만 하는 것은 아닙니다. 이런 마음으로 송신도 할머니를 대하면 할머니 역시 부드러운 표정으로 다정하고 관대하게 저를 대해 줘서 자주 감동을 받습니다. 이는 의심에 사로잡혀 거칠어진 송신도 할머니와는 전혀 다른, 본래 그러했을 할머니를 만난 것 같은 느낌을 받습니다.

"열 손가락 깨물어서 아프지 않은 손가락은 없어. 안 아픈 사람은 없지."

할머니가 하는 이 말은 인간은 모두 같다는 호소라고 생각합니다. 송신도 할머니뿐만 아니라 '위안부'가 되었던 분들은 그런 당연한 것들을 무시당하며 전쟁을 위한 도구로 이용되어 왔습니다. 그로 인해 그 후의 삶도 원하는 대로 살 수 없었습니다. 너무나도 긴 시간, 저는 '위안부'가 된 시대의 잔혹함에 더해, 인권회복, 존엄 회복을 하지 못하고 방치된 채 지내온 50년이라는 시간을 생각하면 정신이 아찔해집니다.

송신도 할머니의 잃어버린 시간을 되돌릴 수는 없습니다. 하지만 적어도 남은 인생을 걸고 자신의 존엄 회복을 위한 송신도 할머니의 필사적인 의지와 용기가 재판소에 전해지기를 기원합니다.

1998년 1월 30일

준비서면(11)
1996년 1월 30일

원고 소송 대리인 변호사
아이타니 구니오
김경득
나카시타 유코
후쿠시마 미즈호
와타나베 도모코
오자와 히로코

1. PTSD란 무엇인가?

사람이 통상적인 경험과 동떨어진 정신적으로 억울한 경험을 하면, 그것들이 심적외상(트라우마)이 되어 외상 후 스트레스 장애(POST TRAUMATIC STRESS DISORDER 이하 약칭 'PTSD')라고 불리는 후유증을 앓게 되는 경우가 많다는 것은 준비서면 6에서 적시했다.

PTSD는 1980년, 미국 정신의학회의 공적 진단 기준인 『DSM Ⅲ 정신장애의 분류와 진단 기준』에서 하나의 병태로 명확하게 정의되어 있고, 『DSM Ⅳ』에서 진단 기준을 더욱 명확히 했다. 이 『DSM Ⅳ』에 따르면, PTSD의 증상은 (1) 외상적인 사건의 반복적인 재체험(이하, '침입'), (2) 외상과 관련된 자극의 지속적인 회피와 전반적 반응성의 마비(이하, '협착'), (3)

지속적인 각성항진증상(이하, '과각성')의 형태로 나타난다고 한다.

(1) 침입이란 ①이전에 경험한 외상의 고통적인 기억이 시기를 고르지 않은 채 마음속에 숨어들어 재현한다, ②반복해서 악몽을 꾼다, ③갑자기 마치 외상적인 사건을 재체험하고 있는 것처럼 행동하거나 느낀다(예를 들어, 그 경험을 재체험하고 있는 듯한 감각, 착각, 환각, 사건의 플래시백 등 깨어 있을 때 혹은 술에 취해 있을 때 나타난다), ④이전에 외상을 입었던 사건에 직면하면 강렬한 심리적 고통을 느끼는 등의 증상을 말한다.

(2) 협착(마비)이란 ①외상과 관련된 생각과 감각을 극도로 피하려고 한다, ②외상을 생각나게 하는 행동과 상황을 피하려고 노력한다, ③외상의 중요한 장면을 기억하지 못한다, ④중요한 활동에 대한 관심이 현저히 떨어진다, ⑤타인과 동떨어져 있다는 소외감을 느낀다, ⑥연애 감정을 갖지 못하는 등 감정의 범위가 제한된다, ⑦미래가 축소된 느낌을 받는다. 예를 들어, 직업, 결혼, 자녀 또는 정상적인 삶을 기대하지 않는 등의 증상이 나타난다.

(3) 과각성은 ①잠을 잘 자지 못하거나 금방 잠에서 깨어난다, ②자주 화를 내거나 분노가 폭발한다, ③집중을 잘 못한다, ④과도한 경계심을 드러낸다, ⑤사소한 것에도 과장되게 놀라는 반응을 보인다, ⑥외상적 사건을 생각하게 하는 일, 혹은 그 장면과 비슷한 사건과 직면했을 때 심리적 반응이 나타나는 등

의 증상이다.

그리고 이 같은 증상이 1개월 이상 지속될 경우 PTSD로 진단한다.

2. 복합 PTSD

원래 PTSD는 미국의 베트남 전쟁 귀환병들의 노력으로 인지되기 시작해 진단 기준으로 명기하기에 이르면서, 당연히 그 임상 증상은 베트남 전쟁 귀환병들의 증상에 의거하고 있다. 그리고 성폭행과 재해 피해자가 보이는 증상 또한 전투 참가 귀환병들이 보이는 증상과 공통점이 있다는 것이 밝혀졌다. 이처럼 강렬한 공포, 고립감, 자기 통제력의 상실, 완전한 자기 소멸에 대한 위협 등으로 인해 자기방어 체제가 해체되어 버린 것과 같은 경험을 한 사람 즉, 심리적 외상을 입은 사람이 그 사건으로부터 몇 개월, 몇 년이 지난 후에도 후유증에 시달리며 오랜 기간에 걸쳐 회복되지 않은 상태로 괴로워하는 증상에 대해 PTSD라는 진단을 내린 것은 매우 획기적인 일이었다.

하지만 PTSD의 현행 진단 기준은 전형적인 전투, 자연재해, 성폭행 등 국한된 외상적 사건의 피해자를 대상으로 한 것으로, 아동 학대나 포로 등의 장기 반복적인 외상 증상의 발현에 대해서는 놓치고 있다는 의견이 전문가들 사이에서 존재하는 것도 사실이다. 미국의 저명한 정신의학자인 주디스 허먼은 『트라우마와 회복』에서 다음과 같이 지적하고 있다.

"경험이 풍부한 임상가들은 단순 PTSD보다도 폭이 넓은 진단명이 필요하다고 주장하고 있다. 윌리엄 니더랜드는 '외상성 신경증의 개념에서는' 나치 홀로코스트 생존자들에게 나타나는 증후군의 '임상 증상의 다기성과 중증성을 커버하기에는 부족하다'고 지적했다. 동남아시아 난민을 치료한 정신과 의사들도 진단 개념의 확장이 필요하다는 것을 인정하고 있다. 이는 중증, 장기간, 광범위한 심리학적 외상을 포함해야 한다는 것이다. 한 권위자는 '외상 후 성격 장애' 개념을 제창하고 있다. '복합' PTSD라는 용어를 사용하는 사람도 있다." (갑50호증)

허먼 자신은 '장기 반복성 외상' 피해자가 보이는 증상에 대해 '복합 외상 후 스트레스 장애'라는 새로운 진단명을 붙일 것을 제안하고 있고, 미국 정신의학회에서 검토가 진행되고 있다.

이는 장기간 반복된 학대를 받았거나 포로 생활을 했던 사람은 자기 동일성 및 왜곡된 대인 관계 등의 특징적인 인격 변화를 보이며, 다른 사람에게 피해를 입는 것뿐만 아니라 자기 자신을 공격하는 등 증상의 중대성, 복잡성, 심각성을 정확히 파악하기 위해서는 현행의 PTSD 진단 기준만으로는 부족하므로 더 추가해야 할 요소가 있다고 제시한 것이다.

허먼은 그 요소로써 예를 들어, (보복을 위한 몰두를 포함) 가해자와의 관계에 몰두, 가해자에 대한 이상화 혹은 역설적 감사 등 가해자에 대한 감각의 변화를 들었다. 그리고 타인과의 관계에서도 고립과 은둔, 친밀한 대인 관계의 단절, 반복적인 구조자 탐색, 지속적인 불신 등이 생겨난다고 지적했다. 더 나아가 고립감 혹은 주도성의 마비, 오욕, 죄책감, 자기 비난, 지속적인 불쾌감, 자살 충동에 대한 만성적인 몰두, 자해, 강박적 혹은 극도로 억제된 성충동 등도 들고 있다. (갑50호증)

3. '복합 PTSD'의 증상

1) 협착

이 같은 증상을 일으킨다고 보는 '장기 반복성 외상'이란, '희생자가 가해자의 감시 하에 놓여서 도주할 수 없는 피감금자인 경우에 한하여 발생한다'(갑제50호증)는 것이다. 이는 일본군 '위안부' 피해자의 사례에 해당한다고 할 수 있다.

이 같은 경험을 한 사람은 '서서히 증상이 진행하는 형태의 PTSD가 되면서, 이것이 인격을 침입하고, 인격을 부식시킨다'. 과각성, 침입, 협착이라는 PTSD의 특징적인 증상이 급성 단일 외상 피해자의 경우보다도 심각하고, 장기화하는 경우가 많다. 그중에서도 '만성 외상을 입은 사람에게 나타나는 가장 심한 PTSD 증상은 회피 혹은 협착'이라고 한다. '피해자가 그저 살아남는 것을 목표로 하기까지 궁지에 몰리면 심리적 협착은 적응에 불가결한 형식'이 되기 때문이다. 예를 들어, 포로가 된 사람이 최면술에 의한 유발법이나 명상법을 습득하고 '스스로의 현실 감각을 변화시킴으로써 고통이라고 하는 신체 감각과 공포와 굴욕이라는 감정 반응 등을 어느 한도 이하로 억누를 수 있게 된다'는 예가 이에 해당한다.

"포로는 더 이상 도망치는 방법을 생각하지 않게 되고, 어떻게 하면 살아남을 것인가, 어떻게 하면 포로 생활을 그나마 견딜 수 있게 할 것인가를 생각하는 쪽으로 기운다...... 이 주동성의 축소는 포로 생활이 장기간 계속되면 습관화하고, 포로는 해방된 후에 이를 '탈학습' 해야만 한다."(갑제50호증)

본 건의 원고에게도 이와 같은 경향이 현저히 나타나고 있다. 위안소 생활에서 가장 고통스러웠던 일을 질문하면, 원고는 "총알이 날아다니는 와중에 군인을 상대하는 것이 가장 힘들었다"라고 답한다. 군인은 관계가 끝나지 않으면 몇 시간이나 계속하지만, 총알에 맞아서 죽는 것이 아닐까 생각하면 무서웠다고 말한다.(본인 조서, 1997년 3월 7일) 이처럼 삶에 대한 강한 집착을 원고는 지속적으로 드러낸다. 바꿔 말하면, 사는 것에 대한 의욕을 마지막까지 잃지 않았기에 원고는 그런 가혹한 상황 속에서 살아남을 수 있었다고 말할 수 있다.

그러면, 위안소에서 살아남는다는 것은 어떤 것일까? 위안소에 끌려갔던 초기에 원고는 몇 번이나 도망치고 저항하려 했지만, 그럴 때마다 어두운 방에 감금되어 구타를 당하거나 식사를 제공받지 못했으며 빚이 있다고 협박을 받았다. 그러면서 점점 저항의 무의미함과 자신의 무력함을 주입받는다. 원고의 진술에도 나오듯 완전히 의지가 꺾인 사람은 자살을 시도하거나 동반 자살을 하거나 때로는 군인의 화를 사서 살해당하기도 했다. 하지만 스스로를 '더러운 목숨'이라고 하는 원고는 반복되는 폭력에 저항이 무의미하다고 생각하게 되면서부터는 그곳에서 어떻게 살아 남을 것인가를 필사적으로 생각하고 실행한다. 포로가 '도망치는 방법을 생각하지 않게 되고, 어떻게 하면 살아남을 것인가, 어떻게 하면 포로 생활을 그나마 견딜 수 있게 할 것인가를 생각하는 것'으로 살아남고, 그것이 점점 '습관이 되어버리는' 것과 마찬가지로 위안소에서 성 노예가 되어 매일매일 생명의 위협을 받으면서 자신의 성과 인격을 지속적으로 파괴당한 원고는 가장 먼저 일본어를 배우고 '나라를 위해서 군인들을 만족'시키는 '일'을 받아들이기 위해 자신의 감각을 마비 시켰다. 그리고 '주어진 일'을 어떻게 '요령 있게' 해내고 '조금이라도 편하게 지낼 것인가'를 궁리함으로써 자신의 생명을 유지할 수 있었던 것이다.

하지만 이처럼 고립된 상황에서 생명을 유지하기 위해 의식을 변화시켜야 하는 것이 습관이 되어 버릴 경우, 그 후유증으로 '지각은 둔화하거나 뒤틀리고, 신체의 일부 감각이 마비되는 등(예로 청각) 개별적 감각을 잃어버리는 경우가 있다'라고 한다. 사고나 기억, 의식 상태의 위축이 발생하고, 행동이나 생활까지 위축되어, 외상적인 기억이 정상적인 의식의 밖에 자리 잡거나 (특정 기억만을 상실), 미래에 대해 전혀 생각할 수 없게 되는 것이다.

원고의 증언을 가장 처음 들었던 가와타 후미코는 원고의 증언 청취가 일종의 곤란을 동반한 것이었다고 지적한다.

"몇 번이나 물어봐도 말하기를 피하며 답해주지 않는 것이 있었습니다...... 송신도 할머니가 가장 이야기하기 싫어했던 것은 맨 처음 군인을 상대해야 했던 때와 아이에 관한 것이었습니다." (갑제40호증)

자신이 전전해야 했던 중국 중부 지역의 지명이나 상대해야 했던 군부대명, 그 부대의 출신지 등을 구체적이고 정확하게 기억하는 원고가 여성으로서 절대로 잊을 수 없는 첫 성폭력과 출산을 기억할 수 없다는 것은 극히 이례적인 일이다. 대리인 자신도 이 점에 대해서 질문했을 때, 필사적으로 이야기를 피하거나 혹은 잊어버렸다고 하다가 결국에는 "부탁이야. 더 이상 묻지 말아 줘, 부탁이야."라고 애원하면서 눈물을 흘리는 원고의 모습을 보기도 했다.

마찬가지로 자신이 버린 아이에 대한 기억도 축소된 채로 현재에 이르고 있다. 가장 핵심적이고 괴로운 외상의 기억이 축소되고 때로는 완전히 봉인되어 버리는 것은 '외상의 중요한 국면을 기억할 수 없다'라고 하는 '협착'의 한 증상을 나타내는 것으로 장기 반복성 외상을 입은 피해자에게서 가장 두드러지게 나타나는 증상 중의 하나라고 할 수 있다.

2) 외상적 유대

이 같은 축소로 인해 '억압된 심리 능력에는 일종의 위축이 일어나고 내면의 고독이 커진다'. 그리고 피감금자는 점점 고립되어 가면서 감시에 대한 의존도가 높아져 간다고 허먼은 지적한다. 구타나 성폭력과 보상을 효과적으로 조합하여 심리적 지배를 하는 감금자를 피감금자는 더욱 의지하게 된다. '두려움이 강하면 강할수록 피해자는 자신에게 허락된 유일한 인간관계에 집착'하고 '범인의 눈을 통해서 세상을 바라보게 된다'.

'나라를 위해서 군인들을 만족시켜야 한다'고 세뇌당한 원고는 지금도 '군인의 부인'으로서 군대에 동행했다고 말하며, 중국인을 '적'으로 표현한다. '적'의 손에 죽어간 일본 군인에 대한 연민과 함께 사지를 헤맨 일본군에 대한 동료 의식이 지금도 원고 안에서 복잡하게 자리하고 있는 것을 우리는 보아온 것이다.

특히 원고를 일본에 데려온 이다 긴사쿠 井田金作에 대한 심리는 복잡하다. 가와타가 처음 원고를 만났을 때, 원고는 이다 긴사쿠가 일본으로 데려왔다는 이야기부터 시작했다고 한다.(갑제40호증) 이다는 일본이 전쟁에서 패한 뒤, 일본군으로부터 방치된 원고를 결혼하자는 말로 꾀어냈지만, 일본의 조차지에서 귀환선을 기다리는 동안 원고에게 폭력을 휘두르고 성을 착취하면서도 절대적인 존재로 군림했다.(본인 조서, 1997년 3월 7일) 원고는 일본 군인을 대신한 감금자 이다에 대한 의존도가 나날이 강해져 갔으며, 성폭력을 포함한 일방적인 폭력을 당하면서도 그에게 매달렸고, 이다를 통해 세계를 보았던 것이다.

"피해자는 그의 분노를 두려워하며 살아가고, 그리고 그를 힘, 안내자, 아니 생명 그 자체의 근원으로 보는 것도 가능하다. 그렇게 되면 관계는 일종의 특수 관계적인 성격을 띤다."(갑제50호증)

그리고 이다에게 이용당한 결과, 낯선 나라에 버림받게 되자 위안소에서 목숨에 매우 집착했던 원고는 죽음까지 선택하려고 했다. 우리는 이 점에 큰 충격을 받았다. 낯선 땅에서 의존의 대상이었던 '감금자'를 잃었을 때 다시 말해, 감금 상태에서 해방됐을 때 원고는 죽음을 선택할 수밖에 없는 절망감에 빠졌다는 것이다. 그렇게까지 가해자에게 종속되고 의존할 정도로 인격이 파괴되어 있었다. 열여섯 살 때부터 스물네 살이 될 때까지 인격 형성에 영향을 미치는 오랜 기간 동안 감금 상태에 놓이면서, 이처럼 가해자와의 외상적 유대를 형성해 버린 원고에게 낯선 땅이라는 것에 더해 자신을 감금하고, 지배하는 자가 갑자기 사라졌다는 불안은 우리의 상상을 초월하는 것이었음에 틀림없다.

3) 괴리감

감금자와 피감금자의 특수한 관계를 장기간 지속해온 사람은 적절한 인간관계를 맺는 것이 불가능해진다고 한다. 어떤 만

남이라도 기본적인 신뢰를 의심하기 때문이다.

원고가 모든 타인에게 갖는 의심의 깊이는 지원자들이 지적한다.(갑제46, 제49호증)

"아무리 친절하게 해 줘도, 지금까지 몇 번이나 속고 살아서 조선인이든 일본인이든 다른 사람은 믿을 수가 없어. 사람의 마음은 한 치 앞도 알 수 없으니까."(갑제46호증)

5년이라는 시간 동안 성심성의껏 함께해 준 지원자들도 여전히 믿지 못한다는 원고의 불신의 깊이는 '기본적 신뢰'가 파괴된 결과일 것이다.

"공포 상황에서 사람들은 자연스럽게 위로와 보호의 가장 근원이 되었던 것을 찾는다. 부상병도 성폭행을 당한 여성도 엄마를 찾고 신을 찾으며 울부짖는다. 이 절규에 응답이 없을 때 기본적 신뢰는 산산이 부서진다...... 이후, 소외감과 괴리감은 가장 친밀한 가족의 유대부터 가장 추상적인 지역 사회와 종교에 대한 귀속감에 이르는 모든 관계로까지 영향을 미치게 된다."(갑50호증)

필리핀의 마리아 로사 헨슨은 자신의 책 『어느 일본군 '위안부'의 회상』(이와나미서점, 1995)에서 이렇게 기술하고 있다.

"점점 사건이 모든 마음을 덮쳐 왔습니다. 말하기는 어려웠지만, 어머니에게 내 몸에 일어났던 일들에 대해 이야기했습니다. 어머니는 통곡하며 나를 안쓰럽게 여겨줬습니다...... 어머니는 고통스러운 경험이 생각나지 않도록 항상 신경 써주었습니다. 그래서 살아갈 힘이 조금씩 생겼습니다."

여기서도 알 수 있듯이 기본적 신뢰의 근원인 가족, 특히 어머니의 이해를 받으며 어머니에 대한 신뢰를 되찾은 것이 피해 회복에 큰 영향을 미쳤으며, 기본적 신뢰를 되찾는데 결정적인 역할을 했다. 그런데 원고의 경우는 어떠했는가?

원고는 위안소에 감금된 초기에는 필사적으로 도움을 요청했지만, 아무런 도움을 받지 못한 채 고립감이 깊어져 가면서 기본적 신뢰가 파괴되었다. 그리고 그런 상황에 빠진 원인을 어머니가 강제로 결혼시키려고 했던 것에서 찾았고, 심지어 그렇게 한 것은 어머니가 자신을 미워하고 귀찮아했기 때문이라고 생각하며 어머니에 대한 원망을 키워갔다. 강한 증오심은 강한 갈망을 대변한다. 그런 증오를 해소할 수 있는 기회 다시 말해, 가슴 깊이 묻어둔 갈망을 해소할 기회조차 얻지 못한 채 지금에 이르고 말았다. 왜 그러했는가?

그건 일본이 전쟁에서 패배한 후 일본군에 의해 방치되었기 때문이며, '위안부'였던 과거를 갖고 고향에 돌아갈 수 없다는 수치심 때문이며, 가해자인 일본 군인을 의존할 수밖에 없을 정도로 심각하게 인격을 훼손 당했기 때문이다.

"돌아가고 싶지도 않고, 돌아갈 수도 없었죠. 어떻게 혼자서 돌아간다는 겁니까?"

"열여섯에 집을 나온 사람이 이제 와서 고향이니까 돌아간다고 한들 누가 반겨줄 것도 아니고. 하는 수없이 위안부였던 사람들과 함께 어떻게든 되겠지 하는 마음으로 거기에 남아 있었지. 그래서 이다 긴사쿠한테 꼬여서 이 꼴이 됐지."(본인 조서, 1997년 3월 7일)

고향에 돌아가지 못하고 가해자인 일본인에게 기대어 일본으로 건너온 원고는 결과적으로 어머니와의 화해 즉, 자기 자신과의 화해를 이루지도 못한 채 증오와 갈망만 커져갔고 자신을 이해해 주는 사람을 원하면서도 타인과 자신에 대한 신뢰 회복을 하지 못한 채 이국 땅에서 살아온 것이다. 그리고 50년이 지난 후에 만난 지원자들과의 관계에서도 허먼이 지적한 것처럼, '매우 불안정한 양 극단을 오가는 인간관계'를 형성하고 있는 것을 우리는 발견했다.

"동요는 친밀함에 관한 조절에서도 일어난다. 외상은 친밀한 관계와 멀어지도록 만들기도 하고, 그것을 필사적으로 요구하기도 한다. 기본적 신뢰의 심각한 파괴와 수치심과 죄책감과 열등감이 보편적으로 존재하는 것, 사회생활 속에 존재할지 모르는 외상의 잔해를 피해야 하는 것, 이 모든 것들이 친밀한 관계에서 도피하게 되는 원인이 된다. 하지만 외상적 사건의 공포는 비호적인 의존 욕구를 강하게 하기도 한다. 따라서 외상을 입은 사람은 고립과 '타자에 대한 불안이 가득한 의존' 사이를 빈번히 오간다...... 그 결과, 강한 불안정을 동반한 양 극단을 오가는 인간관계가 형성된다."(갑제50호증)

이는 "그간 몇 번이나 욕을 먹고, 있지도 않는 의심을 받았는지 모릅니다. 그러고는 바로 놓치지 않겠다며 매달리는 연약함, 위태로움, 믿을 수 있는 사람을 찾는 강한 갈망과 같은 것을 느끼지 않을 수 없었습니다"라는 지원자의 지적(갑제49호증)과 정확히 맞아떨어진다. 즉, 이는 원고의 깊은 상처를 나타내는 것이기도 하다.

4) 성인식의 왜곡

초경도 시작하지 않은 어린 나이에 감금된 상태에서 지속적으로 성을 유린당한 원고의 성인식도 또한 지원자들이 지적하

는 부분이다.(갑제40호증, 갑제49호증)

"(하재은과) 특별히 육체관계를 한 것도 아니고 좋아한 것도 아니고, 아버지 같은 분이라서. 그냥 아빠, 아빠하고 불렀어요."(본인 조서, 1997년 3월 7일)

전후 일본에서 유일하게 은인으로 존경했던 하재은과의 관계에서, 부부처럼 함께 지내면서도 성관계는 단호하게 거부했다는 원고의 진술은 무엇을 의미하는가?

"나는 위안부로 일했던 인간이고, 역시 몸도 성치 않아서 그런 마음은 전혀 안 들었어. 하재은 씨든 누구든 육체관계는 도산한 것이나 마찬가지야. 남자를 봐도 전혀. 저놈은 뭐야라고 생각할 정도니까. 하재은 씨만이 아니야. 남자 얼굴을 보는 것도 싫어. 위안부 하다가 살아온 인간이니까."(본인 조서, 1997년 3월 7일)

이와 같은 남성 기피, 성행위에 대한 혐오감은 많은 '위안부' 피해자들이 증언하고 있다. 지옥을 경험한 여성들이 느끼는 감정으로 충분히 이해할 수 있는 것이기도 하지만, 한편으로 '남성 지원자에 대한 태도'에서 '과도하게 성적인 표현을 사용하거나 태도로 나오는 반면, 할머니의 집이나 같은 숙소에 남성 지원자가 묵는 것을 극도로 싫어하며', '그런 경우에 결벽을 강하게 주장하는'(갑제49호증) 양가감정적 반응을 보이는 것도 주목할 필요가 있다. 심적 외상을 입은 피해자 중에서도 성적 피해를 입은 경우에는 특히 성인식에 변화를 초래한 경우가 적지 않기 때문이다. 아동기에 장기간에 걸쳐 성적 학대를 당한 피해자는 '타인 앞에서 특히, 권력이 있는 사람 앞에서 자신의 가치는 오로지 성적 대상으로만 생각할 가능성'(갑제50호증)이 있다.

초경 전의 어린 시기부터 장기간에 걸쳐 일방적인 성폭력을 당해온 원고에게 성은 사랑을 표현하는 수단으로 인식되지 못하고, 관심을 사기 위한 수단 혹은 애정을 파괴해 버리는 기피 행동으로 인식하게 되었다고 해도 이상하지 않다.

"진심으로 사람을 좋아해 본 적이 없으니까, 사람을 사랑하는 것이 어떤 것인지 모른다"(갑제40호증)라는 원고의 말속에는 신뢰하는 하재은과의 관계, 다른 남성에 대한 태도 등 남성과의 거리를 적절히 유지할 수 없는 당혹감이 드러나 있으며, 그 피해의 깊이를 엿볼 수 있다.

5) 침입
"위험이 지나가고 긴 시간이 지나도 외상을 입은 사람은 그 사건을 몇 번이고 재경험한다...... 외상을 입었던 순간은 비정상적인 형태로 코드화되어 아무런 유인이 없어도 의식으로 나타난다. 각성 시에 플래시백으로 나타나기도 하고, 수면 중에 외상성 악몽으로 나타나기도 한다."(갑제50호증)

원고는 일본으로 건너온 후, 이다를 비롯한 군인들과 위안소가 나오는 악몽에 시달렸고, 동거하고 있던 하재은이 몇 번이나 깨웠다고 한다. 원고는 땀에 흠뻑 젖어 꿈에서 깨는 일들이 오랫동안 계속됐다고 진술하고 있다.(본인조서, 1997년 3월 7일) 이는 원고가 위안소에서 해방된 후에도 외상성 악몽에 시달렸다는 것을 보여준다.

또한, 갑제48호증에 따르면 옛 흔적을 찾기 위해 찾아간 중국에서 이문자와 둘만 숙소에 남은 원고는 불안에 떨며 "조선여자 둘을 중국에 버린 것이 아닌가"라는 말을 했다고 한다. 이

때의 원고의 심상치 않는 모습에 이문자는 '그때의 송신도 할머니는 열 예닐곱 살의 소녀로 돌아가 있었습니다'라고 표현하고 있다. 이전에 외상을 입었던 상황과 비슷한 상황을 마주한 순간, 원고의 외상성 기억은 되살아 나면서 또다시 '침입'해 온 것이다. '일본에서 살아온 전후 50년은 아무런 역할도 하지 못한 것이다'라고 이문자가 느낀 것처럼 외상의 기억은 50년의 세월이 지난 후에도 사소한 계기라도 생기면 침입하여 강렬한 심리적 고통을 초래한다.

6) 과각성

외상적인 사건을 경험하면 같은 위험이 언제 어디서든 다시 일어날 수 있다는 감각, 생리학적인 상태가 끝없이 지속되기 때문에 외상을 입은 사람은 사소한 것에도 크게 놀라거나 화를 내거나 수면의 질이 떨어지기도 한다.

원고는 '젊었을 때는 동네 사람들이 무시하면, 나도 기가 센 사람이라 같이 싸웠다'고 했지만, '그런 일이 있던 날 밤에는 보복을 당하지 않을까 무서워서 베개 밑에 식칼을 두고 잔 적도 있다'고 말한다. (갑제46호증)

이러한 사실은 위안소에서 각인된 공포심이 여전히 원고 안에서 해소되지 않고 남아 있음을 보여주는 일례에 불과하다. 위안소에서 해방된 후에도 모국으로 돌아가지 못하고 일본으로 건너오게 되면서, 원고는 전후에도 전 일본 군인과 그 가족들이 사는 마을에서 살게 되었다. 이러한 상황이 원고의 심적 외상을 반복해서 생각나게 하는 요인이 되었고, 원고는 일상 속에서 불현듯 엄습하는 분노와 공포심에 휩싸이며 불면의 밤을 보내온 것이다.

"옛날에 전쟁터에 가서 일본 군대를 (상대해서) 거기가 양동이 같다거나 하는 많은 말을 들었습니다. 왜 그런 말이 나오는가 하면, 자기 남편이 군인으로 전쟁에 다녀와서 위안부랑 잤다고, 부부니까 뭐든지 숨기지 않고 말하는 거지. 그래서 한 사람 두 사람이 알게 되어 버렸어. 지금은 그런 말은 안 하게 됐지만, 너무 힘들었어. 매일 같이 말도 안 되는 소리를…… 그러니까 나는 결국 확 죽어버리고 싶은 마음이 들고."(본인 조서, 1997년 3월 7일)

이 진술은 전후 원고의 상황을 잘 보여주고 있다. 생활보호 수급 신청을 할 때도 면사무소에서 면의원에게 "당신은 왜 전쟁에 갔는가?"라는 질문을 받았다. 그러자 원고가 "아무것도 안 해 줄 거면 뭣하러 조선 여자들한테 그런 짓을 했느냐?"라고 소란을 피우자, "너네 나라로 돌아가면 되지 않느냐?"라는 차별적인 발언을 듣기도 했다. (본인 조서, 1997년 3월 7일)

그리고 지금까지도 "생활보호를 받으면서 나라에 짐이 되고 있는 주제에 재판을 하고 그럴 거면 한국으로 돌아가라"라는 비난을 받으며 정신적인 고통을 호소하고 있다.(갑제46호증)

이처럼 전후 일본에서 생활하는 가운데 원고는 이웃들에게 '위안부'였다는 것이 알려졌고, 재일조선인이라는 것이 더해져 보다 심각한 차별적 시선을 받으면서, 그 사실을 알고 있었던(갑제40호증) 하재은에게도 스스로 밝히지 못한 채 홀로 괴로워했다.(본인 조서, 1997년 3월 7일) 전후를 함께 살아온 하재은에게조차 본인이 직접 '위안부'였다는 사실을 결코 말할 수 없는 수치심을 안고 살아온 것이다.

모국으로 돌아가지 못하고, 전 일본 군인들이 사는 나라로 오게 된 원고의 전후의 삶은 모국으로 돌아간 '위안부'들과는 차이가 있다. 그것은 '인간으로서의 존엄 회복은 물론 민족성의 회복조차 허용되지 않았다'(갑제49호증)는 것만이 아니라, 잊고 싶은 외상 경험을 상기시키는 말과 사건을 매일 겪어야 했던 그야말로 마음의 상처를 더욱 깊게 만든 시간이었다.

4. 피해 회복을 위하여

이처럼 위안소의 성 노예 상태에서 해방된 뒤에도 외상 후 스트레스 장애를 극복하지 못한 채 전후를 이 나라에서 살아온 원고에게 일본 정부가 해야 할 일은 무엇인가?

이미 준비서면 6에서 설명한 대로 유엔 인권위원회에서 높은 평가를 받은 테오 반 보벤 보고서(갑제1호증, '인권과 기본적 자유의 중대한 침해를 입은 피해자의 원상회복, 배상 및 치유를 요구할 권리에 관한 연구')는 중대 인권침해 피해자에 대한 피해 회복의 내용을 다음과 같이 지적하고 있다.

1. 원상회복 인권침해를 당하기 이전의 피해자의 상황을 가능한 재현할 것. 특히, 자유 및 시민권 또는 주거, 고용 또는 재산의 회복에 있어서.
2. 배상 다음과 같은 손실에 대해 경제적 평가를 통한 배상
   육체적 혹은 정신적 피해
   고통, 괴로움 및 감정적 고뇌
   교육을 포함한 기회를 상실한 것
   수입 및 수입 능력의 상실

치유를 위한 합리적인 의료 그 밖의 경비
　　재산 또는 사업에 대한 피해
　　사회적 평가 또는 존엄에 대한 피해
　　구제를 받기 위한 법적, 전문적 원조를 동반한 합리적인 비용 및 보수
3. 치유(재활)를 행할 것
4. 만족과 재발 방지　보증을 다음과 같은 조치를 포함하여 행할 것
　　계속적인 위반 행위의 중단
　　사실 검증과 진상의 전면적 공개
　　피해자를 위한 선언적 판결
　　사실의 공적인 인정과 책임 인정을 포함한 사죄
　　위반에 책임이 있는 인물을 재판받게 할 것
　　피해자를 추모하고, 경의를 표명할 것
　　교육 커리큘럼과 교재에 인권 침해에 관한 정확한 기록을 포함할 것
다음과 같은 수단으로 위반의 재발 방지
　　군 및 치안 부대에 대한 효과적인 문민 통제를 확보할 것
　　군사 법정의 관할권을 제한할 것
　　사법부의 독립을 강화할 것
　　법적 실무자와 인권 활동가의 보호
　　사회 각 방면, 특히 군 및 치안 부대와 법 시행 관계자에 대한 인권 훈련을 시행할 것

중대한 인권침해 피해자의 피해는 육체적 또는 정신적 피해

그리고 감정적 고뇌 등에 대한 배상이 이루어지지 않는 한 회복되지 않는다. 원고가 본건 소송을 제기하는 데 있어서 공적인 사죄를 청구 취지로 제시한 것도 스스로의 존엄 회복에 대한 강한 욕구가 있기 때문이다.

앞에서 언급한 대로 지금까지 이어지고 있는 육체적 또는 정신적 피해, 그리고 사회적 피해로부터 원고를 구제하기 위해서는 재판소가 '피해자를 위한 선언적 판결'을 내려야만 한다.

이상의 경과를 보면, 원고가 지금까지 겪었던 사실에 대하여 일본 정부가 그 책임을 인정하고 위법성을 확인하는 것이 원고의 피해를 회복하기 위한 유일한 방법이다.

● 『DSM-Ⅳ 정신질환 분류와 진단 기준』에 규정된 외상 후 스트레스 장애(PTSD) 진단 기준

A 환자는 이하 두 가지가 모두 인정되는 외상적인 사건에 노출된 적이 있다.
  (1) 위태로운 죽음 또는 타인의 신체 보전을 위협하는 위험을 실제로 환자가 경험, 목격, 또는 직면했다.
  (2) 환자의 반응은 강한 공포, 무력감 또는 전율에 관한 것이다.
  주: 아이의 경우는 오히려 정리되지 않은 혹은 흥분된 행동으로 표현되기도 한다.

B 외상적인 사건을 다음의 한 가지(혹은 그 이상)의 형태로 지속적으로 재경험한다.
  (1) 사건의 반복적, 침입적, 고통스러운 상기로 그것은 심상, 사고, 혹은 지각을 포함한다.
  주: 어린아이의 경우, 외상의 주제 또는 측면을 표현하는 놀이를 반복하기도 한다.
  (2) 사건에 대한 반복적인 악몽
  주: 아이의 경우는 분명한 내용이 없는 무서운 꿈을 꾸는 경우가 있다.
  (3) 외상적 사건이 다시 일어난 것처럼 행동하거나 느낀다(그 체험을 재경험하는 감각, 착각, 환각, 및 해리성 플래시백을 포함. 또는 각성 시 또는 중독 시에 일어나는 것을 포함).
  주: 어린아이의 경우, 외상 특이적인 재연이 일어나는

경우도 있다.

(4) 외상적 사건의 한 가지 측면을 상상하고 또는 비슷한 내용 또는 외적 계기에 노출될 경우에 발생하는 강한 심리적 고통.

(5) 외상적 사건의 한 가지 측면을 상상하고 또는 비슷한 내용 또는 외적 계기에 노출될 경우의 생리학적 반응성.

C 다음 세 가지(또는 그 이상)에 의해 나타나는 (외상 이전에는 존재하지 않았던) 외상과 관련한 자극의 지속적 회피와 전반적 반응성의 마비.

(1) 외상과 관련된 생각, 감정 또는 대화를 회피하려는 노력.

(2) 외상을 상기시키는 활동, 장소 또는 인물을 피하려는 노력.

(3) 외상의 중요한 측면의 상기 불능.

(4) 중요한 활동에 대한 관심 또는 참가의 현저한 감퇴.

(5) 타인으로부터 고립되어 있고, 소원해져 있다는 감각.

(6) 감정 범위의 축소(예: 사랑의 감정을 가질 수 없다).

(7) 단축된 미래 감각(예: 일, 결혼, 자녀 또는 정상적인 삶을 기대하지 않는다).

D (외상 이전에는 존재하지 않았던) 지속적인 각성항진 증상으로, 다음 두 가지(또는 그 이상)로 나타난다.

(1) 입면 또는 수면 유지의 곤란

(2) 이자극성 또는 분노의 폭발
　　(3) 집중 곤란
　　(4) 과도한 경계심
　　(5) 과잉적인 놀람 반응

E 장애(기준 B, C 및 D의 증상)가 지속되는 기간이 한 달 이상.

F 장애는 임상적으로 현저한 고통 또는 사회적, 직업적 또는 다른 중요한 영역에서 기능 장애를 초래하고 있다.
　▲해당되면 특정:
　　급성 : 증상의 지속 기간이 3개월 미만일 경우
　　만성 : 증상의 지속 기간이 3개월 이상일 경우
　▲해당되면 특정:
　　발증 지연 : 증상 시작이 스트레스 인자로부터 적어도 6개월인 경우

(데이비드 매스 『트라우마』 고단샤, 1996년 2월)

● 주디스 허먼이 DSM-Ⅳ에 추가해야 한다고 주장하는 '복합 외상 후 스트레스 장애'의 진단 기준

1. 전체주의적인 지배하에서 장기간(월~년 단위) 복속된 생활사, 실례로는 인질, 전시 포로, 강제수용소 생존자, 일부 이단 종교의 생존자를 포함한다. 실례에는 또한 성생활 및 가정 내 생활에서의 전체주의적 시스템에 대한 복종자도 포함, 실례로 가정 내 폭력, 아동의 신체적 및 성적 학대 피해자 그리고 조직에 의한 성적 착취를 포함한다.
2. 감정 제어 변화로 다음을 포함하는 것
   - 지속적 불쾌감
   - 자살 충동에 대한 만성적 몰두
   - 자해
   - 폭발적 혹은 극도로 억제된 분노(둘은 교대로 나타나도 된다)
   - 협박적 혹은 극도로 억제된 성충동(둘은 교대로 나타나도 된다)
3. 의식 변화로 다음을 포함하는 것
   - 외상적 사건에 대한 건망증 혹은 과잉 기억
   - 일과성 해리 에피소드
   - 이인증 / 비현실감
   재경험으로 침입성 외상 후 스트레스 장애의 증상 혹은 반추적 몰두의 어떠한 형태를 취하는 것
4. 자기 감각 변화로 다음을 포함하는 것
   - 고립무원감 혹은 주도성의 마비
   - 수치심, 죄책감, 자기 비난
   - 오욕감 혹은 스티그마

타자와는 완전히 다른 인간이라는 감각(특수감, 완전한 고독감, 알아주는 사람이 없다는 믿음, 자신은 인간이 아니라는 자기 규정을 포함)
5. 가해자에 대한 감각의 변화로 다음을 포함하는 것
    - 가해자와의 관계에 대한 몰두(보복에 대한 몰두를 포함)
    가해자에 대한 전능성의 비현실적 부여(단, 피해자의 권력 관계의 평가 현실성은 임상가보다도 높을 수 있다는 것에 주의)
    - 이상화 혹은 역설적 감사
    - 특별 혹은 초자연적 관계 감각
    - 신조 체계의 수용 혹은 가해자를 합리화하는 것
6. 타자와의 관계 변화로 다음을 포함하는 것
    - 고립과 은둔
    - 친밀한 대인관계를 중단하는 것
    - 반복적인 구조자 탐색(고립·은둔이 교대로 나타나도 됨)
    - 지속적 불신
    - 반복적인 자기방어 실패
7. 의미 체계의 변화
    - 지속하고 있던 신앙의 상실
    - 희망 상실과 절망적 감각

(주디스 허먼 『심적 외상과 회복』 나카이 히사오 번역, 미스즈쇼보, 1996년)

"이런 여자가 살았다는 것만 기억해 주세요

송신도 할머니의 약력

송신도 할머니의 약력

　　1922년 11월 24일, 충청남도 논산에서 태어난 송신도 할머니는 1938년 중국 무창의 위안소로 끌려가 7년간 중국 중부지역을 전전했다. 전쟁이 끝난 후 일본으로 건너온 송신도 할머니는 1993년 4월 5일, 일본 정부를 상대로 사죄를 요구하며 소송을 제기했지만, 2003년 3월 패소가 확정됐다. 2011년 동일본대지진 당시 쓰나미에 자택이 떠내려갔지만, 동네 주민들의 도움으로 목숨을 건져 도쿄로 이주했다. 2017년 12월 16일, 도쿄에서 영면했다.

1922년
11월 24일, 당시 일본의 식민지였던 조선의 충청남도에서 태어나다.

1933년
우리 나이 12세 때 아버지가 돌아가시다.

1937년
우리 나이 16세 때, 어머니가 정한 상대와 혼례를 올렸지만 그날로 도망치다.

1938년

대전에서 조선인 여성에게 '전쟁터에 가서 나라를 위해 일하면 결혼하지 않아도 혼자 살아갈 수 있다'라는 말에 속아 전쟁터가 어떤 곳인지, 어떤 일을 하는지도 모른 채 신의주, 중국의 천진天津, 한구漢口를 거쳐, 11월 경 무창武昌에 도착하다.

무창에 있는 위안소 '세계관'(제6사단, 제9사단 등이 '이용')에서 강제로 '위안부'가 되다. 위안소에서 쓰던 '가네코'라는 이름의 문신이 왼쪽 팔에 새겨지다.

"몰라, 몰라. 일본어도 모르고 앉으라고 해도,
바보라고 해도 못 알아들어. 최대한 고개를 숙이고만 있었지."

1941년

이 무렵 임신해서, 한구의 위안소로 옮겨 출산. 위안소에서는 키울 수 없기 때문에 다른 사람에게 맡기다. 출산 후 1, 2개월 만에 악주岳州의 위안소로 옮기다.

악주를 거점으로 장안長安, 응산應山, 포기蒲圻 등지를 부대와 함께 전전하다. 악주는 제11군 사령부, 장안, 응산, 포기는 제11군 작전구역. 주요 거점의 이동은 군인이 운전하는 군의 트럭으로 하며, '벌이'는 '국방헌금'으로 냈다는 말을 관리인에게 듣는다.

"죽어도 말이야. 상식적으로 생각해 보면
여자도 인간이잖아. 동물이 아니야.

*군인이랑 같이 죽으면 조선에 보내든가,
죽어서 일본으로 돌아간다면 좋지.
다 죽으면 헤어져서 돌아가지.
조선 여자는 안 그래. 죽으면 묘지도 없이
길거리에 구멍을 파고 그냥 묻을 뿐이야."*

1945년

함녕咸寧의 위안소로 옮긴 지 2개월 정도 지났을 때 일본의 패전을 알게 되다.

미네부대 I군조에게 '결혼해서 같이 일본으로 가자'라고 권유를 받고 그를 따라 나서다. 미네부대(독립혼성제17여단)는 강남지구(악주에서 함녕 일대)의 경비를 담당했고, 함녕에는 미네부대의 사령부가 있었다.

1946년

봄, 귀환선을 타고 하카타항에 도착하다.

I군조에게 버림받고 낯선 땅에서 망연자실했지만, 이후 재일동포 하재은 씨를 알게 되다.

이후 미야기현 오나가와초에서 하재은 씨와 동거하다.

생선 가공 공장, 도로 공사, 술집 등에서 일하며 생계를 유지하다.

*"열여섯 살 때 끌려가 위안부가 돼서 지독한 꼴을 당한 인간이
나이 먹고 일본으로 와서, 생활보호를 받고 산다는 둥*

*이런저런 욕을 먹어보라고. 죽을래야 죽을 수 없는 게
당연하잖아. 위안부가 된 것도 한심하고.
왜 남의 나라 전쟁에 휘말려 위안부가 돼서 이 모양 이 꼴이
됐다고 생각하면 죽으려야 죽을 수도 없으니,
소송을 제기해서 말한 거지. 말하지 않으면 따뜻한 것을 먹는지,
미지근한 것을 먹는지 알 수가 없잖아."*

1972년
11월, 생활보호(기초생활) 수급을 받기 시작하다.
전쟁 후 재일조선인으로 일본에서 생활해 온 송신도 할머니는 공적인 구제 조치를 받을 기회가 없어서 경제적으로 매우 어려움을 겪다.

1982년
2월 17일, 하재은 씨가 향년 77세(1905년생)로 사망하다.

1992년
'위안부 110번'에 송신도 할머니에 대한 제보가 들어오다.

1993년
4월 5일, 도쿄지방재판소에 일본 정부를 제소하다.
〈청구 취지〉
'사죄문 교부'
'국회에서 공식적으로 사죄'

금원 청구는 하지 않음.

1994년
6월, 김학순 할머니의 당사자신문을 방청하다.

> *"옛날 아이들은 나라 때문에 그저 터무니없이 당했는데,*
> *지금 아이들도 전쟁이 시작되면 규칙에 따라가야 하지.*
> *전쟁에는 전쟁의 규칙이라는 게 있어. 사람을 죽이고,*
> *재산을 빼앗고, 그것을 위해 전쟁을 하는 거겠지.*
> *결국 전쟁을 하게 되면, 나라를 위해 가야 하는 거지.*
> *부모를 위해 가는 것도 아니고, 무엇을 위해 가는 것도 아니야,*
> *나라를 위해 가는 거지. 나라를 위해 목숨을 내던지는 거야.*
> *일본 군인도 너무나 힘들어서 스스로 목숨을*
> *끊은 사람도 있어. 그런 걸 수도 없이 봤지.*
> *전쟁에 졌으니까 망정이지 이겼으면 큰일이지."*

1995년
1월 27일, 제6회 구두변론 진행하다.
재판소의 '일본 법률 규정상 사죄만 청구하는 것은 없다'는 지적을 받아, 금원청구를 하다.
7월, 라디카 쿠마라스와미 유엔 인권위 특별보고관의 청취 조사를 받다.

1997년
12월, 다다 요코多田謠子 반권력 인권상을 수상하다.

1999년
2월, 재판 팸플릿 '송신도 할머니와 함께' PART2 발행하여, 역사적 사실과 현재로 이어지는 피해를 호소하다.
3월, 재판 팸플릿 '송신도 할머니와 함께' PART3 발행하여, 국제법적 관점에서 인권 회복의 중요성을 호소하다.
10월 1일, 도쿄지방재판소 판결(청구 기각).

2000년
11월 30일, 도쿄 고등재판소 판결(청구 기각).
재판소는 국제법 위반이 있었던 사실은 일부 인정했지만, 송신도 할머니 개인에게는 배상청구권이 없다고 판단하다.

• 일련의 보고서(맥두걸 보고서, 쿠마라스와미 보고서)에서 종군위안부의 실태에 대해서는 노예 상태와 유사한 중대한 인권침해 행위가 있었던 것으로 추인했다.
• 항소인 등 종군위안부의 설치, 운영에 대해서는 당시 일본을 구속했던 '강제노동조약', '추업을 행하기 위한 부녀 매매 금지에 관한 국제조약'에 반하는 위반 행위가 있었다는 것도 인정되었으며, 각 조약 위반으로 인한 국제법상 국가책임이 발생한다고 인정할 수 있다. 일본은 국제적 불법행위를 한 위안소 경영자, 그것에 가담한 것으로 보이는 옛 일본군 관계자에 대한 처벌이나 시정 조치, 피해자 구제 조치 등을 처분할 의무가 발생

하지만…… _'도쿄고등재판소 판결문'(재판 팸플릿 '송신도 할머니와 함께' PART4)

2003년
3월 28일, 최고재판소 상고 기각되어, 패소가 확정되다.

> *"여러분, 난 재판에 졌어도 마음은 지지 않았어요.*
> *미야기현에 돌아가도 큰 배를 탄마냥 마음 푹 놓고*
> *여러분 얼굴을 봐서 살아 있는 동안에는 어떻게든*
> *살아 낼 테니까. 여러분, 잘 부탁드립니다. 감사합니다!"*

2005년
송신도 할머니의 기록영화 제작을 시작하다.

2007년
8월 25일, 기록영화 〈나의 마음은 지지 않는다〉 첫 상영회를 열다. (도쿄 나카노제로홀 관객 550명)

> *"사람의 마음은 한 치 앞을 모르니까.*
> *사람을 못 믿고 살아왔지. 속기만 했으니까.*
> *그런데 소송을 제기하고, 내가 당한 일을 말하고 나니까*
> *조금은 마음이 편해졌어. 나도 조금은 인간다워졌지.*
> *완전히 때 빼고 할망구가 되어 버렸어."*

2010년
11월 24일, 미수(88세) 축하 모임을 열다.

> *"지금이 가장 행복해.*
> *지원모임 여자들이 지켜 주니까 행복한 거지.*
> *지금 반복해서 말을 해도 원래대로 되돌릴 수는 없으니*
> *어쩔 수 없지. 그래도 알아주는 사람은 알아주니까."*

2011년
3월 11일, 동일본대지진으로 미야기현 오나가와초의 자택이 쓰나미에 떠내려 가는 큰 피해를 입다.

2012년
대지진 피해를 입은 오나가와초를 다시 방문하다.
11월 24일, 구순 축하 모임(90세)을 열다.

2013년
외출이 줄어들고, 방문 간병을 받다.

2014년
6월 2일, 아시아연대회의에 참가하다.
국회의원 내 집회 참가하다.

2015년

8월, 재활병원에 입원하다.

노인보건센터로 옮긴 후, 다시 입원하다.

10월부터 연말까지 입원하여, 병원에서 93세 생일을 보내다.

2016년

1월 4일, 특별 요양 노인홈에 입주. 입주 후 뇌경색으로 세 차례 입원과 퇴원을 반복하다.

2017년

12월 16일, 오후 2시 영면하다. 향년 95세.

(출처 _ '송신도 할머니의 마음을 잇는 모임' 홈페이지)

재일 '위안부' 피해자 송신도의 투쟁
나의 마음은 지지 않았다

초판 1쇄 발행 2025년 9월 20일

엮음 재일 위안부 재판을 지원하는 모임
옮김 김민화
펴냄 보더북

출판등록 2023. 12. 4   제 360-2023-000024 호
주소 광주광역시 서구 운천로 100번길 14, 202호
이메일 borderbook@naver.com

ISBN 979-11-989648-4-7 03330

이 책의 한국어판 출판권은 '송신도의 마음을 잇는 모임'과의 계약으로 보더북이 소유합니다.
저작권법에 의해 한국 내에서 보호받는 저작물이므로 무단전재와 무단복제를 금합니다.

* 책값은 뒤표지에 있습니다.
* 파본은 구입하신 서점에서 교환해드립니다.